Mit herzlichem Gruß

[illegible]

[illegible] 10.7.13

Der Weg zur modernen IT-Fabrik

Ferri Abolhassan (Hrsg.)

Der Weg zur modernen IT-Fabrik

Industrialisierung – Automatisierung – Optimierung

Springer Gabler

Herausgeber
Dr. Ferri Abolhassan
T-Systems International GmbH
Saarbrücken
Deutschland

ISBN 978-3-658-01482-7 ISBN 978-3-658-01483-4 (eBook)
DOI 10.1007/978-3-658-01483-4

Die Deutsche Nationalbibliothek verzeichnet diese Publikation in der Deutschen Nationalbibliografie; detaillierte bibliografische Daten sind im Internet über http://dnb.d-nb.de abrufbar.

Springer Gabler

Lektorat: Stefanie Brich, Jutta Hinrichsen

Gedruckt auf säurefreiem und chlorfrei gebleichtem Papier

Springer Gabler ist eine Marke von Springer DE. Springer DE ist Teil der Fachverlagsgruppe Springer Science+Business Media
www.springer-gabler.de

Inhaltsverzeichnis

Über die Autoren

Dr. Ferri Abolhassan ist Geschäftsführer der T-Systems International GmbH und verantwortlich für den Bereich Delivery. Er startete seine berufliche Laufbahn 1987 in der Forschung und Entwicklung bei Siemens in München. Nach einer Station bei IBM in den USA war er 1992 bis 2001 in unterschiedlichen Führungsfunktionen bei SAP tätig, unter anderem als Senior Vice President der globalen Geschäftseinheit „Retail and Consumer Products". Danach wechselte er als CEO und Co-Chairman zur IDS Scheer AG. Ab 2005 bekleidete Abolhassan erneut Top-Managementpositionen bei SAP – zuletzt als Executive Vice President EMEA. 2008 übernahm er die Leitung des Bereichs Systems Integration bei T-Systems und wurde Mitglied der Geschäftsführung von T-Systems. Seit Ende 2010 führt er den Unternehmensbereich Production. Zum 1. Januar 2013 übernahm Dr. Abolhassan die Leitung des gesamten Bereichs Delivery.

Gregor Altmann, Dipl.-Ing. (FH) Nachrichtentechnik Jahrgang 1967, ist Vice President Projects & Transition Management bei der T-Systems International GmbH. Vorher hatte er verschiedene Managementpositionen in Tochterunternehmen des Konzerns Deutsche Telekom inne und sich mit dem Betrieb und der Optimierung von verschiedensten Telekommunikationsnetzwerken beschäftigt.

Henryk Biesiada, Dipl.-Inform. Vice President Global Production Strategy & Design, verantwortet die Konzeption und Ausrichtung der globalen IT-Produktionsstrategie von T-Systems. Nach dem Studium der Informatik arbeitete er 1987 bis 1989 an der TU Kaiserslautern. Danach übernahm er bei Tecmath GmbH die Leitung des Bereichs „Messdatenverarbeitung“ und wurde in die Geschäftsleitung einberufen. Von 1997 bis 2001 leitete Biesiada die Anwendungsentwicklung im Handelskonzern Tengelmann. Seit 2001 ist Henryk Biesiada bei der T-Systems International GmbH in gehobenen Managementpositionen tätig. Er trug an internationalen Konferenzen vor, publizierte weltweit in renommierten Fachzeitschriften und veröffentlichte als Autor und Co-Autor sechs Skripte und Bücher.

Prof. Dr. oec. Walter Brenner geb. 1958, ist seit 1. April 2001 Professor für Wirtschaftsinformatik an der Universität St. Gallen (HSG) und geschäftsführender Direktor des Instituts für Wirtschaftsinformatik. Davor hatte er Professuren an der Universität Essen und der TU Bergakademie Freiberg inne. Seine Forschungsschwerpunkte sind Industrialisierung des Informationsmanagements, Management von IT-Serviceprovidern, Customer Relationship Management, Einsatz neuer Technologien und Design Thinking; daneben ist er freiberuflich als Berater in Fragen des Informationsmanagements und der Vorbereitung von Unternehmen auf die digitale, vernetzte Welt tätig.

Dr. Stefan Bucher ist Senior Vice President der Production Unit Computing Services & Solutions bei der T-Systems International GmbH. Dabei führt er über 10.000 Mitarbeiter und verantwortet den Betrieb von über 58.000 Servern, 119.000 MIPS und 59 Petabyte Storage für über 500 Kunden der T-Systems sowohl national als auch international. Bevor er Anfang 2010 die CSS übernahm, konnte er während seiner 13-jährigen Karriere unter anderem als Global Delivery Manager für Royal Dutch Shell und als Vice President der Global Delivery Unit Operating Systems Services bei der T-Systems Erfahrungen sammeln. Dr. Stefan Bucher promovierte 1997 an der Ludwig-Maximilians-Universität, München, in Physik.

Bernd Debus, Dipl.-Math. Jahrgang 1960, ist Vice President Capacity Management, Efficiency and Six Sigma bei der T-Systems International GmbH. Vorher hatte er verschiedene Managementpositionen im Konzern inne. Neben Funktionen im Servicebereich und im Vertriebssupport verantwortete er die Einführung der Lean-Produktionsmethoden in den Produktionsbereichen im In- und Ausland. In dieser Funktion beschäftigt er sich auch mit der Portfoliostandardisierung und deren Auswirkung auf die Implementierung einer Lean-IT-Produktion.

Dr. Stefan Diefenbach verantwortet als Vice President Strategy & Program Management der T-Systems die Identifikation und Quantifizierung interner Effizienzsteigerungen sowie deren Umsetzung in konkrete Projekte. Darüber hinaus bewertet er relevante Trends im weltweiten ICT-Geschäft und leitet deren Integration im Rahmen einer ganzheitlichen Portfoliostrategie. Nach der Promotion in Physik an der Ruhruniversität Bochum und einer mehrjährigen Tätigkeit am Deutschen Zentrum für Luft- und Raumfahrt war er seit 2000 bei der Deutschen Telekom in unterschiedlichen strategischen Bereichen tätig.

Holger Dörnemann verantwortet als Sr. Manager Systems Engineering bei VMware Global Inc. die vertriebliche technische Kundenbetreuung in Deutschland. In dieser Rolle erprobt er u. a. neue Technologien und Lösungen mit seinem Team beim Kunden. Davor leitete er technisch für Tivoli Software innerhalb der IBM die Themen Systems und Service Management u. a. in den Dynamic-Datacenter- und Green-IT-Initiativen. Der Fokus seiner Arbeit liegt auf der Standardisierung und Automatisierung von RZ-Abläufen als Basis für Cloud Computing.

Christine So-Young Ebner-Um studierte Politikwissenschaft, Soziologie und Neuere Geschichte an der Universität Duisburg-Essen. Während ihrer mehrjährigen Laufbahn als Mitgesellschafterin einer Unternehmensberatung begleitete sie eine Vielzahl von Kunden aus verschiedenen Branchen. Sie führte eine Beratungseinheit von Consultants mit Fokus auf IT-Security und Global Workplace. Zuletzt leitete sie ein Organisationsentwicklungsprogramm für die IT eines führenden deutschen Automobilherstellers in China. Seit Ende 2012 ist sie in der Strategie des Geschäftsbereichs Production der T-Systems International GmbH tätig. Sie arbeitet an der globalen Transformation der Production in Richtung einer IT-Fabrik.

Thomas Ehrlich, Dipl.-Inf. (FH) Jahrgang 1967, ist Vice President Partners & Pathways EMEA bei NetApp. In dieser Funktion verantwortet er im Vertriebsgebiet Europa, Nahost und Afrika die Channel-Organisation, die Systemintegration und Allianzen des Storage-Herstellers. Zu den inhaltlichen Schwerpunkten seiner Tätigkeit zählen Lösungsintegration, Cloud Business sowie Big Data. Thomas Ehrlich ist seit 1999 bei NetApp in verschiedenen Managementpositionen tätig und war zuvor bei sgi.

Björn Froese ist als Management Consultant bei Detecon International im Bereich Strategy & Innovation tätig. Seit seinem Abschluss in Industrial Engineering and Management in Berlin und Berkeley, USA, arbeitet er als Unternehmensberater im Bereich Corporate Finance von ICT-Unternehmen. Als Finance Manager konnte er den strategischen Innovationsbereich „Education" mit aufbauen. Zur fachlichen Vervollständigung seiner Expertise erlangte er den Grad des Masters of Commercial Law an der Universität des Saarlandes mit Schwerpunkt auf Vertragsmanagement. In seiner Freizeit wendet er sich vermehrt der Natur zu, sei es in den Münchner Hausbergen oder auf dem Segelboot.

Carsten Glohr, Dipl.-Ing., Dipl.-Kfm. Jahrgang 1969, ist Managing Partner bei Detecon International und leitet dort den Sektor T-Systems mit ca. 25 Mio. € an Beratungshonoraren. Er verantwortet die Beratungsofferings „IT-Outsourcing, IT-Benchmarking und IT Performance Measurement" der Detecon. Im Rahmen seiner Beratungsprojekte hat er ca. 40 Outsourcingtransaktionen verhandelt (darunter drei sehr komplexe in der Größenordnung von 1 Mrd. € sowie verschiedene Next-Generation-Outsourcing-Projekte).

Dr. Katharina Grimme berät in ihrer Rolle als Principal Consultant Outsourcing & BPO Markets im Team des Marktanalyse- und Beratungshauses Pierre Audoin Consultants (PAC) Führungskräfte in Top-Unternehmen zu Markttrends, Technologieentwicklung und strategischen Entscheidungen für Outsourcing und IT-Services. Mit ihrer langjährigen Expertise und profunden Marktkenntnis ist sie international als Referentin zu Outsourcing, BPO und Cloud Computing anerkannt. Vor ihrer Anstellung bei PAC war sie bei NelsonHall und davor bei Ovum als Direktorin für Outsourcing Research und Consulting verantwortlich. Sie hält ein Ph.D. von der University of Sussex und ein MBA von der Birmingham Business School.

Dr. Marcus Hacke ist in der T-Systems als Senior Vice President für den Bereich Portfolio & Solution Design zuständig und verantwortet dort die Definition und Weiterentwicklung des Serviceportfolios, die Standardisierung der Leistungselemente, das Innovation und Alliance Management sowie das Solution Design für Kundenlösungen. Davor hat er bei T-Systems seit 2004 unterschiedliche Führungsaufgaben im Vertrieb, Portfolio & Offering Management sowie in der Service Line Computing & Desktop Services wahrgenommen. Vor seinem Wechsel zur T-Systems war Dr. Marcus Hacke sieben Jahre als Unternehmensberater bei McKinsey & Company tätig. Er hat Physik studiert und an der RWTH Aachen promoviert.

Stephan Kasulke, MBA Jahrgang 1969, ist Senior Vice President bei T-Systems International GmbH. Er verantwortet dort den Bereich „Global Quality, Processes and Tools" und ist in dieser Funktion u. a. für die Implementierung des „Zero Outage"-Programmes zur Verbesserung der Betriebsqualität verantwortlich.

Jörn Kellermann ist seit über 18 Jahren in der IT beschäftigt. Nach freiberuflicher Tätigkeit trat er 1999 dem debis Systemhaus (heute T-Systems) bei. Bei T-Systems hat er verschiedene Positionen im Vertrieb, der Beratung und dem Betrieb von IT-Leistungen wahrgenommen. Zuletzt leitete er die globale Dynamic Platform Operations. Heute verantwortet Jörn Kellermann weltweit die Computing Services für alle Kunden der T-Systems. Das beinhaltet alle Bereitstellungs- und Betriebsaufgaben von den IP-Netzen und Rechenzentren bis hin zur Applikationsebene. Jörn Kellermann ist 37 Jahre alt und hat einen Abschluss in Informatik und Betriebswirtschaft.

Peter Kreutter ist Direktor der Stiftung Wissenschaftliche Hochschule für Unternehmensführung (WHU) in Vallendar und Geschäftsführender Direktor des Strategy Research Network (SRN) der WHU. Nach einem Studium der Wirtschaftswissenschaften an der Friedrich-Alexander-Universität Erlangen-Nürnberg und Political Science am Trinity College Dublin war er u. a. für die Deutsche Bank sowie Sal. Oppenheim jr. & Cie. tätig. Kreutters Forschungsschwerpunkt liegt im Bereich der langfristigen Entwicklung von Industrien und strategischer Handlungsoptionen für Technologieunternehmen in diesem Kontext. Sein jüngstes Buch „Globalization of Professional Services" erschien im Herbst 2012 im Springer Verlag.

Dr. Markus Löffler Jahrgang 1970, ist Partner bei McKinsey & Company und Co-Leiter der globalen IT Performance Management Practice. Er verantwortet strategische Projekte mit dem Fokus IT-Strategie, IT Enablement und IT-Effizienz, vor allem für Klienten in Financial Services und in High-Tech/Telekommunikation.

Dr. Felix Reinshagen Jahrgang 1978, ist Junior Partner bei McKinsey & Company und Mitglied des Leadership-Teams des Deutschen Business Technology Office. Er verantwortet strategische Projekte mit dem Fokus IT-Strategie, IT Enablement und IT Performance Management, vor allem für Klienten der Branchen High-Tech/Telekommunikation und Financial Services.

Dr.-Ing. Thomas In der Rieden, Dipl.-Inform. Jahrgang 1973, ist Bereichsleiter (Vice President) Global Business Operations bei T-Systems in der Production Line Computing Services & Solutions (CSS). Bevor er 2010 zu T-Systems kam, hat Thomas In der Rieden den Exzellenzcluster Informatik an der Universität des Saarlandes, den ersten seiner Art in Deutschland, maßgeblich mit aufgebaut und geleitet. Zuvor leitete er für das Bundesministerium für Bildung und Forschung internationale Forschungsprojekte mit dem Schwerpunkt auf fehlerfreien Computersystemen. Im Rahmen seiner Forschungsarbeiten hat er unter anderem eng mit Microsoft Research sowie den Entwicklungsabteilungen von Audi, Bosch, BMW und Infineon zusammengearbeitet.

Michael Rubas, Dipl.-Verw. Wiss. Jahrgang 1969, hat Sozialwissenschaften bei der Universität Konstanz/University of Bath studiert. Seit September 2008 ist Michael Rubas Senior Vice President bei T-Systems International GmbH und leitet den Bereich Human Resources Businesspartner innerhalb der Production mit rund 35.000 Mitarbeitern. Davor war er unter anderem als Mitglied der Geschäftsführung der T-Systems Schweiz tätig, verantwortlich für Planung, Implementierung und Betrieb der RZs, Desktops und Netzwerkinfrastruktur und der Organisationsentwicklung bei der Mercedes-Benz AG.

Peter Schnitzenbaumer, Magister Artium/TH Jahrgang 1962, ist Vice President bei T-Systems International GmbH und leitet in der Production Unit Telecommunication Services & Solutions (TSS) den Querschnittsbereich Global Business Operations (GBO). Dieser umfasst rund 150 Mitarbeiter und ein Budget von 65 Mio. €. Vor seiner Tätigkeit bei T-Systems war er in Führungspositionen bei BT Deutschland bzw. Viag Interkom tätig; zuletzt als „Head of Business Consultancy Germany“ im Bereich BT Global Services - Service Operations.

Petra Trost-Gürtner, Dipl.-Inform. (FH) Jahrgang 1964, ist Senior Vice President bei T-Systems International GmbH und leitet innerhalb der Production den Bereich Telecommunication Services & Solutions (TSS). Dieser ist verantwortlich für die Bereitstellung und den Betrieb von Produkten, Plattformen, Services und Lösungen im Telekommunikationssektor für nationale und internationale Kunden, umfasst rund 3.000 Mitarbeiter weltweit und ein Budget von 800 Mio. €. Vor ihrer Tätigkeit bei T-Systems war sie in Führungspositionen bei Hewlett Packard und Viag Interkom. Bei BT arbeitete sie zuletzt als Head of Business Transformation Germany.

Prof. Dr. oec. Falk Uebernickel ist Assistenzprofessor für Informationsmanagement an der Universität St. Gallen (HSG) und Managing Partner der Beratung ITMP St. Gallen AG. Zuvor war er für ein weltweit agierendes Beratungsunternehmen aktiv. Seine aktuellen Beratungs- und Forschungsschwerpunkte sind IT-Management und Innovationsmanagement für global aufgestellte Unternehmen und IT-Organisationen.

Dr.-Ing. Hans-Rüdiger Vogel Jahrgang 1960, ist Managing Consultant bei der Detecon International GmbH. Als Diplom-Geophysiker und promovierter Bergbau-Ingenieur ist eine holistische, fachbereichsübergreifende Betrachtungsweise ein wichtiges Element seiner mehr als 18-jährigen Arbeit in der IT-Beratung. Sein beruflicher Werdegang führte ihn über Computacenter, Avinci und Logica im Jahr 2009 zu Detecon. Im Rahmen der kontinuierlichen Weiterentwicklung des Themas Green IT leitete er u. a. ein Projekt zur Entwicklung einer Green-Enterprise-Data-Center-Strategie für ein großes Mobilfunk-Unternehmen in China.

Birgit Wahl, Dipl.-Math. (FH) Jahrgang 1963, ist Senior Vice President bei T-Systems und verantwortlich für die Near-/Offshore-Standorte im Unternehmen. Dazu gehört ein global verteiltes Netzwerk von Lokationen in Europa, Asien und Amerika. Im Rahmen der Verantwortung wurden die Standorte weiter ausgebaut und Effizienzmaßnahmen zur Steigerung der Produktivität als kontinuierlicher Verbesserungsprozess eingeführt. Während ihrer Tätigkeit konnte sie Erfahrungen sowohl in der Production als auch im Systems Integration Business sammeln.

Dr. Rainer Weidmann ist Managing Consultant bei Detecon International GmbH. Nach dem Studium der Physik und Forschungs-/Lehrtätigkeit begann er seine Tätigkeit bei debis Systemhaus. Ab 1999 übernahm er Managementfunktionen und die operative Verantwortung (Plan-Build-Run) für mehrere RZ-Standorte. Diese Tätigkeit setzte sich bei T-Systems bis 2007 fort. Von 2007 bis 2011 baute Herr Dr. Weidmann den Bereich Datacenter Engineering mit den Schwerpunkten DC-Architektur und -Innovation auf. In dieser Funktion hat er 2007 das weltweit erste Projekt „Brennstoffzelle im RZ-Betrieb“ und 2009 in Kooperation mit intel das Projekt „Datacenter 2020 – Energieeffizienz im Rechenzentrum“ ins Leben gerufen (www.datacenter2020.de). Zudem ist er Sprecher und RZ-Experte auf nationalen und internationalen Konferenzen und Co-Autor zahlreicher Publikationen.

Dirk Wellershaus ist Senior Manager im Bereich Strategy & Program Management der T-Systems. In dieser Funktion liegen die Schwerpunkte seiner Arbeit auf konzeptionellen Themen im Bereich Portfolio Management sowie in der Durchführung von strategischen Projekten zur Weiterentwicklung der Organisation und konkreter Portfolio-Lösungsangebote in strategischen Partnerschaften mit anderen Unternehmen. Nach seinem Studium des Wirtschaftsingenieurwesens in Darmstadt, Eindhoven und Wien stieg er 2004 als Trainee bei der Deutschen Telekom ein und war in verschiedenen Bereichen mit hauptsächlich strategischem Fokus tätig.

Marc Wilczek, MSc Dipl.-Kfm. verantwortet bei T-Systems als Mitglied des Management Committees strategische Projekte der Production. Davor war er als Senior Vice President bei CompuGroup Medical für die Regionen Asien-Pazifik, Lateinamerika, Mittlerer Osten und Afrika verantwortlich. Zuvor war er beim IT-Sicherheitsexperten Sophos als Managing Director für die Region Asien tätig. Ursprünglich begann er seine Laufbahn Mitte der 90er-Jahre als Jungunternehmer durch Gründung zweier IT-Start-ups. Parallel studierte er Wirtschaftswissenschaften in Deutschland, Großbritannien und den USA. Nach Abschluss des Diplom-Studiums in Frankfurt/Main erlangte er seinen Master an der London Business School und war zum Austausch an der Columbia University in New York.

Thomas Wind ist Senior Vice President Global Business Operations Production bei T-Systems International GmbH. Zuvor war Herr Wind für 15 Jahre in der Strategie- und Organisationsberatung mit den Schwerpunkten Business Development, Vertrieb und Kundenservice tätig, zuletzt als Geschäftsführer der TellSell Consulting GmbH in Frankfurt/Main. Seine berufliche Karriere startete er bei der Treuhandanstalt, gefolgt von Positionen bei der Gesellschaft für Wirtschaftsförderung im Saarland sowie bei Beratungsunternehmen im ICT-Umfeld.

Einleitung

1

Ferri Abolhassan

Inhaltsverzeichnis

Unternehmen benötigen effiziente Prozesse. Diese Aussage ist und bleibt eine richtige und evidente Herausforderung. Evident, weil es Konsens ist. Herausforderung, weil es in den meisten Unternehmen immer noch keine gelebte Realität ist. Auf die Frage „Wie gut sind Ihre Prozesse?" lautet in Mitarbeiter-, Partner- und sogar Managementbefragungen die ehrliche und entwaffnende Antwort: Die Optimierung und kontinuierliche Verbesserung, ja sogar die Betrachtung der Prozesse, werden häufig vernachlässigt und sind in fast keinem Unternehmen ein Ressortbestandteil in der Unternehmensführung.

Schon besser steht es um das Bewusstsein, dass Informationstechnologie (IT) und Kommunikationstechnologie unverzichtbare Instrumente zur Durchsetzung der Unternehmensziele sowie der Produktions-, Service- oder Dienstleistungsprozesse sind. Dauerhaft wird aber nur die konsequente Betrachtung von Prozessen sowie IT gemeinsam zur gewünschten Effektivität und Effizienz führen. Immerhin gilt es mittlerweile als gesetzt, dass die meisten Geschäftsprozesse heute nicht mehr ohne die Unterstützung von IT-Lösungen denkbar sind. Das betrifft die Fertigungsindustrie ebenso wie den Finanzsektor oder den Dienstleistungsbereich. Mit der Bedeutung der IT steigt aber auch der Anspruch der Anwender. Die Anforderungen an Effizienz, Effektivität und Qualität nehmen stetig zu.

Die IT – gleichgültig, ob es sich dabei um eine interne Abteilung oder einen externen Anbieter handelt – befindet sich im Spannungsfeld zwischen den funktionalen und qualitativen Anforderungen der Fachabteilungen und damit der Endanwender auf der einen

F. Abolhassan (✉)
T-Systems International GmbH, Mecklenburgring 25, 66121 Saarbrücken, Deutschland
E-Mail: Ferri.Abolhassan@t-systems.com

F. Abolhassan (Hrsg.), *Der Weg zur modernen IT-Fabrik*,
DOI 10.1007/978-3-658-01483-4_1, © Springer Fachmedien Wiesbaden 2013

Seite sowie dem Streben nach mehr Effizienz und optimalen Prozessen auf der anderen Seite. Letzteres betrachtet die Qualität und Funktionalität unter reinen Kosten- und Rationalisierungsaspekten. Die Erwartungen gegenüber der IT sind zumeist gegenläufig: Zum einen werden eine möglichst kurze Time-to-Market und individuelle Lösungen zum richtigen Preis erwartet, zum anderen erfordern die Gesetze des Marktes eine besonders effiziente und wirtschaftliche Bereitstellung dieser Produkte. Nur wenn Fach- und IT-Abteilung beziehungsweise IT-Serviceprovider an einem Strang ziehen, können Lösungen entwickelt werden, die all diesen Anforderungen der Anwender beziehungsweise des Unternehmens entsprechen. Darüber hinaus schreitet die IT-Innovation so rasant voran, dass Unternehmen in den meisten Fällen nicht die Ressourcen haben, um mit dem Tempo dieser Entwicklung mitzuhalten. Komplexität und Abhängigkeit von IT nehmen stetig zu. Unternehmen sind immer schneller überfordert. Das Verlangen nach Standards ist ein klares Zeichen und ein Hilferuf von Unternehmen, um Ordnung in diese Entwicklung zu bringen. Die IT-Industrie muss sich gewissermaßen selbst „automatisieren und industrialisieren".

Genau mit dieser Problematik setzt sich „Der Weg zur modernen IT-Fabrik" auseinander. Das Thema ist unumgänglich, denn eines steht fest: Die IT durchläuft derzeit eine ihrer kritischsten Transformationsphasen überhaupt. IT-Anbieter und IT-Serviceorganisationen müssen eine revolutionäre Industrialisierung ihrer Produktions- und Serviceprozesse stemmen. Nur dann lassen sich die evidenten Anforderungen von Fachabteilungen im Speziellen und Unternehmen im Allgemeinen erfüllen. Die Fertigungsindustrie bietet Anleihen hierfür, denn sie hat im vergangenen Jahrhundert den Sprung von der Manufaktur zum modernen Produktionsunternehmen mit Just-in-Time-Fertigung sowie höchsten Service- und Qualitätsmaßstäben geschafft.

Doch der Weg zu einer modernen IT-Fabrik und damit zu wirklich effizienten Prozessabläufen ist weit. Schließlich hängt die IT-Industrialisierung der industriellen Fertigung ganze 20 Jahre hinterher (vgl. Institut für Wirtschaftsinformatik der Universität St. Gallen). Erste Erfolge zeigen aber auch: Die Verantwortlichen beginnen, die Prozess- und Effizienzoptimierung systematischer zu betrachten. Denn sie haben inzwischen verinnerlicht, dass es keine Alternative zur IT-Industrialisierung gibt. Nun geht es an die Umsetzung. IT-Abteilungen und externe Anbieter müssen mit vereinten Kräften standardisierte Strukturen und Prozessabläufe etablieren. Und zwar auf allen Ebenen: vom Rechenzentrum bis hin zu einzelnen Serviceanfragen. Doch nicht nur das: Sie müssen auch eine Fabrikkultur ausbilden und IT-Industrialisierung leben, um den Weg von einer IT-Manufaktur zu einer IT-Fabrik nach industriellem Vorbild zu Ende zu gehen. Punktuelle Anstrengungen führen bei diesem bedeutsamen Vorhaben ins Leere.

Ohne IT-Industrialisierung kein Fortschritt Fazit ist demnach: IT-Industrialisierung ist das Fundament für effiziente Prozessabläufe. Doch worum geht es dabei eigentlich? Der Ansatz *„IT vom Fließband"* ist zu eng gegriffen. Schließlich dürfen Serviceprozesse und Infrastrukturen nicht vernachlässigt werden. Per Definition steht die IT-Industrialisierung für die Übertragung professioneller Konzepte und Methoden aus der traditionellen industriellen Fertigung – wie der Automobilbranche oder dem Maschinenbau – auf den IT-

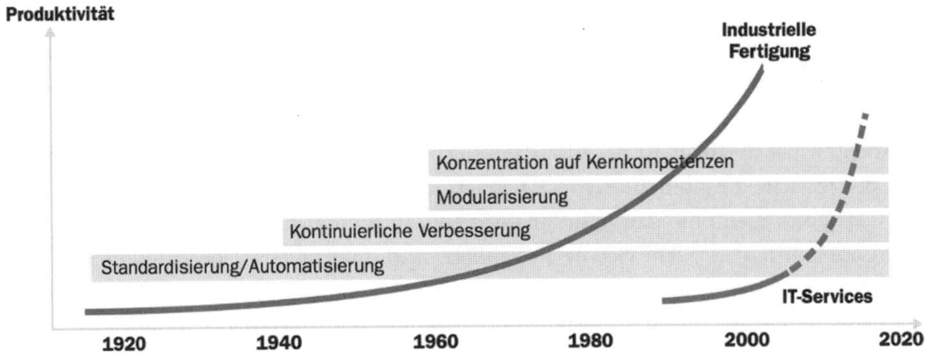

Abb. 1.1 Die Entwicklung der IT-Industrialisierung. (Quelle: Universität St. Gallen, Grafik: Computerwoche. Vgl. Brenner et al. 2007)

Sektor (vgl. Brenner et al. 2007). In der Praxis betrifft dies vor allem die IT-Hardware- und -Softwareentwicklung sowie das Informations- und Servicemanagement.

Auf den ersten Blick erscheint die Umschreibung der IT-Industrialisierung recht allgemein und bietet Fachleuten wenige konkrete Ansatzpunkte. Ein zweiter Blick zeigt aber auch: Das Rad muss nicht komplett neu erfunden werden. Denn es gibt bereits einige brauchbare Ansätze wie zum Beispiel Automatisierung und Standardisierung (vgl. Brenner et al. 2009). Mit Blick auf die industrielle Fertigung sticht als Paradebeispiel hierfür das legendäre T-Modell von Henry Ford heraus – quasi das erste wirkliche Massenprodukt. Identisch aufgebaut und nur in Schwarz erhältlich sowie auf grundlegende Funktionalität und einfache Wartung ausgelegt, revolutionierte die „Tin Lizzie" die Automobilindustrie (vgl. Brenner et al. 2007). Der Schlüssel zum Erfolg: streng standardisierte Arbeitsteilung und Fließbandproduktion, wodurch der Preis der Fahrzeuge um mehr als die Hälfte reduziert werden konnte. Die oben stehende Grafik zeigt weitere übertragbare Aspekte der Industrialisierung. Und sie macht auch deutlich, wo die IT-Services im Vergleich zur klassischen industriellen Fertigung bei der Umsetzung dieser Aspekte stehen (Abb. 1.1).

Doch eins nach dem anderen: Erst wenn Bereiche wie die Hardware- und Softwareproduktion nach industriellem Vorbild standardisiert und automatisiert sind, ist die IT-Serviceorganisation in der Lage, den Weg zur IT-Fabrik zu vollenden. Denn in der IT greift ein Rädchen in das andere. Nur wenn die Basis stimmt, lässt sich die gesamte Wertschöpfungskette optimieren.

Erfreuliche Fortschritte wurden bei der Hardware gemacht, die inzwischen fast vollständig nach einheitlichen industriellen Maßstäben produziert wird. Auch die industrielle Softwareentwicklung ist vergleichsweise weit fortgeschritten. Dies belegen Standardisierungs- und Automatisierungsansätze in der Code-Generierung oder der Testautomatisierung (vgl. BITKOM 2010). Von einem sogenannten Software-Engineering nach industriellem Verständnis, also einem ingenieurmäßigen Vorgehen wie im Maschinenbau, ist die IT-Industrie allerdings noch weit entfernt. Hierfür mangelt es vor allem an Systematik.

So gibt es beispielsweise viele Plattformstandards wie die Entwicklungs- und Laufzeitumgebungen Java und .NET. Allerdings behindern teilweise konkurrierende Normierungs- und Standardisierungsgremien die Austauschbarkeit und Wiederverwendbarkeit von Komponenten und Methoden, die maßgeblich für das Software-Engineering sind.

Noch anspruchsvoller ist die Industrialisierung von IT-Services. Durch die komplexe und dynamische Kombination von Personen, Prozessen und Technologien lassen sich IT-Dienstleistungen nur schwer automatisieren und standardisieren (vgl. Böhmann et al. 2008). Zudem fehlen nach wie vor einheitliche und übergreifend anerkannte Standards. Zwar regeln ISO-Normen wie ISO 20000 die Mindestanforderungen an IT-Service-, Sicherheits- und Relationship-Management (vgl. Bundesministerium des Innern 2006), aber ebenso essenzielle Punkte wie das IT-Projektmanagement werden nicht abgedeckt. Was bleibt, sind lediglich *de facto Standards* wie ITIL (IT-Infrastructure-Library). Ergo: Die IT-Industrie benötigt dringend verbindliche Standards, nach denen sich die Verantwortlichen richten können. Denn ohne ein festes Fundament und einen passenden Bauplan hat auch das stabilste und architektonisch ausgefeilteste Haus keinen Bestand.

Kosteneffizient und dennoch individuell Eine weitere Hürde ist die Herausforderung, den Anspruch der Anwender an möglichst individuelle Lösungen zum günstigen Preis zu erfüllen. Auch dieses Spannungsfeld lässt sich mithilfe der IT-Industrialisierung etwas entspannen. Wie das geht, zeigt erneut der Blick auf Branchen wie die Automobilindustrie: So hat beispielsweise die Volkswagen AG mit dem *Modularen Querbaukasten* ein Plattformkonzept eingeführt (vgl. Goppelt 2011), das mehrere Modelle der Konzernmarken mit den gleichen Bauteilen versorgt, darunter Achsen, Lenkung oder die Motor-Getriebe-Einheit. Was für die Automobilindustrie der *Modulare Querbaukasten* ist, sind in der IT-Produktion beispielsweise die serviceorientierten Architekturen (SOA) (vgl. Banke et al. 2007). Dank der modularen Konzeption lassen sich IT-Prozesse und -Komponenten deutlich effizienter und effektiver umsetzen.

Wer stehen bleibt, verliert Was nicht vergessen werden darf, ist die fortlaufende Weiterentwicklung und Optimierung von Prozessabläufen nach fest definierten Regeln, die jeder im Unternehmen bei der täglichen Arbeit beachtet. Ein gutes Beispiel für gelebte Verbesserungsprozesse ist *Kaizen* oder die „Veränderung zum Besseren" – erfunden von der japanischen Industrie und perfektioniert durch Toyota (vgl. Imai 1996). Dahinter steckt nichts anderes als die Steigerung von Prozess- und Produktqualität, wodurch sich bahnbrechende wirtschaftliche Erfolge erzielen lassen. Die IT-Industrie versucht bereits ihr Bestes, um bei der Etablierung solcher Optimierungskonzepte mitzuhalten. So werden Qualitätsniveaus durch *Service-Level-Agreements (SLA)* oder *Operative-Level-Agreements (OLA)* grundsätzlich messbar. Dennoch: Die nachweisbare Verbesserung in der IT ist und bleibt eine besondere Herausforderung.

Höhere Wertschöpfung durch Konzentration auf Kernkompetenzen Was bei der Optimierung von Prozessabläufen ebenfalls mit bedacht werden sollte, ist die Qualität bei der

Auslagerung von Aufgaben und Produktionsschritten. Globalisierung und internationaler Wettbewerb haben Unternehmen in den vergangenen Jahren dazu gezwungen, ihre Wertschöpfungskette umfassend zu untersuchen und nach Kosteneffizienz zu beurteilen. Die IT bildete dabei keine Ausnahme. Near- und Offshoring beziehungsweise Outsourcing sind bereits gut etabliert. Allerdings betrifft dies meist Prozesse mit einer eher geringeren Wertschöpfung. Die Frage ist, wie es künftig gelingt, anspruchsvollere Leistungen erfolgreich von externen Dienstleistern zu beziehen und dabei ein konsistentes Qualitätsniveau sicherzustellen.

Eine weitere zentrale Entwicklung, die bei der Betrachtung von Effektivität und Effizienz eine wichtige Rolle spielt, ist die IT-Kommoditisierung. Die Überführung von IT-Lösungen in eine konsumwarenartige und von vielen reproduzierbare Leistung stellt IT-Serviceprovider vor die Anforderung, im Spannungsbogen von Kundenerwartungen, reibungslosem Betrieb und Margenverfall zu operieren. Der Grund ist denkbar einfach: Sind Produkte und Services durch mehr Standardisierung und Automatisierung kostengünstiger verfügbar und werden dadurch zu einer Art Massenware, sinkt die Wertschätzung beim Kunden. Selbst die Erfüllung höchster Anforderungen wird zur Selbstverständlichkeit. Ebenso besteht das Risiko, dass in einer „Copy & Paste"-Mentalität die Entwicklung von Innovationen vernachlässigt wird. Indem eine Leistung einfach und konsistent für eine breite Kundengruppe zugänglich wird, sehen viele Anbieter das Risiko, ihr Alleinstellungsmerkmal im Markt zu verlieren. Doch dies ist nur die eine Seite der Medaille. Denn vielmehr eröffnet sich gut aufgestellten IT-Serviceprovidern auch die Möglichkeit, sich als Vorreiter zu positionieren und die selbst vorangetriebenen Leistungen und Produkte branchenübergreifend anzubieten und zu implementieren. Voraussetzung dafür ist wieder einmal der Nachweis höherer Qualität und Innovationskraft. Und gerade hierbei kommen ihnen einmal mehr die Werkzeuge der Industrialisierung zugute.

So selbstverständlich wie Strom aus der Steckdose Hinter den Anstrengungen um mehr Effizienz, Effektivität und Qualität steckt das hehre Ziel, IT so schnell und einfach verfügbar zu machen wie Strom aus der Steckdose – quasi wie *„IT aus der Steckdose"*. Nichts ist für die Anwender im Unternehmen einfacher zu nutzen. „Schöne neue Welt": Wie Stromkunden ihre Energie rund um die Uhr aus einem zentralen Versorgungsnetz erhalten, ist Speicher- und Rechenleistung heute über zentrale und kosteneffiziente IT-Netze je nach Bedarf schnell und einfach abrufbar. Das Zauberwort lautet *Cloud Computing*. Künftig werden weitere IT-Ressourcen auch in anderen Bereichen deutlich besser verfügbar sein. Da IT-Dienstleister sich um die Qualitätssicherung und Verfügbarkeit kümmern, können sich die Unternehmen auf ihre eigentlichen Aufgaben konzentrieren: die Entwicklung, Herstellung und den Vertrieb ihrer Produkte. Durch die zuverlässige Bereitstellung von Speicher- und Rechenleistung, Software und Kundenapplikationen sowie Produkt- und Plattformumgebungen schafft die IT-Industrie die Transformation vom Support- zum Kernprozess und wird damit so selbstverständlich verfügbar – eben *„IT aus der Steckdose"*.

Der Blick auf den derzeitigen Status der IT-Industrialisierung zeigt, dass die Branche am Anfang einer wichtigen Transformation steht. Deshalb ist es absolut notwendig, sich strukturiert mit dieser Thematik auseinanderzusetzen. Das Buch „Der Weg zur modernen IT-Fabrik" gibt als erstes fachübergreifendes Standardwerk in dieser Form einen praxisnahen Überblick über den aktuellen Status angewandter Forschung und IT-Praxis und bringt IT-Entscheidern die Problematik in verständlicher Form näher. Endlich erhalten IT-Experten im Unternehmen und IT-Anbieter gleichermaßen Antworten auf die vielen offenen Fragen. Und die IT-Industrie bekommt Futter, um die Diskussion in der Branche voranzubringen. So werden beispielsweise Ansätze für eine Überführung von IT-Einzelprozessen und Insellösungen in fabrikartige Strukturen vorgestellt.

Durch die fundierten Beiträge interdisziplinärer Autorenteams wird dem Leser eine 360-Grad-Perspektive auf das aktuelle Themengebiet der IT-Industrialisierung geboten. Zunächst werden im ersten Teil die kritischen Erfolgsfaktoren eines global agierenden IT-Serviceproviders analysiert und damit die Herausforderungen beleuchtet, denen die IT-Branche heute gegenübersteht. Der zweite Teil geht auf die Transformation der IT-Industrie und den Wandel von der Projekt- zur Produktorientierung ein. So werden Insellösungen im Zuge der fortschreitenden Industrialisierung in fabrikartige Strukturen überführt sowie ein standardisiertes und automatisiertes Produkt- und Plattformangebot etabliert.

Nach der Analyse der Ausgangslage sowie der internen und externen Rahmenbedingungen zeigen die Autoren die nächsten Schritte hin zu einer IT-Fabrik der Zukunft auf. Der dritte Teil geht in diesem Zusammenhang auf Werkzeuge für eine kurzfristige Optimierung und Effizienzsteigerung von IT-Prozessen und -Infrastrukturen ein: Qualitätsmanagement, Governance-Modelle sowie Performance Management und Reporting.

Daran anschließend leitet der vierte Teil über zum mittel- und langfristigen Management der Transformation und behandelt dabei vor allem den strukturellen Wandel. Die Vision von einer modernen IT-Fabrik wird an dieser Stelle ausführlich erläutert, und die Autoren diskutieren, wie dieses Ziel durch die Umsetzung der zwei Eckpfeiler Standardisierung und Automatisierung greifbar wird. Insbesondere der nachhaltige Umgang mit Ressourcen wie Rechnerkapazitäten und Energie beim Cloud Computing und in anderen Bereichen stellt IT-Serviceprovider hierbei vor große Herausforderungen, ebenso die Fokussierung auf Kernkompetenzfelder – Stichwort Outsourcing sowie Near- und Offshoring.

Auch die Wertschöpfungsoptimierung durch Make-or-Buy-Entscheidungen wird künftig eine zentrale Rolle für die Wettbewerbsfähigkeit und die Transformation in eine zukunftsfähige IT-Fabrik spielen. Des Weiteren widmen sich die Experten dem People Management während der Transformation, ein zentraler Aspekt, der häufig im Zuge der technologischen und strukturellen Weiterentwicklung vernachlässigt wird. Dabei ist es entscheidend für den Erfolg der IT-Industrialisierung, die Mitarbeiter mit in die Transformationsprozesse einzubeziehen. Schließlich verfügen sie über die notwendige Expertise in der IT-Bereitstellung, mit der sie die IT-Projekte beim Kunden umsetzen und in diesem Zuge auch die Veränderungen überzeugt mittragen und vermitteln. Es ist essenziell, die Mitarbeiter im Rahmen hoch qualifizierter Weiterbildungsmöglichkeiten zu schulen. Zertifizierte Trainings sorgen für ein konsistent hohes Wissensniveau und gewährleisten damit bestmögliche Lösungen für Kunden.

Abschließend gibt der fünfte Teil Ausblicke auf die weitere Entwicklung der IT-Fabrik der Zukunft. Die Autoren zeigen auf, wie sich die IT branchenübergreifend als Innovationsmotor positionieren kann. Dabei stehen vor allem interne und externe Innovationsinitiativen im Fokus sowie künftige Einflussfaktoren. Beispiele hierfür sind disruptive Technologien, die im Verlauf von Jahrzehnten wachsen und gefestigte Märkte verändern sowie etablierte Produkte verdrängen können. Ebenso werden Trends wie *Crowd Sourcing* die IT-Industrie prägen. Im Gegensatz zum Outsourcing werden beim *Crowd Sourcing* traditionell interne Teilaufgaben an User im Internet ausgelagert, die diese freiwillig bearbeiten, beispielsweise das Testen von Apps oder Webanwendungen zur Verbesserung der Usability (vgl. Howe 2006). Damit werden Leistungen in Kollaboration mit interaktiven Experten bereitgestellt, die ihr jeweiliges Know-how und ihre Ideen bestmöglich einbringen und Unternehmen dadurch einen hohen Mehrwert bieten.

Das Herzstück des Buches sind natürlich die mitwirkenden Fachleute. So konnten als Autoren für die Darstellung und Diskussion dieser anspruchsvollen Themenbereiche Experten aus der angewandten Forschung gewonnen werden, unter anderem von der Universität St. Gallen (HSG) und der WHU – Otto Beisheim School of Management. Auch IT-Marktforschungs-, Marktanalyse- und Management-Beratungsunternehmen wie PAC, McKinsey und Detecon haben die Veröffentlichung durch ihre Expertise bereichert. Darüber hinaus haben sich unter anderem die Fachexperten von VMware, NetApp und T-Systems als Autoren engagiert. Der Dank geht an alle Autoren, die ihre langjährige Erfahrung und ihr Branchen-Know-how an dieser Stelle geteilt haben.

Die Zukunft beginnt heute Wie einleitend bereits erläutert, kommen die meisten Geschäftsprozesse heute nicht mehr ohne IT-Unterstützung aus. Letztlich wird die IT einen entscheidenden Beitrag dazu leisten, dass Unternehmen endlich die längst fällige Aufgabe der Effizienzsteigerung in ihren Prozessabläufen ernsthaft in Angriff nehmen. Und die IT-Industrialisierung ist wiederum die Voraussetzung dafür, dass die IT hierzu in der Lage ist. Sie ermöglicht höhere Qualität und Effizienz sowie Kostenoptimierung bei der Bereitstellung von Software und Kundenapplikationen sowie Produkt- und Plattformumgebungen. Der Weg ist noch weit. Doch die ersten Schritte sind gemacht. Wichtig ist nun, die Diskussion voranzutreiben, um Kunden die Lösung „*IT aus der Steckdose*“ zu ermöglichen. Denn mit der erfolgreichen IT-Industrialisierung kann sich die IT als wichtiger Business-Enabler etablieren. Nicht zuletzt wird auch die Wettbewerbsfähigkeit von IT-Serviceprovidern von deren Fähigkeit abhängen, sich die Vorteile der IT-Industrialisierung zu eigen zu machen.

Literatur

Banke, K., D. Krafzig, und D. Slama. 2007. *Enterprise SOA. Best Practices für Serviceorientierte Architekturen – Einführung, Umsetzung, Praxis*. Heidelberg.

BITKOM. 2010. *Industrielle Softwareentwicklung. Leitfaden und Orientierungshilfe*. Berlin.

Böhmann, T., H. Krcmar, und S. M. Walter. 2008. Grundlagen der IT-Industrialisierung. *Industrialisierung des Software-Managements*. Stuttgart 2008: 19–30.

Brenner, W., N. Ebert, A. Hochstein, und F. Übernickel. 2007. IT-Industrialisierung – Was ist das? *Computerwoche* 2007 (15): 5.

Brenner, W., A. Resch, und V. Schulz. 2009. *Die Zukunft der IT in Unternehmen*. Frankfurt a. M.

Bundesministerium des Innern, Koordinierungs- und Beratungsstelle der Bundesregierung für Informationstechnik in der Bundesverwaltung (KBSt). 2006. *ITIL und Standards für IT-Prozesse*. Version 1.0.1. Berlin.

Goppelt, G., Heise.de. http://www.heise.de/autos/artikel/Ist-der-modulare-Querbaukasten-von-Volkswagen-eine-Qualitaetsbremse-1318973.html. Zugegriffen: 11. Dez. 2012.

Howe, J. 2006. *The Rise of Crowdsourcing*. http://www.wired.com/wired/archive/14.06/crowds.html. Zugegriffen: 11. Dez. 2012.

Imai, M. 1996. *Kaizen. Der Schlüssel zum Erfolg der Japaner im Wettbewerb*. Berlin.

Kompetenzzentrum Industrialisierung des Informationsmanagements der Universität St. Gallen. http://www.cciim.ch/. Zugegriffen: 11. Dez. 2012.

Teil I

Kritische Erfolgsfaktoren eines global agierenden IT-Serviceunternehmens

Die Herausforderungen der IT heute

2

Falk Uebernickel und Walter Brenner

Inhaltsverzeichnis

F. Uebernickel (✉) · W. Brenner
Institut für Wirtschaftsinformatik, Universität St. Gallen,
Müller-Friedberg-Straße 8, 9000 St. Gallen, Schweiz
E-Mail: Falk.Uebernickel@unisg.ch

W. Brenner
E-Mail: Walter.Brenner@unisg.ch

F. Abolhassan (Hrsg.), *Der Weg zur modernen IT-Fabrik*,
DOI 10.1007/978-3-658-01483-4_2, © Springer Fachmedien Wiesbaden 2013

2.1 Motivation

Die Welt der Informationstechnologie (IT) verändert sich nach wie vor rasant. Neue Technologien wie Cloud Computing, mobile Kommunikation, die sozialen Medien (Social Media) oder Big Data entstehen und beeinflussen nachhaltig existierende Industrien und prägen sogar neue Industriezweige und die Gesellschaft. Beispiele sind Unternehmen wie Zalando[1] oder Car2Go[2], welche mit Hilfe von IT erfolgreich neue Geschäftsmodelle aufbauen konnten und etablierte Unternehmen im Markt attackieren. Der Fortschritt verlangt jedoch Agilität (vgl. hierzu Schaffry 2012) und Kundenorientierung sowie Effizienz, Effektivität und Qualität von der gesamten IT-Branche. Die geforderte Taktrate für die Entwicklung von Produkten und die Geschwindigkeit bei der Entwicklung neuer Anwendungssysteme und Anwendungen für mobile Endgeräte nimmt deutlich zu. Gleichzeitig steigen die Anforderungen an den Betrieb dieser Systeme in Bezug auf Stabilität, Sicherheit und Flexibilität in der Skalierung. Auch auf Seiten der Kunden ist ein neues und besseres Bildungsniveau hinsichtlich IT anzutreffen. Die sogenannten „Digital Natives"[3] fordern aktiv neue IT-basierte Lösungen für ihren Lebens- und Arbeitsalltag (vgl. hierzu Brenner et al. 2011).

Die Parallelität zur klassischen industriellen Entwicklung ist nicht zu übersehen. In den vergangenen einhundert Jahren durchlief die industrielle Fertigung unterschiedliche Reifestufen: angefangen bei der Standardisierung und Vereinheitlichung von Prozessabläufen, der expliziten Sicherung von Qualität bis hin zur konsequenten Ausrichtung der Produktion auf den Kunden. Ähnlichen Herausforderungen sieht sich die gesamte IT-Branche gegenüber (vgl. hierzu Zarnekow et al. 2005). Einerseits besteht der Drang nach und die Notwendigkeit zur Kundenorientierung, Innovation und Agilität, andererseits ist es unerlässlich, permanent die Effektivität, Effizienz und Qualität zu steigern (vgl. hierzu Bravo-Sanchez et al. 2005). Von diesen Herausforderungen und dem Prozess der Veränderung sind sowohl IT-Organisationen in Unternehmen und Konzernen betroffen als auch IT-Serviceorganisationen (teilweise auch IT-Dienstleister genannt), welche mit einem Outsourcing-Umsatz von zuletzt 246,6 Mrd. US$ im Jahr 2011 (vgl. hierzu Gartner 2012)[4] einen nicht unerheblichen Anteil zur IT-Wertschöpfung beitrugen. Es gilt der Satz: Wer sich auf den Lorbeeren der Vergangenheit ausruht, wird strukturelle Probleme bekommen!

Aus diesem Grund stellt sich die Frage, welche Faktoren in Zukunft für den Erfolg von IT-Serviceorganisationen ausschlaggebend sein werden. Um diese Frage fundiert beantworten zu können, wird zunächst die künftige Positionierung des „Chief Information Of-

[1] Zalando wurde 2008 in Berlin gegründet und gehört zu den erfolgreichsten Internet-Händlern für Schuhe und Mode.

[2] Car2Go ist ein Carsharing-Anbieter des Automobilherstellers Daimler und des Mietwagenanbieters Europcar.

[3] Als „Digital Natives" werden Menschen mit einem Geburtsdatum nach 1980 bezeichnet. Digital Natives zeichnen sich durch eine hohe IT- und Technologie-Affinität aus.

[4] Das Wachstum des Outsourcing-Umsatzes betrug von 2010 bis 2011 beachtliche 7,8 %.

ficers“ (CIO) in Unternehmen und Konzernen analysiert, um das resultierende Aufgabenspektrum abzuleiten. Hierzu wird auf 50 Gespräche mit CIOs, Führungskräften in der IT und „Chief Executive Officers“ (CEO) von überwiegend DAX-notierten Unternehmen zurückgegriffen, welche im Jahr 2012 geführt worden sind. Mit dieser Basis lässt sich dann abschließend die Hauptfragestellung der Erfolgsfaktoren für IT-Serviceorganisationen beantworten.

2.2 Eine sich stark verändernde Welt

Die Fähigkeit zur Veränderung stellt Unternehmen und Menschen vor große Herausforderungen. Veränderung bedeutet Umbruch und wird mit der Abschaffung von überholten, aber auch bekannten und gewohnten Methoden und Mechanismen gleichgesetzt. Die Ungewissheit der Zukunft assoziiert Ängste der Unfähigkeit und Ängste vor den Folgen des Kommenden. Veränderung und Umbruch bedeuten jedoch auch Fortschritt für ein Unternehmen oder eine Gesellschaft. Auf diesem Weg scheiden Unternehmen aus dem Markt aus, neue Unternehmen treten ein, und bestehende Unternehmen begreifen die Veränderung als einen Mechanismus der Anpassung an neue Gegebenheiten, die wiederum neue Chancen für Wachstum mit sich bringen. IT spielt in diesen Veränderungsprozessen unumstritten eine bedeutende Rolle, sowohl in den digitalen als auch in den klassischen produktorientierten Industrien, wie der Automobilindustrie oder dem Handel. Damit direkt verbunden sind eine Veränderung der Rolle des CIOs in Unternehmen und die Positionierung von IT-Serviceorganisationen im Markt – heute wie auch in Zukunft. Das Zeitalter des „Leiters von Rechenzentren“ oder des „Chefs der IT-Serviceorganisation“ ist definitiv vorbei (vgl. hierzu Brenner und Witte 2007). Die Art und Geschwindigkeit der Veränderungen verlangen ein aktives Umdenken und Handeln der beteiligten Personen und Organisationen. Im Folgenden werden Beispiele von IT-verursachten Veränderungen diskutiert.

2.2.1 Geschäftsmodelle durch Informationstechnologie

Vernetzung, Datenintegration, massive Erhöhung der Kapazitäten zur Datenverarbeitung und weitere Trends haben in den letzten Jahren dazu geführt, dass mit Hilfe von IT neue Geschäftsmodelle entstehen konnten. Aber auch der Bedarf des Kunden nach in seinen Lebensalltag integrierten Lösungen hat zu einer neuen Welle von Unternehmensgründungen beigetragen. Unabhängig davon, ob es sich um bestehende Industrien handelt oder junge Gründer Ideen vorantreiben, der Wandel mit und durch IT ist weltweit zu spüren und steht erst am Anfang einer langen Bewegung.

Was bedeutet diese Veränderung? Um dem Wandel standzuhalten, wird ein hoher Grad an Agilität und Flexibilität sowie Geschwindigkeit verlangt. Kundenbedürfnisse „materialisieren“ sich häufig extrem schnell und bedürfen einer zügigen Antwort seitens der

Wirtschaft. Während altbekannte Geschäftsmodelle und Unternehmen teilweise jahrzehntelang Bestand hatten, überholen sich die Entwicklungen heutzutage in viel kürzeren Zeiträumen. Möglich macht dies unter anderem eine IT-Infrastruktur, die zunehmend auf standardisierten und modularisierten Komponenten und Technologien fußt. Aber auch die Integration von IT in Maschinen, Alltagsgeräte und Fahrzeuge (sogenannte „Embedded Systems") schafft den Zugang zu Informationen, welche bislang nicht verfügbar waren. Unternehmen stehen vor der Aufgabe, bestehende Prozess- und Organisationsstrukturen in Frage zu stellen, um den Herausforderungen gerecht zu werden.

So hat beispielsweise Daimler in Zusammenarbeit mit Europcar das Unternehmen und die gleichnamige Dienstleistung „Car2Go" im Jahr 2012 gegründet. Im Gegensatz zu klassischen Mietwagenmodellen ist der Kunde nicht mehr an festgelegte Verleihstationen für die Anmietung und Rückgabe eines Wagens gebunden. Die Fahrzeuge sind stattdessen über das gesamte Stadtgebiet verteilt und können über eine mobile Anwendung lokalisiert und angemietet werden. Gesteuert über die Sensorik im Wagen sind alle Verbrauchs- und Bewegungsdaten abrufbar sowie nutzbar für die Verrechnung der Transportdienstleistung. Entscheidend für das Funktionieren dieses Geschäftsmodells ist die Berechnung der minutengenauen Mietdauer, gefahrenen Kilometer, des Kraftstoffverbrauchs sowie weiterer Parameter. Ohne extensiven Einsatz von Informationstechnologie wäre die Realisierung eines derartigen Geschäftsmodells nicht denkbar gewesen. Ähnliche Modelle sind mittlerweile auch bei BMW (DriveNow) im Einsatz.

Ein weiteres Beispiel für die Integration von IT in der traditionellen Industrie zeigt deren Nutzen für Geschäftsanwendungen (Business to Business [B2B]). Rolls-Royce hat als Hersteller von Flugzeugturbinen bereits in den 60er-Jahren die Dienstleistung „Power by the Hour" angeboten. Kern des Angebotes ist die Sicherung von präventiver Wartung und Pflege der Turbinen. Seit 2002 wird das Dienstleistungsangebot deutlich ausgeweitet, beispielsweise durch einen Echtzeit-Monitor, der über Kommunikations- und Informationstechnologie die Erfassung und Auswertung von zusätzlichen maschinenbezogenen Daten ermöglicht. Daten können so zwischen der Turbine, dem Flugzeug und dem Hersteller permanent ausgetauscht werden. Damit verbunden ist ein realer Wechsel des Geschäftsmodells. Anstatt eine Flugzeugturbine als Investitionsgut zu verkaufen, wird eine dauerhaft betriebsfähige Turbine angeboten. Darüber hinaus findet eine Kopplung der Geschäftsmodelle von Fluggesellschaft und Rolls-Royce statt. Immer, wenn ein Flugzeug fliegt, generiert Rolls-Royce Einnahmen.

Es entstehen aber auch unzählige Neugründungen im Markt, die Geschäftspotenziale heben oder bestehende Modelle mit neuen Ansätzen revolutionieren. Airbnb.com hat beispielsweise durch eine Internetplattform ein neues Segment im Hotelgewerbe erschlossen. Besitzer von Wohnraum können über Airbnb schnell und kostengünstig Übernachtungsmöglichkeiten, in Konkurrenz zum klassischen Hotelgewerbe, für Touristen und Geschäftsreisende anbieten. Seit Gründung im Jahr 2008 sind circa 10 Mio. Übernachtungen über das Portal gebucht worden (vgl. hierzu Airbnb 2013). Im Jahr 2012 war der Anstieg an Benutzern so stark, dass alle zwei Sekunden eine Buchung vorgenommen wurde.

Ein weiteres Beispiel ist Groupon.com. Über die Internetplattform von Groupon können Restaurants, Kinos, Theater, Reiseveranstalter oder Produkthersteller und weitere Dienstleister ihre Angebote zeitlich begrenzt lancieren. In Abhängigkeit von der Menge an Käufern einer Dienstleistung oder eines Produktes werden, für jeden Teilnehmer sofort sichtbar, Rabatte und Abschläge eingeräumt. Als Geschäftsmodell profitiert Groupon prozentual von den generierten Umsätzen. Das Modell ist in der Zwischenzeit so erfolgreich, dass es in vielen Ländern kopiert wird. In der Schweiz existiert zum Beispiel deindeal.ch als Konkurrenzangebot.

2.2.2 Neue Mitbewerber

Anbieter oder Nachfrager? Betrachtet man den Markt von IT-Serviceorganisationen, so ist die Frage inzwischen nicht mehr einfach zu beantworten. Vor einigen Jahren war die Situation klar. Anbieter wie IBM, HP oder T-Systems offerierten professionelle Dienstleistungen für Informationstechnologie im weltweiten Markt. Auf der anderen Seite gab es Unternehmen, deren Geschäftsziel primär der Verkauf von anderweitigen Produkten und Dienstleistungen war. Dieses Prinzip hat sich jedoch gewandelt. Allen voran prescht Amazon.com in den Markt der neuen Anbieter von infrastrukturnahen IT-Dienstleistungen. Die Cloud-Dienstleistung „S3" erreichte groben Schätzungen zufolge Ende des Jahres 2012 fast ein Exabyte an Speichervolumen[5] (vgl. hierzu Rodriguez 2011). Damit ist Amazon.com etwa 20-mal größer als der bekannte Speicherplatzanbieter Dropbox (geschätzte 40 Petabyte) und mit hoher Wahrscheinlichkeit der größte professionelle Anbieter von Speicherplatz.

Im Segment der IT-Dienstleistungen, welche nahe am Kunden erbracht werden, erobert Google massiv Marktanteile. Vom „einfachen" Suchmaschinenanbieter avancierte das Unternehmen zu einem Anbieter professioneller IT-Dienstleistungen für E-Mail und Office-Produkte – wie GoogleDocs und GoogleDrive. Mitte 2012 wurde verkündet, dass Google 425 Mio. registrierte und aktive Kunden seines E-Mail-Dienstes verzeichnet (vgl. hierzu D'Orazio 2012). Nach eigenen Angaben des Unternehmens migrierten ebenso mehrere Millionen Geschäftskunden einen Teil ihrer IT-Unterstützung zu Google, darunter bekannte Namen wie Capgemini, General Electrics, Roche oder Genentech. Die Entwicklungsgeschichten von Amazon und Google sind beeindruckend und werfen ein neues Licht auf die Erreichbarkeit von Skaleneffekten und Effizienz.

Diese beiden Beispiele zeigen sehr gut die vorherrschende Marktdynamik in der IT-Branche sowie die damit verbundenen Anforderungen. In bestimmten Bereichen wie der Infrastruktur oder geschäftsprozessneutralen IT-Dienstleistungen wie die von Google stellen CIOs und Unternehmen neue Anforderungen an Skalierung und Effizienz der zu erbringenden Dienstleistung.

[5] 1 Exabyte = 1.000 Petabyte = 1.000.000 Terabyte.

2.2.3 Der Einfluss des Kunden

Das folgende Zitat eines DAX-30 CIOs aus einem Gespräch im Sommer 2012 veranschaulicht die zunehmende Bedeutung der Kundenerwartungen: „*... dieses Verständnis hat sich durch Amazon, Google und Ebay drastisch verändert. Wenn Sie heute auf Amazon gehen, dann weiß Amazon halt, was ich als letztes gekauft habe. Der Kunde findet das überhaupt nicht schlimm, sondern positiv. Und zunehmend reagieren Kunden bei uns verärgert, wenn wir nicht wissen, welches Produkt er von uns gekauft hat. Die Kunden projizieren diese Erfahrungen auf uns. [...] Das erwartet der Kunde eigentlich als Standard, aber davon sind wir zum Teil noch weit entfernt.*“[6] Kunden wollen verstärkt Einfluss auf die Gestaltung von Informationssystemen nehmen. Erfahrungen aus dem privaten Umfeld, insbesondere bei der Benutzung von Programmen wie Facebook, Blogger, Instagram und diversen Anwendungen auf dem iPhone/iPad von Apple, prägen die Erwartungen an Anwendungssysteme und die Gestaltung von Benutzeroberflächen in erheblichem Maß. Anforderungen an Datenschutz und Datensicherheit scheinen, insbesondere bei der jüngeren Generation, zugunsten der Benutzbarkeit (engl. Usability) zunehmend in den Hintergrund zu rücken. Für den CIO ergeben sich in Konsequenz neue Ansprüche an die Entwicklung und den Betrieb dieser Systeme. Agilität und Integration des Kunden bereits in frühen Phasen der Entwicklung stehen im Vordergrund. Parallel sind neue Fähigkeiten der Mitarbeiter in Entwicklungsabteilungen gefragt, um die Anforderungen in Software umsetzen zu können.

Mit dem Kundeneinfluss verbunden ist der Trend zur „Consumerization“. Consumerization bedeutet die Umkehrung des historischen Flusses von IT-Innovation aus großen Organisationen in Richtung Endverbraucher. Das heißt, dass zunehmend Software- und IT-Innovationen bei Endnutzern entstehen oder für diese entwickelt werden und anschließend die Gestaltung von Unternehmenssoftware beeinflussen (vgl. hierzu Escherich 2011). Kunden und Mitarbeiter sind zunehmend „selbstständig“ in der Nutzung und Auswahl von Soft- und Hardware. IT-Dienstleistungen können über die Cloud – wie beispielsweise „Software as a Service“ (SaaS) – für fast alle Bereiche von Unternehmen bezogen werden, beispielsweise Vertriebsunterstützung, „Enterprise-Resource-Planning-Systeme“ (ERP), Videokonferenzsysteme etc. In diesem Umfeld gewann der Cloud-Softwareanbieter salesforce.com an Bekanntheit.

Ähnlich hoch ist das Interesse an „Bring-your-own-Device“ (BYOD)-Strategien in Unternehmen. Gestützt durch das Unternehmen können Mitarbeiter sich ihre eigenen IT-Geräte auswählen und am Arbeitsplatz nutzen. Besonderer Beliebtheit erfreuen sich Geräte des Herstellers Apple. Consumerization eröffnet dadurch neue Möglichkeiten für IT-Organisationen und den CIO, an Innovationsprozessen teilzunehmen und Veränderungsprozesse in Unternehmen zuzulassen. Damit verbunden sind aber auch neue Herausforderungen wie die Kontrolle von „Schatten-IT“, also genutzter Software und Hardware im Unternehmen, die per Definition außerhalb des Wissens- und Einflussbereiches des CIOs liegt (vgl. hierzu Brenner et al. 2011).

[6] Interview mit einem DAX-30 CIO aus dem Jahr 2012.

2.2.4 Technologien

Das Mooresche Gesetz[7] gilt seit Jahrzehnten – und ein Ende ist noch nicht in Sicht. Der Wandel im Bereich der Informations- und Telekommunikationstechnologie ist in vollem Gang und beeinflusst das tägliche Leben von Menschen sowie das Agieren von Unternehmen.

Smartphones Smartphones treiben die Veränderung von Technologien heutzutage am stärksten voran. Geräte wie das iPhone von Apple oder das Galaxy von Samsung sind inzwischen mehr Computer als reine Telekommunikationsgeräte. Ausgestattet mit hohen Rechenleistungen, Sensoren wie Kameras, GPS, Beschleunigungsmesser und hoch auflösenden Bildschirmen rücken die Geräte in den Mittelpunkt der Kommunikation von Menschen mit ihrer Umwelt. Angenommen, dass Moores Gesetz weiterhin Gültigkeit besitzt, dann werden diese Geräte in Zukunft enorme Rechenkapazitäten aufweisen und hochpräzise Sensordaten liefern, welche zu neuen Anwendungen wie Virtual Reality führen könnten. Darüber hinaus ist die Verwendung des Displays als alleinige Anzeigeeinheit nicht mehr zwingend notwendig. Informationen können in Brillen, Headsets oder auf anderen Displays jederzeit angezeigt werden.

Kollaboration/Breitband- und Funknetze Die globale Vernetzung und Verfügbarkeit von Netzbandbreite für Datenkommunikation in ausreichender Qualität überall auf der Welt bereitzustellen, wird einer der wichtigsten Erfolgsfaktoren im digitalen Zeitalter sein. 3G- und 4G-Netzwerke tragen dem wachsenden Bedarf bereits heute Rechnung. Angetrieben durch das enorme Wachstum im Bereich der Kollaboration und Kommunikation, wird die Nachfrage danach weiterhin zunehmen. Hierfür müssen wesentlich agilere und flexiblere Netzwerkstrukturen geschaffen werden. Mitarbeiter zum richtigen Zeitpunkt zusammenbringen zu können, unabhängig von der räumlichen und hierarchischen Distanz in Unternehmen, wird in Zukunft weiterhin eine Kernherausforderung bleiben. Bestehende Lösungsansätze sind beispielsweise „Unified Communication & Collaboration"-Techniken (UCC), Videotelefonie oder Chat-Räume.

Cloud Computing In Zukunft werden hohe Datenvolumina immer und überall für Unternehmen und Menschen verfügbar sein müssen. Die Technik dazu heißt Cloud Computing. Daten werden in professionell gesteuerten Rechenzentren meist weltweit verteilt gespeichert und für den Nutzer permanent verfügbar gemacht. Erfolgreiche Anbieter im Markt sind nur wenige zu finden. Im Segment der Privatkundenunterstützung sind Dienste wie die iCloud von Apple (iTunes Match) oder GoogleDocs zu nennen. Im professionellen Geschäftskundenumfeld ist Salesforce.com eines der führenden Anbieterunternehmen. Mit Hilfe dieser Technologie können Integrationsszenarien zwischen Menschen und Organisationen mit völlig neuartigen Architekturansätzen konzipiert werden. Studien

[7] Das Mooresche Gesetz besagt, dass sich die Anzahl an Transistoren auf einem Computerchip auf derselben Fläche in einem Zeitraum von 12 Monaten verdoppelt.

im deutschsprachigen Europa zeigen, dass CIOs im professionellen Umfeld vor allem auf Private-Cloud-Angebote von IT-Serviceorganisationen zurückgreifen. Insbesondere im Bereich von „Infrastructure as a Service" (IaaS)- und „Platform as a Service" (PaaS)-Diensten kann auf ein breites Angebot zurückgegriffen werden.

Big Data Bedingt durch die Anzahl an Sensoren im privaten und geschäftlichen Umfeld sowie den Anstieg der Vernetzung von Maschinen und Menschen (M2M-Kommunikation[8] als auch Smartphones als „Social Sensors") ist das Wachstum an Datenmengen, die Unternehmen zur Verfügung stehen, enorm. Unter der Bezeichnung „Big Data" werden Technologien subsumiert, welche die Speicherung und Verarbeitung dieser Datenmengen ermöglichen. Apache Hadoop ist zum Beispiel eine Technologie zur verteilten Speicherung und Berechnung extrem großer Datenmengen auf Basis von hoch standardisierten und dadurch günstigen Rechner- und Netzinfrastrukturen. Weitere Technologien werden in den kommenden Jahren folgen und primär auf Non-SQL-Datenbanken beruhen.

2.3 Epochen in der Entwicklung von IT

Wie ist es zu den beschriebenen Entwicklungen im letzten Kapitel gekommen? Und was prägt die vorherrschenden Denk- und Handlungsmuster von CIOs in Unternehmen? Eine Teilantwort darauf liefert die Betrachtung der historischen Entwicklung von Informationstechnologie (vgl. hierzu Brenner und Witte 2007).

Das Zeitalter der Produktion In den 60er- und 70er-Jahren des letzten Jahrhunderts erfolgte der Einstieg von Unternehmen in die elektronische Datenverarbeitung. Eines der ersten Einsatzgebiete war die externe und interne Buchhaltung von Unternehmen, welche durch stark repetitive und gut bekannte Prozesse und Strukturen geprägt war. Im Vordergrund standen zunächst Aufgaben der Automatisierung von Massendatenbearbeitungen, sogenannten „Batch-Läufen". Später wurden die Systeme auch zur Unterstützung und Optimierung von Produktionsabläufen eingesetzt. Vernetzung war in dieser Epoche nicht in unserem Verständnis bekannt, sondern bezog sich maximal auf die Verknüpfung verschiedener Informationssysteme innerhalb eines Unternehmens. Auch Arbeitsplatzrechner waren nur in Form von Terminal-Geräten bekannt und sehr rar verteilt. Die Aufgabe des IT-Verantwortlichen zu dieser Zeit bezog sich auf die Sicherstellung des Betriebes von IT. Eine wirkliche Verbindung zwischen Fachabteilung und IT-Bereich gab es nicht. Vielmehr hatte die IT-Abteilung eine große Machtposition inne, da das Wissen über die komplizierten Anlagen nicht weit verbreitet war, deren Notwendigkeit im Einsatz für das Unternehmen aber gesehen wurde.

[8] M2M = Maschine-zu-Maschine-Kommunikation bezeichnet ein Konzept der zunehmenden Vernetzung von Maschinen untereinander, um Steuerungsinformationen auszutauschen.

Das Zeitalter der Lieferketten und Großprojekte Die zweite Epoche war durch große Projekte und die Zusammenarbeit über Unternehmensgrenzen hinweg geprägt. Bis dahin wurden Datenbestände meist individuell pro Anwendungssystem gepflegt und gespeichert; eine Integration verschiedener Anwendungssysteme untereinander fand selten statt. Erst die fortschreitende Industrialisierung in der Industrie brachte die Notwendigkeit hervor, Anwendungssysteme entlang von Lieferketten (engl. Supply-Chains) zu integrieren und für den Datenaustausch über Unternehmensgrenzen hinweg zu sorgen. Im Fokus des CIOs standen zu diesem Zeitpunkt Großprojekte und Transferprogramme. Die Kernaufgabe bestand nicht mehr „nur" noch im Betrieb von Rechenzentren, sondern auch im Führen von großen Projekten im Rahmen von klassischen Parametern wie Zeit, Budget und Qualität. Damit einher ging der erste bedeutende Rollenwandel des CIOs. Das frühe Bild der IT-Abteilung, rein technologisch orientiert zu sein, wich und Fachbereiche assoziierten den CIO mit der Entwicklung von Anwendungssystemen. Allerdings behielten die IT-Führungskräfte weiterhin entsprechende Distanz zum Fachbereich.

Das Zeitalter der Information und Kommunikation Beginnend ab 1990 gewannen die Kommunikation und die Akkumulation sowie die Verbreitung von Informationen und Daten mit Hilfe von Informationstechnologie an Bedeutung. Einer der Auslöser für die Entwicklung war der Siegeszug des Personal Computers (PC). Es entstanden verteilte Systemlandschaften und die Technologie reichte weit über das Rechenzentrum hinaus bis zum Mitarbeiter beziehungsweise Anwender. Damit tauchten bislang unbekannte Fragestellungen bezüglich zentraler und dezentraler Informationstechnologie auf. Eine Vielzahl an CIOs sah den Einzug des PC eher als Bedrohung anstatt als Chance an. Dennoch war der Einsatz des PC Startpunkt eines neuen Zeitalters. Die ersten Wissensverarbeitungssysteme entstanden – es war die Zeit der „Knowledge Management"-Projekte. Fachbereiche in Unternehmen entwickelten in diesem Zeitraum erstmals das Interesse, sich mit Anwendungssystemen auseinanderzusetzen. Intelligente Telekommunikationsanlagen, welche die Vorläufer heutiger UCC-Technologie darstellen, wurden eingeführt; der Einsatz von E-Mail verbreitete sich rasant. Parallel zu diesen Entwicklungen setzten sich Standardanwendungen, wie beispielsweise von der SAP angeboten, durch. CIOs fiel die Aufgabe zu, bestehende Prozesse und organisatorische Strukturen entlang dieser Softwaresysteme mit umzugestalten.

Das Zeitalter des Kunden Den gegenwärtigen Zeitabschnitt bezeichnen wir als das Zeitalter des Kunden. Das vorherige Kapitel hat bereits gezeigt, dass der Kunde nicht mehr nur noch Konsument ist, sondern durch seine Erwartungen und Anspruchshaltung tief in die Entwicklung und Produktionsprozesse von Unternehmen durch IT eingreift. So setzt der Produktkonfigurator von Adidas (vgl. hierzu Adidas 2012) in der Produktreihe „mi adidas" neben einer hoch effizienten und effektiven IT-Landschaft auch ein radikal kundenzentriertes Unternehmen voraus. Bei dieser Dienstleistung können Sportler ihren individuellen, auf sich persönlich perfekt abgestimmten Sportschuh konfigurieren und anschließend produzieren lassen. Starbucks integriert den Kunden über das Internetportal

„My Starbucks Idea" (MyStarbucks 2012) bereits in die Entwicklung und kontinuierliche Verbesserung neuer und bestehender Produkte. Kunden können Feedback geben und Ideen äußern, auf die dann das entsprechende Entwicklungsteam bei Starbucks eingehen kann. Ein weiteres Beispiel ist der französische Skihersteller Rossignol. Über die Anwendung „Ski Pursuit" (Rossignol 2012) erhält Rossignol in Echtzeit Fahrdaten seiner potenziellen und bestehenden Kunden. Diese können wiederum in der Produktentwicklung genutzt werden. Die Kette an Aufzählungen ließe sich beliebig fortsetzen. Eines zeigt sich jedoch: Die Distanz zwischen Unternehmen und Kunden ist in den letzten Jahren signifikant geschrumpft. Informationstechnologie hat ihren Bereich weit über das Rechenzentrum und den Arbeitsplatz hinaus ausgedehnt. Sensoren in Smartphones, Maschine-zu-Maschine-Kommunikation (M2M), mobile Funknetzwerke, moderne Produktionsverfahren etc. haben dazu geführt, dass IT in fast jedem Produkt enthalten ist und zu einem differenzierenden Faktor in vielen Industrien herangewachsen ist. CIOs müssen diesem Wandel Rechnung tragen. Neben technologischem Wissen zur Implementierung und dem Betrieb von mobilen Anwendungen sind bei den eigenen Mitarbeitern Fähigkeiten aufzubauen, die den Anforderungen von Digital Natives gerecht werden.

2.4 Das neue Rollenverständnis des CIOs

Was bedeuten nun die Veränderungen konkret für den CIO von heute und morgen? Der CIO eines namhaften Versicherungsunternehmens hat dies so zusammengefasst: *„Als moderner CIO hat man eine dreifache Herausforderung: Kosten, Sicherheit und Innovation"*[9]. Die letzten Kapitel zeigten deutlich, dass sich der Verantwortungsbereich der IT ausdehnen wird. Wie jeder einzelne CIO diesen Verantwortungsbereich ausnutzt und für sich gestaltet, ist individuell unterschiedlich. Allerdings muss der CIO alle Aufgaben bewältigen und dabei verschiedene Aspekte miteinander vereinbaren. Diese Herausforderung zeichnet sich auch im neuen Rollenverständnis des CIOs ab.

2.4.1 Der CIO im Spagat zwischen Optimierung und Innovation

Der Verantwortungsbereich von CIOs hat sich zunehmend in Richtung des Geschäftes und des Kunden erweitert. Daran gekoppelt ist auch eine Veränderung der Anspruchshaltung von CEOs an den CIO (vgl. hierzu CIO Executive Council 2012). CEOs erwarten zunehmend ein partnerschaftliches Modell mit den IT-Einheiten in ihren Unternehmen, um die hohe Integration, Geschäfts- und Kundenorientierung zu fördern. Dahinter steckt die Erkenntnis, dass IT nicht nur ein „Commodity" – das heißt ein Standardprodukt – ist (vgl. hierzu Carr 2003), sondern über den Erfolg von Produkten, Dienstleistungen und Geschäftsmodellen in Zukunft maßgeblich mit entscheidet. Die meisten Produkte wer-

[9] Zitat aus einem Interview im März 2012.

den in Zukunft über einen beträchtlichen Anteil an IT verfügen, angefangen bei Autos bis hin zu Waschmaschinen. Ein CIO hat die Situation so dargestellt: *„In den IT-Räumen zeigen große Monitore nicht die Systemverfügbarkeit [an], sondern die aktuellen E-Commerce Umsätze.“*[10] Das Beispiel zeigt, dass IT-Einheiten zunehmend stärker in das Unternehmen und Geschäft mit eingebunden werden. Dies geht so weit, dass gemeinsame Kenngrößen für den geschäftlichen Erfolg verwendet werden und auch die Erfolgsmessung des CIOs darauf basiert.

In der Praxis ist eine zunehmende Integration von CIOs in den gesamten Planungsprozess des Unternehmens für neue Produkte und Dienstleistungen zu beobachten. Beginnend bei der Ideengenerierung über die Produktentwicklung bis hin zu Produktion und Marketing spielen CIOs eine wichtige Rolle. Dafür bauen CIOs immer mehr Geschäftswissen in ihren Einheiten auf. Im Gegenzug ermöglicht das Geschäft tiefere Einblicke in die Funktions- und Arbeitsweisen der Produktion und Dienstleistungserbringung. Dieser Aufbauprozess befindet sich aktuell in Bewegung und ist noch lange nicht abgeschlossen. Entwicklungsteams arbeiten in Unternehmen nicht mehr ausschließlich „transaktional“, das heißt über formale Prozesse gesteuert, sequenziell geordnet und selten abteilungsübergreifend zusammen, sondern stattdessen kollaborativ und teamorientiert. Die Diversität der Gruppen wird nicht mehr als Nachteil, sondern als Vorteil wahrgenommen. Das Wissen aus der Produktion und Entwicklung wird mit technologischer Kompetenz aus der IT ergänzt. Dem IT-Bereich kommt in diesem Zusammenhang nicht nur die Aufgabe zu, Standards für Infrastrukturen und Technologie zu definieren und durchzusetzen. Stattdessen geht es zunehmend um die gemeinsame Entwicklung und Bereitstellung von Plattformen, auf denen zukünftige Innovationen aufbauen können.

Verbunden mit der größeren Integration des CIOs in das Kerngeschäft des Unternehmens wird neben dem standardisierten und geplanten Rollout von Systemen und Komponenten mehr vom CIO erwartet. Eine sich derart schnell verändernde Welt benötigt gerade in den frühen Phasen der Ideengenerierung und Entwicklung agile und flexible Methoden und Prozesse wie beispielsweise „Rapid Prototyping“ oder „Needfinding“[11] (vgl. hierzu Vetterli et al. 2011). Häufig sind Situationen anzutreffen, in denen die Anforderungen an neue Softwaresysteme, Infrastrukturen oder Geschäftsmodelle nicht hinlänglich bekannt sind. Klassische Entwicklungs- und Planungsmethoden der IT sind damit überfordert. Projekte am Institut für Wirtschaftsinformatik der Universität St. Gallen mit Unternehmen wie zum Beispiel SAP, Audi, FIFA, Swisscom oder Clariant zeigen mit Erfolg, dass neue methodische Ansätze wie „Design Thinking“ IT- und Geschäftsbereichen helfen können, sich näher am Kunden und gleichzeitig flexibler und agiler zu positionieren[12]. Die Deutsche Bank ist sogar einen Schritt weiter gegangen und hat seit 2009 erfolgreich

[10] Weltweit führendes Unternehmen aus dem Handel. Das Interview wurde im Sommer 2012 geführt.

[11] Needfinding ist eine Methode zur Analyse von Kundenbedürfnissen. Diese Methode wurde primär an der Universität Stanford entwickelt.

[12] Siehe http://www.dthsg.com.

Design Thinking in das Unternehmen integriert[13] (vgl. hierzu Vetterli et al. 2012). Mit Design Thinking und ähnlichen Methoden ist zudem ein verändertes Verhalten bei der Entscheidungsfindung verbunden. Das bekannte „Top-Down"-Entscheidungsverhalten in Unternehmen wird ersetzt durch einen kundenzentrierten Entscheidungsprozess. Neue Lösungen und Produkte werden in kurzen, iterativen Zyklen Kunden präsentiert und deren Feedback als Entscheidungskriterium für die weitere Nutzung der Lösung verwendet. Gleichzeitig bedingt jedoch ein solches Vorgehen einen massiven kulturellen Wandel bei den Führungskräften und Mitarbeitern. Das Zulassen von Fehlern getreu dem Motto „Fail often and early in order to succeed sooner" ist zwingend, um den Ideenprozess und Spielraum für Innovationen zu öffnen und auch bislang für abwegig erachtete Wege zu beschreiten. Die Umsetzung dieser Paradigmen führt in letzter Konsequenz zu einer nutzen- und effektivitätsgetriebenen Organisation, deren Hauptziel der Kundennutzen ist. Grenzen zwischen IT und dem Kerngeschäft verschwimmen oder lösen sich auf.

Der Konflikt des CIOs ergibt sich aus der Kombination seiner bestehenden und zukünftigen Aufgaben, die einerseits der Sicherstellung des IT-Betriebs mit allen seinen Facetten wie Kosten, reibungslosem Betrieb (Qualität), optimierten Geschäftsprozessen, Sicherheit und Globalität dienen, andererseits die Integration in den unternehmensweiten Innovations- und Entwicklungsprozess für neue Produkte, Dienstleistungen und Geschäftsmodelle sicherstellen.

Gemäß der letzten IT-Trend-Studie von Capgemini ist der Trend allerdings klar (vgl. hierzu Capgemini 2012): CIOs sehen sich in Zukunft mehr in der Rolle des Business Partners und technischen Innovators. Das bestehende Bild des Dienstleisters und Optimierers von Geschäftsprozessen scheint ausgedient zu haben. *„Ich gebe da oben [im Innovationsbereich] Gas, ohne unten [im IT-Betriebsbereich] zu bremsen"*, beschrieb ein CIO in einem Interview seine Situation.

2.4.1.1 Herausforderungen im IT-Betrieb

Kostenoptimierung und Standardisierung Der Bedarf nach kontinuierlicher Optimierung von Kostenstrukturen innerhalb der IT hat in den letzten Jahren nicht nachgelassen. Das Gegenteil ist der Fall, die wachsende Unsicherheit an den weltweiten Märkten führt zu einem höheren Druck auf die IT, Kosten für den Betrieb von IT-Landschaften zu senken (vgl. hierzu Capgemini 2012). Ein Mittel dafür ist die Standardisierung von Basisprozessen der IT-Organisation sowie von Technologien im Geschäft. Der CIO eines Automobilherstellers fasste es so zusammen: *„Jeder muss sich an feste Prozesse, Methoden und Standards halten."*

Zusätzlich wird die permanente Optimierung jedoch auch als „Aufräumprozess" verstanden. Basistätigkeiten wie die Konsolidierung der Anwendungslandschaften sind zwar voll im Gange, jedoch sind diese bei Weitem nicht abgeschlossen und erfordern große Anstrengungen. *„Wir haben 4.600 Anwendungen in Betrieb und wollen weiter runter von*

[13] Design Thinking – The Value to the Company; siehe Youtube Channel der Deutschen Bank Group http://www.youtube.com/watch?v=ZIKMZ7c5L0I.

diesem Niveau", sagte erst kürzlich ein CIO eines führenden Chemieunternehmens. IT-Bereiche senken dadurch nicht nur Kosten, sondern schaffen eine klare Ausgangsbasis für Agilität und Flexibilität und damit die Integration von neuen (mobilen) Applikationen in die bestehende IT-Landschaft. Den Bemühungen entgegen stehen Aufkäufe von Unternehmen oder die Implementierung von Anwendungen mit Hilfe von neuen Technologien, welche den Standardisierungsgrad senken.

Qualität und Sicherheit Die Gewährleistung von Qualität und Sicherheit zählt inzwischen zu den Basisfähigkeiten eines guten CIO. „*Wenn du nicht deine Basisaufgabe erfüllst, machst du keinen guten Job*", berichtete ein CIO eines Automobilunternehmens. Hierzu zählt zum einen die Stabilität des IT-Betriebs, zum anderen die qualitativ hochwertige Entwicklung von Anwendungssystemen entsprechend den Kundenbedürfnissen. Insbesondere Anforderungen bei verschärften gesetzlichen Rahmenbedingungen – wie im Bankenbereich – sind zügig und mit großer Genauigkeit umzusetzen und führen aktuell zu neuen Herausforderungen in IT-Organisationen.

Globalität und Internationalität Eine weitere Herausforderung auf Betriebsebene ist in den letzten Jahren hinzugekommen: die globale Lieferfähigkeit des IT-Bereiches (vgl. hierzu Zelt et al. 2013). Produktions- und Entwicklungsstandorte von Unternehmen sind aufgrund des Abbaus von rechtlichen und wirtschaftlichen Barrieren weltweit verteilt worden. Angetrieben wurde diese Entwicklung durch die IT-Branche selbst. IT-Dienstleistungen müssen weltweit standardisiert und kostengünstig für die Geschäftsbereiche erbracht werden. Dabei ist ein „Trade-off" zwischen globaler Standardisierung und lokaler Flexibilität in den jeweiligen Märkten zu realisieren (vgl. hierzu Zelt et al. 2013). Die Grenze zwischen Flexibilität und globalem Standard verläuft dabei in jeder Branche unterschiedlich. Allerdings führt die Globalisierung innerhalb der IT-Branche dazu, dass die Auswahl und Steuerung von Dienstleistern ebenso international zu erfolgen hat. In letzter Konsequenz bedeutet dies, dass Prozesse für eine weltweite Beschaffung aufzubauen und zu betreiben sind.

Sourcing Die Auslagerung von Informationstechnologie zu IT-Serviceorganisationen oder IT-Serviceprovidern hat eine lange Tradition und verfügt mindestens im Bereich der Basisinfrastruktur über einen hohen Entwicklungsstand (vgl. hierzu Brenner et al. 2012). Verschiedene Modelle, wie der Einkauf von einzelnen Mitarbeiter-Ressourcen (insbesondere in der Entwicklung) bis hin zur Ausschreibung von gesamten Projekten oder dem Einkauf von Infrastruktur nach Verbrauchsgrößen, sind im Markt anzutreffen. Tendenziell bewegt sich der Markt in Richtung eines „Performance Contracting", d. h., nicht einzelne Ressourcen werden eingekauft, wie beispielsweise Server oder Lizenzen, sondern der Output dieser Ressourcen. Kernherausforderung für den CIO ist, den verbleibenden Eigenleistungsanteil in seiner IT-Organisation flexibel und dynamisch zu steuern. Die Steuerung ist notwendig, da spezifisch für die jeweilige Unternehmenssituation ein relativ gesehen hoher oder niedriger Sourcing-Anteil sinnvoll ist. Unternehmen mit einem niedrigen Sourcing-Grad versuchen typischerweise, ihre IT schneller an neue Gegebenheiten anzupassen, wohingegen Unternehmen mit hohem Sourcing-Anteil sich durch Abgabe von Standardtätigkeiten möglichst große Freiheit im Bereich der Innovationsprojekte schaffen möchten. Weiterhin ist zu beobachten, dass der Anspruch von CIOs an externe Dienstleister, im Rahmen ihrer Möglichkeiten zum Innovationsprozess beizutragen, ansteigt. Ein Versicherungs-CIO nannte beispielsweise als eine Kernherausforderung im Sourcing Folgendes: „*Wie stellen wir sicher, dass in den ausgelagerten Bereichen Innovation stattfindet?*"

2.4.1.2 Herausforderungen im Bereich Innovation

Agilität und Geschwindigkeit Ein CIO benannte die beschriebenen Phänomene mit den Worten „*IT of two Speeds*" – also die IT der zwei Geschwindigkeiten. Gemeint ist, dass CIOs sich zunehmend damit konfrontiert sehen, Geschäftsanforderungen innerhalb weniger Wochen in Form von betriebsfähiger Software umzusetzen und zu betreiben. Klassische Methoden zur Softwareentwicklung, aber auch des Betriebs scheinen für diese Anforderungen nicht geeignet. Mehrfach wurde in Interviews angemerkt, dass die herkömmlichen bürokratischen Prozesse für Standardanforderungen geeignet sind, jedoch nicht zu einer schnelllebigen und agilen Welt passen. Das betrifft sowohl die Softwareentwicklung als auch den IT-Betrieb, der in vielen Betriebsbereichen häufig über 20 Arbeitstage benötigt, um die geforderte Infrastruktur bereitzustellen. Darüber hinaus müssen auch die Softwarearchitekturen in der Lage sein, neue Softwareprodukte über standardisierte und modularisierte Schnittstellen anzubinden.

Produkte, Dienstleistungen und Geschäftsmodelle „*Innovation ist ein kleines Pflänzchen.*" Diese Situationsbeschreibung eines Versicherungs-CIOs trifft auf viele IT-Organisationen zu. Die Wandlung von einem Rechenzentrumsbetreiber und Dienstleister zu einem Gesprächspartner auf Geschäftsleitungsebene für Produkt-, Dienstleistungs- und Geschäftsmodellinnovation ist ein weiter und steiniger Weg. Häufig fehlt den CIOs immer noch die Senderlegitimation für Innovationen, auch wenn im Geschäft langsam die Erkenntnis zu reifen scheint, dass IT ein erfolgskritisches Element in fast allen Industrien schon heute ist und erst recht in Zukunft sein wird (vgl. hierzu Brenner und Witte 2007). Somit wird es die zentrale Herausforderung eines nach Veränderung strebenden CIOs sein, sich die entsprechende Legitimation zu verschaffen, um einen Wertbeitrag zum Kerngeschäft zu leisten.

2.4.2 Das Aufgabenspektrum des CIOs

Wie die vorangegangenen Kapitel gezeigt haben, werden von einem erfolgreichen CIO in Zukunft die Beherrschung und die Verknüpfung verschiedenster Kompetenzen erwartet. Die Komplexität des Aufgabenprofils – zwischen Innovation und IT-Betrieb – bedingt allerdings auch, dass eine gleichzeitige Ausübung aller Aufgabenbereiche aufgrund von Interessenkonflikten für den Großteil der CIOs unmöglich sein wird. In Abhängigkeit von der unternehmensspezifischen Situation müssen effektive Führungskräfte ihren „Hut" wechseln können und den Fokus ihrer Tätigkeit flexibel anpassen. Dabei sind exogene wie endogene Faktoren ursächlich für die Positionierung. Bereits 2007 wurde deutlich aufgezeigt, dass sich das Lager der CIOs in zwei Bereiche aufteilen wird (vgl. hierzu Brenner und Witte 2007). Erstens die „Gestalter", welche primär den Weg ins Geschäft suchen und aktiv über Innovationen das Portfolio und Geschäftsmodell des Unternehmens mitgestalten. Zweitens die „Chief Technology Officer", welche sich auf den effizienten und effektiven Betrieb der Produktionsmittel konzentrieren. Es sei hier betont, dass eine Einschränkung des Aufgabenbereiches nicht mit einer Einschränkung des Verantwortungsbereiches gleichzusetzen ist.

Verantwortung für den IT-Betrieb *„In einer global aufgestellten IT müssen die Aufgaben schnell, qualitativ und kostengünstig erbracht werden."*[14] Die Bedeutung eines zuverlässigen und qualitativ hochwertigen IT-Betriebs ist nach wie vor extrem hoch und begründet sich nicht zuletzt in der starken Abhängigkeit des Geschäfts von der IT. Die Verantwortung für diesen Bereich umfasst sowohl die Absicherung von Stabilität und Sicherheit als auch die Fähigkeit, im IT-Betrieb mit wachsendem Bedarf des Geschäfts und Ansprüchen der Kunden skalieren zu können. Darunter fällt ebenso das Management von Zulieferern für IT-Dienstleistungen als auch Prozessdienstleistungen (Business Process Outsourcing) und „Back Office"-Prozessen. Ferner hat das Management der Ausbildungsprofile von Mitarbeitern in der IT einen neuen Stellenwert im IT-Betrieb erhalten. Aufkommende Technologien erfordern das aktive Umlernen und permanente Ausbilden der Mitarbeiter.

Das Managen einer qualitativ optimalen IT setzt Standardisierung, Formalisierung und optimale Aufteilung der Arbeit in den stark repetitiven Bereichen voraus. Orientierungshilfen bieten neben der bereits etablierten ITIL (IT Infrastructure Libary) gängige Standards wie Cobit (Control Objectives for Information and Related Technology) oder das aus der Telekommunikationsindustrie stammende eTOM-Rahmenwerk (Enhanced Telecom Operations Map).

Rainer Janßen, CIO der Münchner Rückversicherung, sagte 2006 in einem Interview: *„Die Basiserwartung [seitens des Geschäfts] ist erst einmal, dass der Laden läuft."* Die Verantwortung für den IT-Betrieb ist also nicht delegierbar, die operative Durchführung aber schon. Somit gelten die gleichen Ansprüche auch für externe IT-Serviceorganisationen. Vergleichbar mit der Bedürfnispyramide von Maslow sind gegenüber dem Geschäft und den Kunden zwingend die Hygienefaktoren der Grund-, Existenz- und Sicherheitsbedürfnisse durch die IT zu erfüllen. Erst die zufriedenstellende Bewältigung dieser Aufgaben ermöglicht überhaupt das Vordringen des CIOs in Verantwortungs- und Aufgabenbereiche als Technologieberater oder Innovator.

Verantwortung als Technologieberater Der CIO als Technologieberater verfügt über eine hohe technologische Expertise in allen Belangen der IT. Gestützt durch sehr über-

[14] Aussage im Rahmen eines Interviews im Jahr 2012 eines Versicherungs-CIOs.

zeugende Kommunikationsfähigkeiten ist er in der Lage, Netzwerke innerhalb des eigenen Unternehmens und nach außen zu Lieferanten – insbesondere Technologielieferanten – zu pflegen. Befähigt durch sein technologisches Wissen, ist es dem CIO in dieser Rolle möglich, frühzeitig Marktentwicklungen und Trends in IT- und Geschäftsstrategien mit einfließen zu lassen.

Verantwortung als Prozessspezialist Die Befähigung als Prozessspezialist wird dem CIO in der Regel aufgrund der historischen Entwicklung per se zuerkannt. Eine Vielzahl der Unternehmensprozesse ist mittlerweile digitalisiert und in Anwendungssystemen abgebildet. Die Transformation dieser Prozesse in die Welt der IT, aber auch der Betrieb dieser Prozesse macht den CIO normalerweise zum Verantwortlichen für die Gestaltung und den Betrieb von Prozessen. Damit verbunden ist ein tiefgreifendes Wissen über die jeweiligen Geschäftseinheiten des Unternehmens – sogenanntes vertikales Wissen – und der adressierten Märkte, welches je nach Qualifikationsprofil des CIOs erst aufzubauen ist. Dieser Aufbau erfordert eine hohe Integration des CIOs in das Unternehmen – organisatorisch als auch persönlich über Netzwerke. Verbunden mit der Transformation und dem Betrieb der Prozesse ist auch die Fähigkeit zur Veränderung derselben. Damit wird dem Prozessspezialisten nicht nur die Abbildungs- und Betriebsverantwortung für Prozesse zugesprochen, sondern im Rahmen eines „Business Process Reengineering" auch die Optimierung von Prozessen.

Verantwortung als Innovator Die Suche nach dem Neuen, nach „echten" Innovationen, scheint einer Vielzahl an CIOs nicht in die Wiege gelegt zu sein, darauf deuten zumindest eine Reihe von persönlich geführten Gesprächen mit Führungspersönlichkeiten hin. Von dem bloßen Gefühl, Innovator zu sein, bis hin zum tatsächlichen Innovator ist es jedoch ein weiter Weg für die meisten Menschen und Unternehmen. Der häufigste Irrtum von CIOs ist aus Sicht der Autoren, dass oftmals das Erkennen von neuen Technologien am Markt mit Innovation an sich gleichgesetzt und leider verwechselt wird. Natürlich gehört die Identifikation und systematische Sondierung von Technologien dazu (sogenanntes Trend- und Technologie-Monitoring). Es ist jedoch nur ein Bestandteil des Prozesses. Der CIO als Innovator muss zudem für die Mitarbeiter das richtige Arbeitsumfeld schaffen. Dazu gehören neben der richtigen Arbeitsumgebung wie Räume, Arbeitsgeräte etc. auch eine optimale Arbeitskultur und abgestimmte Arbeitsbedingungen, welche die Denkfreiheit und Kreativität der Mitarbeiter stimulieren. Als ein Stichwort sei das Managementparadigma „Fail often and early" genannt, was so viel bedeutet wie eine offene Fehlerkultur in der Belegschaft zu fördern, um möglichst frühzeitig in Entwicklungs- und Forschungsprozessen neue Wege zu identifizieren und zu beschreiten. Darüber hinaus liegt es in der Verantwortung des CIOs, agile, iterative und auf Prototypen basierte Arbeitsprozesse zu etablieren. Erst der direkte Kontakt zu Kunden und die Zusammenarbeit mit Mitarbeitern aus den Geschäftseinheiten in Teams sorgt für die notwendige Vielfalt an neuen Eindrücken, um neue IT-basierte Produkte, Dienstleistungen und Geschäftsmodelle entwickeln zu können. Charakteristisch für diesen Typus von CIO ist die Fähigkeit, unerwartet ausfallende Teilprojektergebnisse bewusst nicht als Destruktion oder Gefährdung im Sinne eines Projektrisikos wahrzunehmen, sondern als Chance, etwas Neues zu entdecken oder zu schaffen.

Zusammenfassend ist festzustellen, dass sich das Spektrum an Aufgaben und der Verantwortungsbereich des CIOs signifikant ausgeweitet haben und sich nun mehr am Kunden und am Geschäft orientieren. Neben der reinen Betriebsverantwortung wird auch ein aktiver Beitrag zur Veränderung des Kerngeschäftes erwartet. Die Autoren sind der Überzeugung, dass nur ein kleiner Teil der Führungskräfte alleine mit ihrer bestehenden Mannschaft dieses große Portfolio an Aufgaben (IT-Betrieb, Technologieberater, Prozessspezialist und Innovator) in der notwendigen und geforderten Qualität abdecken kann, um den beschriebenen Herausforderungen begegnen zu können. Daraus ergibt sich ein großes Potenzial für Lieferanten von IT-Dienstleistungen, als Verlängerung der Wertschöpfungskette Aufgaben effektiv und effizient durchzuführen.

2.5 Positionierung von IT-Serviceorganisationen

Wie können sich IT-Serviceorganisationen und IT-Serviceprovider in diesem dynamischen Marktumfeld der IT-Branche, mit komplexen Anforderungen an den Betrieb und die Entwicklung von Anwendungssystemen, effektiv positionieren? Welche kritischen Erfolgsfaktoren ergeben sich aus der jeweiligen Strategie für das Unternehmen? Die Beantwortung der beiden Fragen besteht mit Sicherheit nicht aus einer singulären Antwort und darf den Kontext der zu betrachtenden Organisation nicht außer Acht lassen. Dennoch lassen sich aus der heutigen und zukünftigen Positionierung von IT-Organisationen und CIOs zwei generische und idealtypische Strategiemuster für IT-Serviceorganisationen herleiten. Grundlage sind zahlreiche Interviews, die in den letzten Monaten mit CIOs geführt wurden. Der Spielraum für Provider in der Unterstützung von CIOs scheint auf jeden Fall gewaltig, der Bedarf nach Professionalität, Qualität und inhaltlicher Kompetenz ist groß.

2.5.1 Strategien für IT-Serviceprovider

2.5.1.1 Strategie Alpha: Partner des Geschäfts

Die Strategie „Partner des Geschäfts" positioniert den IT-Serviceprovider als Partner des CIOs in allen seinen Belangen und umfasst sowohl den Bereich des IT-Betriebs, den der Entwicklung als auch den Innovationsbereich. Das Hauptelement dieser Strategie ist, den Wertbeitrag über die traditionellen Messgrößen für IT-Serviceprovider hinaus zu definieren. Das heißt, die Argumentation mit dem Kunden nicht ausschließlich über Kosten, Produktionsqualität und Sicherheit zu führen, sondern auch qualitative Aspekte und industriespezifisches Wissen mit einzubeziehen.

Betrachtet man den IT-Markt der letzten Jahre, so ist ein Vakuum zwischen IT-Organisationen und infrastrukturnahen IT-Serviceprovidern entstanden. Auf der Seite der Infrastruktur-Provider findet eine massive Standardisierung von Servern, Netzen,

Datenbanken etc. statt. Ziel ist die Ausnutzung von möglichst hohen Skaleneffekten, verbunden mit Kostenoptimierungen, die sich in traditionellen Größenordnungen von IT-Organisationen nicht realisieren lassen. Diese Zielsetzung verzichtet aber bewusst auf den Aufbau von industriespezifischem Wissen und die explizite Kenntnis der jeweiligen Märkte, beispielsweise der Versicherungsindustrie. Strategien von Amazon, Salesforce.com etc. versuchen bewusst, die Spezifität von Industrien zu minimieren, um die Komplexität ihrer Angebote handhabbar zu halten und damit ihre gewonnene Schnelligkeit, Agilität und Kostenführerschaft aufrechtzuerhalten.

Auf der anderen Seite befinden sich IT-Organisationen und die Rolle des CIOs in einem Umbruch, wie er in den vorherigen Kapiteln skizziert wurde. Neue (mobile) Anwendungssysteme werden vom Geschäft und den Kunden extrem schnell verlangt und müssen in bestehende Infrastrukturen integriert werden. Hinzu kommt die Notwendigkeit, IT-Plattformen für ganze Wertschöpfungsketten – wie die Energie- oder Automobilindustrie (siehe Car-Sharing) – aufzubauen, um Kunden neue Dienstleistungen auf Basis von integrierten Datenbeständen anzubieten.

In diesem Umfeld sehen die Autoren großes Potenzial für IT-Serviceorganisationen, sich im entstandenen Vakuum zwischen den beiden Polen zu positionieren. Diese Organisationen hätten die Möglichkeit, gemeinsam und partnerschaftlich mit den CIOs einer Wertschöpfungskette neue Integrations- und Marktplattformen zu gestalten, aufzubauen und zu betreiben. Die Perspektive der IT-Serviceorganisation wäre nicht mehr ausschließlich auf den technologischen Aspekt von Netzen und Rechnern gerichtet, sondern auf das Kerngeschäft der Kundenorganisationen. IT-Serviceorganisationen könnten ihr Wissen jedem einzelnen Glied der Wertschöpfungskette anbieten. So wären neue Plattformen für die Energiebranche oder im Bereich des Car-Sharing für die Automobilindustrie möglich. In letzter Konsequenz bedeutet dies aber, dass der IT-Serviceprovider tief in den jeweiligen Markt des Kunden, dessen Geschäftsprozesse und Technologien einsteigen muss, um überhaupt in der Lage zu sein, mit eigenen innovativen Vorschlägen aktiv die CIOs zu unterstützen. Die Akzeptanz in der Gruppe der CIOs entsteht nicht durch den reinen Vertrieb von qualitativ hochwertigen Cloud-Services.

Diese Positionierungsstrategie setzt allerdings voraus, dass sich ein Teil der IT-Serviceprovider enorm ändern muss. Das betrifft sowohl die Aus- und Weiterbildung der eigenen Belegschaft im Unternehmen (z. B. zum Aufbau spezifischer Branchenkenntnis) als auch die Implementierung viel agilerer und auf Innovation ausgerichteter Strukturen und Prozesse. Die klassischen Steuerungsparameter von IT-Serviceprovidern (Kosten, Sicherheit und Qualität) besitzen natürlich nach wie vor weiterhin Gültigkeit für IT-Organisationen.

Die Autoren sind der festen Überzeugung, dass Unternehmen, die diesen Wandel bestehen, in Zukunft eine Chance haben, partnerschaftlich mit den CIOs zusammenzuarbeiten und diese in vielen Facetten zu unterstützen. Daran gekoppelt wäre eine Änderung des Geschäftsmodells, welches dann nicht mehr ausschließlich auf Kosten- und Preisreduktion sowie Standardisierung fokussiert ist, sondern darüber hinaus Branchenwissen und Marktexpertise in den Vordergrund stellt.

2.5.1.2 Strategie Beta: Partner des IT-Betriebs und/oder der Entwicklung

Die Strategie „Partner des IT-Betriebs und/oder der Entwicklung" setzt auf die Schaffung von Kosteneffizienz, Skaleneffekten, Standardisierung, weltweiter Verfügbarkeit/Lieferfähigkeit und Produktionsqualität. IT-Serviceprovider mit dieser Strategie müssen sich aus Perspektive des CIOs in Zukunft zunehmend mit den heutigen Größen der Branche wie Amazon, Google oder IBM bedingungslos messen lassen. Das Erreichen von extrem großen Skaleneffekten, wie in den Einführungskapiteln beschrieben, steht im Vordergrund.

Mit der Erreichung von Skaleneffekten verbunden ist die Steigerung des Automatisierungs- und Industrialisierungsgrades der IT-Produktion in neuen Dimensionen. Bereits in den Jahren 2007 und 2008 konnten Forschungsarbeiten des Instituts für Wirtschaftsinformatik der Universität St. Gallen gemeinsam mit T-Systems International zeigen, dass ERP-ähnliche Systeme in der Lage sind, die Produktion von IT-Services vollständig zu automatisieren (vgl. hierzu Ebert et al. 2008) – beginnend bei der Gestaltung von IT-Serviceangeboten über den Abruf von IT-Services mit Hilfe von „Self-Serviceportalen" bis hin zur Auslieferung und dem Betrieb der IT-Services zum Kunden sowie deren permanente Überwachung und Qualitätssicherung. Die Zeit zur Bereitstellung und Inbetriebnahme von IT-Services konnte zum damaligen Zeitpunkt von mehreren Tagen auf wenige Stunden reduziert werden. Eine zentrale Erkenntnis bestand darin, dass anstatt der Individualisierung von IT-Services die Konfiguration von Standard-Services im Mittelpunkt steht und damit der gesamte Standardisierungsgrad zunehmen muss (vgl. hierzu Brocke et al. 2011; Dudek et al. 2011). Dahinter verbirgt sich das von uns bereits 2004 propagierte Prinzip der „End to End"-Prozessoptimierung und des Industrialisierten Informationsmanagements, verbunden mit der konsequenten Ausrichtung auf den Kunden. Ausgangspunkt für diese Arbeiten war die Analogiebildung zur klassischen Industrie. Als Paradebeispiel für diese Strategie ist gegenwärtig der S3 Service von Amazon zu nennen. Innerhalb weniger Minuten ist ein hoch redundanter Speicherplatz konfiguriert und verfügbar. Dies wird ermöglicht durch den Aufbau von IT-Fabriken in hoher Verfügbarkeit, also IT-Produktionsstätten, die in einem Höchstmaß standardisiert sind.

Vergleichbare Anforderungen werden an die Verteilung von Arbeit und Internationalität von Teams in der Softwareentwicklung gestellt. Global tätige IT-Serviceprovider besitzen weltweit Entwicklungszentren, um einerseits die Kostenvorteile jedes Standortes zu nutzen, andererseits um die regionalen Besonderheiten – beispielsweise in Asien oder Südamerika – im Design von Anwendungssystemen zu adaptieren.

Für die Mehrheit der IT-Serviceprovider besteht inzwischen nur noch die Möglichkeit von „Me too"-Strategien, also Strategien, die diejenigen der marktbeherrschenden Unternehmen imitieren. Die Innovationsfähigkeit dieser Unternehmen konzentriert sich häufig auf Technologien, mit dem Ziel, diese möglichst günstig, schnell und für eine Vielzahl an Einsatzzwecken bereitzustellen sowie eine leistungsfähige Skalierbarkeit in ihren Infrastrukturen herzustellen. Schwerpunkte bilden die permanente Optimierung der Kostenstrukturen, einerseits durch radikales Wachstum des Kundenstamms, andererseits durch die kontinuierliche Verbesserung und Automatisierung von internen Prozessen.

Tab. 2.1 Kritische Erfolgsfaktoren für IT-Serviceorganisationen

Erfolgsfaktoren	Strategie Alpha Partner des Geschäfts	Strategie Beta Partner des IT-Betriebs und/oder der Entwicklung
Innovationsfähigkeit	CIOs erwarten neben Technologieinnovationen auch die Einbringung von Geschäfts-, Produkt- und Dienstleistungsinnovationen	Fokus liegt auf der Generierung und optimalen Nutzung von technologischen Innovationen
Kunden- und marktspezifisches Geschäftswissen	Entscheidend, um an innovativen Fragestellungen auf Augenhöhe mit dem CIO agieren zu können	Wichtig, um marktspezifische Angebote und Architekturen auf Basis von Standard-Services definieren zu können
Kundenorientierung	Kundenorientierung bedeutet, mit Empathie die Herausforderungen der Kundenorganisation in ihren Märkten zu verstehen und mit Standard-, aber auch individuellen Services zu antworten	Ausrichtung der standardisierten IT-Services auf den Bedarf des Kunden
Globale Lieferfähigkeit	Im Geschäft mit Großkunden ist die globale Lieferfähigkeit eine Basisanforderung	
Produkt- und Dienstleistungsqualität	Maximale Erfüllung von Sicherheits- und Verfügbarkeitsanforderungen in den jeweiligen IT-Servicekategorien	
Kostenführerschaft	Transparente Preis- und Kostenstrukturen	Zielsetzung ist, die Kostenführerschaft einzunehmen

Unternehmen, die diese Strategie verfolgen, sichern die operative Basis von IT-Organisationen und CIOs für IT-Betrieb und Entwicklungsaufgaben. Dennoch führt die geringe Spezifität der erbrachten Leistungen zu einer relativ leichten Austauschbarkeit der Unternehmen. Zudem müssen sich IT-Serviceprovider in diesem Markt einem immer härteren und weltweiten Wettkampf um Effizienz und Effektivität stellen, der letztendlich maßgeblich über die Unternehmensgröße entschieden werden wird.

2.5.2 Kritische Erfolgsfaktoren für IT-Serviceorganisationen

Die wichtigsten kritischen Erfolgsfaktoren für die beiden aufgeführten, generischen und idealtypischen Strategien ergeben sich auf Basis der vorhergehenden Ausführungen und sind in Tab. 2.1 abschließend zusammengefasst.

Innovationsfähigkeit In beiden Strategiemodellen ist die Fähigkeit, permanent Innovationen für den CIO liefern zu können, wichtig. Dennoch unterscheiden sich die Ausprägungen. Während für die Beta-Strategie technologische Innovationen in der Erwartungshaltung des CIO ausreichen, werden von Unternehmen, welche die Alpha-Strategie verfolgen, auch Beiträge zur Geschäftsmodell-, Produkt- und Dienstleistungsinnovation im Kerngeschäft des Unternehmens und der jeweiligen Wertschöpfungskette erwartet. Unternehmen der Alpha-Strategie-Gruppe müssen also versuchen, ihre Mitarbeiter möglichst frühzeitig für den bevorstehenden Wandel zu qualifizieren und die Geschäftskompetenzen aufzubauen. Führungsstruktur und -kultur sowie das methodische Handwerkzeug sind anzupassen, um den Anforderungen nach Innovationsfähigkeit nachkommen zu können. Für diese Unternehmen muss der Leitsatz gelten: Innovation ist kein Hobby!

Kunden- und marktspezifisches Geschäftswissen Die Akzeptanz der jeweiligen IT-Serviceorganisationen durch den CIO ist in vielen Fällen durch die Mitsprachefähigkeit in den geschäftlichen Themen geprägt. Strategie Alpha erfordert eine hohe Eindringtiefe in die Marktgegebenheiten und Funktionsweisen von gesamten Wertschöpfungsketten. Nur durch spezifisches Wissen werden Beiträge dieser Unternehmen als wertstiftend durch CIOs wahrgenommen. Für Unternehmen der Kategorie Beta sind solche spezifischen Kenntnisse nicht notwendig. Es wird nur das Wissen benötigt, das ausreicht, um das Geschäftsportfolio des IT-Serviceproviders auf zukünftige Änderungen auszurichten.

Kundenorientierung Für Strategie Beta setzt Kundenorientierung eine möglichst passgenaue Ausrichtung des IT-Serviceportfolios und der IT-Produktion auf die Bedürfnisse der Kunden voraus. Das heißt für beide Strategiemuster, dass sämtliche Prozesse der Organisation auf den Kunden ausgerichtet sein müssen.

Globale Lieferfähigkeit IT-Serviceprovider müssen in Zukunft in der Lage sein, weltweit und jederzeit die gleiche Güte der IT-Dienstleistungserbringung für Unternehmen anzubieten. Dieser Erfolgsfaktor betrifft beide Strategiemuster gleichermaßen. Die Art und Weise der Umsetzung ist aber wahrscheinlich verschieden. Unternehmen der Gruppe Alpha können neben eigenen weltweit verteilten Infrastrukturen u. a. auch auf Partnermodelle zurückgreifen.

Produkt- und Dienstleistungsqualität Die Sicherung der Produkt- und Dienstleistungsqualität ist heutzutage und in Zukunft eine grundlegende Eintrittsbarriere für IT-Serviceprovider. Unternehmen, die ihre Prozesse und Arbeitsweisen nicht im Griff haben und die geforderte Qualität nicht liefern können, werden sowohl im Strategiemuster Alpha als auch Beta Schwierigkeiten in der Marktakzeptanz gegenüberstehen.

Kostenführerschaft Das Erfolgskriterium Kostenführerschaft betrifft primär Unternehmen, die das Strategiemuster Beta verfolgen. Aufgrund der sich ständig verschärfenden Marktsituation und einer Angleichung der IT-Servicequalität auf höchstem Niveau zwischen den großen Anbietern im Markt wird die Kostenführerschaft für viele Kundenorganisationen ein wichtiges Kriterium in den Auswahlprozessen von IT-Serviceorganisationen spielen. IT-Serviceorganisationen müssen durch Erreichung hoher Skaleneffekte und Automation darauf reagieren.

2.6 Zusammenfassung

Die Zielsetzung des Beitrags war es, die kritischen Erfolgsfaktoren für IT-Serviceorganisationen abzuleiten und darzustellen. Hierfür wurden zunächst die allgemeine Marktsituation in der IT-Branche betrachtet und diverse Trends, wie die Annäherung an den Kunden und technologische Entwicklungen, diskutiert. Basierend auf dieser Analyse und unter Einbeziehung von 50 Interviews mit Führungskräften und CIOs wurde das sich neu ergebende Rollenverständnis des CIOs in IT-Organisationen skizziert. Ergebnis ist eine spürbare Ausweitung des Verantwortungs- und Aufgabenbereiches des CIOs in Richtung Geschäft und Kunden. Die Diskussion hat ebenso gezeigt, dass in Zukunft viele Spielräume für IT-Serviceorganisationen im Markt bestehen. In Kapitel 5 des Beitrags wurden zwei generische Strategiemuster skizziert: a) Strategie Alpha – Partner des Geschäfts und b) Strategie Beta – Partner des IT-Betriebs und/oder der Entwicklung. Strategie Alpha ermöglicht Unternehmen das Vordringen in neue Geschäftsfelder für IT-Dienstleister. Dieser Weg erfordert jedoch extreme Kraftanstrengungen, um das dafür notwendige Geschäftswissen aufzubauen und eine Senderlegitimation gegenüber den CIOs zu etablieren. Für viele Unternehmen mit dieser Strategie wird aufgrund mangelnder Größe wahrscheinlich eine Fokussierung und Spezialisierung auf einzelne Branchen notwendig. IT-Serviceorganisationen, welche Strategie Beta verfolgen, begeben sich in einen weltweit stattfindenden Wettkampf um Größe und Kosteneffizienz. Die Messlatte für Erfolg geben die größten Unternehmen wie IBM, HP und weitere mit hoch integrierten Wertschöpfungsketten vor. Von diesem Wettkampf sind sowohl klassische Angebote von IT-Serviceprovidern betroffen als auch neue Angebote aus dem Cloud-Computing-Bereich. Entlang dieser zwei Strategien wurden sechs kritische Erfolgsfaktoren beschrieben, deren Umsetzung für den Geschäftserfolg wichtig ist: Innovationsfähigkeit, kunden- und marktspezifisches Geschäftswissen, Kundenorientierung, globale Lieferfähigkeit, Produkt- und Dienstleistungsqualität sowie Kostenführerschaft.

Literatur

Adidas. http://www.adidas.de/mi%C2%A0Predator%C2%A0Lethal-Zones/15001945_M,de_DE,pd.html?cgid=customise-Shoes&config=true#is_configurator. Zugegriffen: 20. Dez. 2012.

Airbnb. https://www.airbnb.com/home/press. Zugegriffen: 2. Jan. 2013.

Bravo-Sanchez, C., et al. 2005. Lean IT – Die Industrialisierung des Informationsmanagements. *Is. Report – Magazin für betriebliche Informationssysteme* 9 (10): 12–17.

Brenner, W., et al. 2011. *Bewusster Einsatz von Schatten-IT: Sicherheit und Innovationsförderung.* St. Gallen: Universität St. Gallen. http://www.salesforce.com/de/form/pdf/brenner.jsp?d=70130000000s91I. Zugegriffen: 14. Jan. 2011.

Brenner, W., et al. 2012. *Strategies for application management services.* St. Gallen: University of St. Gallen.

Brenner, W., und C. Witte. 2007. *Erfolgsrezepte für CIOs – Was gute Informationsmanager ausmacht.* München: Hanser Verlag.

Brocke, H. F., et al. 2011. Balancing customer requirements and IT service standardization – A procedural reference model for individualized IT service agreement configurations. *Enterprise Modelling and Information Systems Architectures* 6 (2): 4–20.

Capgemini. 2012. *Studie IT-Trends 2012 – Business-IT-Alignment sichert die Zukunft*. Capgemini.

Carr, N. G. 2003. IT doesn't matter. *Harvard Business Review* 5–12.

CIO Executive Council. How are CIOs meeting evolving CEO expectations? http://www.cio.com/article/594396/How_are_CIOs_Meeting_Evolving_CEO_Expectations_?page=2&taxonomyId=3174. Zugegriffen: 28. Dez. 2012.

D'Orazio, D. Gmail now has 425 million active users. The Verge. http://www.theverge.com/2012/6/28/3123643/gmail-425-million-total-users. Zugegriffen: 28. Dez. 2012.

Dudek, S., et al. 2011. Variant configuration for IT-services and its impact on the service request fulfillment process. In *Research in Progress – 18th Americas Conference on Information Systems*. Detroit.

Ebert, N., et al. 2008. Production planning for IT-service providers: An ERP-based concept. In *Proceedings of the Nineteenth Australasian Conference on Information Systems (ACIS 2008): University of Canterbury, 2008, 19th Australasian Conference on Information Systems (ACIS)*. Keystone, CO.

Escherich, M. Search analytics trends: The inevitable consumerization of corporate IT. Gartner Analytics, 2011. http://my.gartner.com/portal/server.pt?open=512&objID=260&mode=2&PageID=3460702&id=1591515&ref=. Zugegriffen: 28. Dez. 2012.

Gartner. Gartner Says Worldwide IT Outsourcing Market Grew 7.8 % in 2011. Press Release. http://www.gartner.com/it/page.jsp?id=2021215. Zugegriffen: 28. Dez. 2012.

MyStarbucks. My Starbucks Plattform. http://mystarbucksidea.force.com/. Zugegriffen: 28. Dez. 2012.

Rodriguez, A. Too Big to Backup, Nasuni. http://www.nasuni.com/blog/22-too_big_to_backup. Zugegriffen: 28. Dez. 2012.

Rossignol. Ski Pursuit. http://www.rossignol.com/US/US/skipursuit.html. Zugegriffen: 28. Dez. 2012.

Schaffry, A. Top 10 CIO-Prioritäten 2012. In CIO-Magazin. http://www.cio.de/strategien/2299663/. Zugegriffen: 28. Dez. 2012.

Vetterli, C., et al. 2011. Die Innovationsmethode Design Thinking. In *Dynamisches IT-Management. So steigern Sie die Agilität, Flexibilität und Innovationskraft Ihrer IT*, Hrsg. M. Lang und M. Amberg. Düsseldorf: Symposion.

Vetterli, C., et al. 2012. Initialzündung durch Embedded Design Thinking – Ein Fallbeispiel aus der Finanzindustrie. *Zeitschrift für Organisationsentwicklung* 2:22–31.

Zarnekow, R., et al. 2005. *Integriertes Informationsmanagement*. Berlin: Springer.

Zelt, S., et al. 2013. Managing global IT delivery networks: A literature review from the supplier's perspective. In *Proceedings of the 46th Hawaii International Conference on System Sciences: IEEE Computer Society, 2013, Hawaii International Conference on System Sciences (HICSS)*, Maui, Hawaii.

Teil II
Industrialisierungsnovelle

Die Transformation der IT-Industrie

3

Katharina Grimme und Peter Kreutter

Inhaltsverzeichnis

3.1 Industrielebenszyklusmuster und Wettbewerbsdynamik

Nimmt man als Indikator für die Wettbewerbsdynamik der IT-Branche einige ausgewählte Schlagzeilen aus der Wirtschaftspresse, so stehen insbesondere im IT-Outsourcing-Umfeld die Zeichen klar auf Konsolidierung. Nicht nur einige kleinere Anbieter kämpfen mit wirtschaftlichen Problemen. Selbst vor großen, namhaften und global agierenden Firmen macht diese Entwicklung nicht halt. Der einstige Pionier der IT-Services-Revolution, EDS, wurde schon in 2008 von HP übernommen. Seit 2006 haben allein die fünf Anbieter IBM, Oracle, Microsoft, Hewlett-Packard und SAP mehr als 70 Übernahmen durchge-

K. Grimme (✉)
Pierre Audoin Consultants (PAC) GmbH, Holzstraße 26, 80469 München, Deutschland
E-Mail: K.Grimme@pac-online.com

P. Kreutter
WHU – Otto Beisheim School of Management, Campus Düsseldorf,
Erkrather Straße 224A, 40233 Düsseldorf, Deutschland
E-Mail: Peter.Kreutter@whu.edu

F. Abolhassan (Hrsg.), *Der Weg zur modernen IT-Fabrik*,
DOI 10.1007/978-3-658-01483-4_3, © Springer Fachmedien Wiesbaden 2013

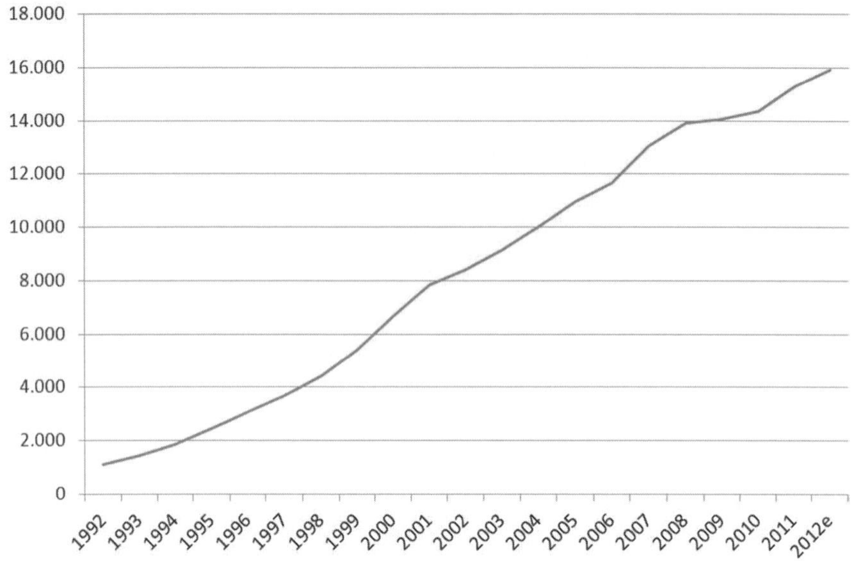

Abb. 3.1 Marktvolumen im deutschen IT-Outsourcing-Markt. (Quelle: PAC 2012)

führt und forcieren den Konsolidierungstrend massiv. Auch andere Anbieter wie z. B. Atos oder Dell bedienen sich des Instruments von Zukäufen, um neben neuen Skills vor allem Marktanteile zu übernehmen und somit anorganisches Wachstum zu generieren. Diese Beispiele sind exemplarisch und die Liste ließe sich problemlos noch weiter verlängern.

Aus wissenschaftlicher Sicht ist diese Entwicklung kein Zufall, sondern lediglich der Ausdruck einer Entwicklung, die der US-Ökonom Steven Klepper (1997) unter dem Begriff des „Industry Life Cycle" in die wissenschaftliche Literatur eingeführt hat. Forschungsstudien im Sinne Kleppers thematisieren die Frage, wie sich „junge" Industrien resp. Branchen im Zeitverlauf ihrer Entwicklung verändern und welche Auswirkungen diese veränderten Spielregeln auf die Unternehmen in diesen Märkten haben. Charakteristisch ist neben den weitreichenden strukturellen Veränderungen, zu denen häufig die Konsolidierung der Anbieterseite gehört (z. B. Günther 2009), dass diese gerade in einem wachsenden Markt stattfinden. So ist auch das Volumen im deutschen IT-Outsourcing-Markt seit Anfang der 1990er stetig angestiegen, wie die Abbildung zeigt (PAC 2012) (Abb. 3.1).

Entscheidend ist aus wettbewerbsstrategischer Perspektive, dass mit einem zunehmend reifen Markt die relativen Wachstumsraten schrittweise abnehmen und langfristig sogar eine Marktschrumpfung stattfinden kann. Im konkreten Fall muss konstatiert werden, dass sich das relative Marktwachstum im IT-Outsourcing merklich abgeschwächt hat. Die hohen Wachstumsraten der 1990er-Jahre sind lange passé. Langfristig gesehen sind die relativen Wachstumsraten kontinuierlich gefallen. Heute wächst der Outsourcing-Markt in Deutschland – wie auch weltweit – nur noch im mittleren einstelligen Bereich (PAC 2012).

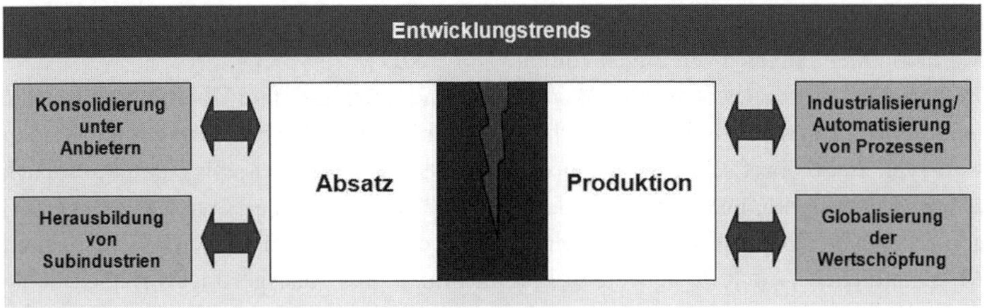

Abb. 3.2 Systematische Darstellung der Industriedynamik in der IT-Dienstleistungsindustrie. (Quelle: eigene Erstellung 2012)

Mit der skizzierten Entwicklung von Marktvolumen und relativen Wachstumszahlen, die klar dem Muster des Industry Life Cycle folgen, geht ein erheblicher struktureller Wandel einher. Analog zu diversen anderen Industrien (siehe die Übersicht in Peltoniemi 2011) hat sich mit zunehmender Reife des Marktes das „Dominante Design" (Suarez und Utterback 1995) im Geschäftsmodell nachhaltig verändert.

Während im klassischen Modell früher der Absatz einer Serviceleistung und deren Produktion in einem engen räumlich-regionalen Zusammenhang standen, zeichnet sich ein neues Paradigma ab, bei dem die Trennung von Absatz- und Produktionsseite mehr und mehr die Regel statt die Ausnahme ist (Abb. 3.2). Es sind unseres Erachtens vier interdependente Faktoren, die teils Treiber, teils aber auch Ergebnis dieser Entwicklungen sind. Auf der Absatzseite hält neben den bereits skizzierten Konsolidierungstendenzen eine – wissenschaftlich gesprochen – Ausdifferenzierungswelle Einzug, die dazu führt, dass Subindustrien und Spezialisierungsnischen entstehen. Auf der Produktionsseite ist die Globalisierung der Wertschöpfung heute vielfach bereits ein etablierter Fakt, während hingegen die Automatisierung und Industrialisierung von Serviceprozessen noch relativ am Anfang stehen. Diese vier Teilbereiche sollen nachfolgend etwas detaillierter betrachtet werden.

3.2 Konsolidierung

Auf die Konsolidierung auf Anbieterseite wurde einleitend bereits hingewiesen. Sie wird z. B. über das Übernahmegeschehen im Markt erkennbar und führt in der Tendenz zur Marktkonzentration, d. h., eine immer kleinere Anzahl von Anbietern besitzt relativ große, dominierende Marktanteile. Es sei explizit darauf hingewiesen, dass es sich um „relativ" große Marktanteile handelt. Der Begriff soll unterstreichen, dass keine Oligopole klassischer Prägung vorherrschen bzw. deren Entwicklung absehbar ist. Vielmehr ist der IT-Servicemarkt noch immer hochgradig fragmentiert, was sich u. a. daran zeigt, dass in 2011 die Top-10-Player im IT-Outsourcing zusammen gerade einmal die Hälfte des deutschen Marktvolumens auf sich vereinigen konnten (PAC 2012).

Ursächlich für den verschärften Wettbewerb sind unter anderem Überkapazitäten, die teils aus einer systematischen Überschätzung zukünftiger Wachstumsraten entstanden sind (vgl. aus theoretischer Sicht Hopenhayn 1993). Gleichzeitig stieg der Preisdruck auf der Kundenseite. Die Kunden fordern bei Anbietern bei neuen Outsourcing-Verträgen erhebliche Kosteneinsparungen ein. Dies ist unter anderem ein Reflex auf eigenen wirtschaftlichen Druck. Erschwerend kommt hinzu, dass Auslagerungsvorhaben heute generell einen eher geringeren Umfang haben als noch vor einigen Jahren. Sogenannte ‚Megadeals' mit Werten von mehreren Hundert Millionen Euro sind eher die Ausnahme denn die Regel. Bei kleineren Volumina sind jedoch die Möglichkeiten der Anbieter zur Kostensenkung tendenziell geringer. Fehlende Skalierungsmöglichkeiten teurer individueller Technologie-Investments für den jeweiligen Kunden sind nur ein illustratives Problemfeld in diesem Kontext.

Speziell für das Outsourcing-Geschäft sehen sich Anbieter zunehmend mit der Herausforderung konfrontiert, auch bei Vertragserneuerungen mit Bestandskunden signifikante Preissenkungen anbieten zu müssen und damit in aller Regel ihre Profitmargen zu senken. Gerade im großvolumigen Bereich der IT-Infrastruktur spielen Kunden ihre Verhandlungsmacht gezielt aus. Insgesamt lässt sich beobachten, dass nicht erst seit der globalen Finanzkrise die Preise – und damit auch die Margen – im IT-Dienstleistungsmarkt nicht mehr so hoch sind, wie es um die Jahrtausendwende und davor noch zu sehen war (vgl. PAC und Berlecon 2012).

Diese Entwicklung wird noch verschärft durch eine steigende Anzahl von neuen Playern, die von den Rändern – sprich aus anderen Industriesegmenten – in den Markt drängen. Hierzu gehören nicht nur die Hardware- und Softwareanbieter sowie Wiederverkäufer, die zunehmend versuchen, ihre schwindenden Produktpreise durch den Vorstoß in das IT-Dienstleistungsgeschäft zu kompensieren. Höhere Margen im Vergleich zum Hardwaregeschäft oder der Versuch, über die Serviceverträge die eigene Hardware mit zu verkaufen, sind die Hauptrationale dieser Anbieter. Als Beispiel sei die Übernahme von Perot Systems durch Dell genannt.

Im Topsegment geht es dabei immer weniger darum, auf einem spezifischen Teilmarkt (Hardware, Software oder Services) eine dominante Position auf- und auszubauen, als vielmehr darum, über ein schlagkräftiges Portfolio mit Gesamtlösungscharakter zu verfügen. Im Sinne eines Trading-up versuchen zudem manche Spieler, die bisher eher im Low-End-Commodity-Bereich tätig waren, sich in hochwertige IT-Beratungs- und IT-Outsourcing-Dienstleistungen hinein zu entwickeln.

Auch neue ausländische Spieler – insbesondere die indischen IT-Dienstleister wie TCS, Infosys, Wipro oder MahindraSatyam – drängen in den Markt. Da ihr bisher hohes Wachstum in den heimischen und angelsächsischen Märkten an logische Grenzen stößt, haben diese Unternehmen heute Europa, und hier insbesondere Deutschland, zum zentralen Zielmarkt und Wachstumsmotor erklärt. Mit einem weltweiten IT-Outsourcing-Volumen von 230 Mrd. €, an dem Deutschland mit 16 Mrd. € einen Anteil von 7 % hält, ist der Kuchen, den es zu verteilen gibt, beträchtlich. Jedoch wächst er nur moderat und die Kuchenstücke sind oft schon in festen Händen (PAC 2012). Somit lässt sich gutes Wachstum nur über das Abjagen von Marktanteilen von Wettbewerbern oder eben über Akquisitionen erreichen.

Für diese regionale Expansion bei gleichzeitigem Trading-up sind stärkere lokale Ressourcen erforderlich – sowohl in quantitativer als auch in qualitativer Hinsicht. Infosys hat mit der Akquisition der schweizerischen Unternehmensberatung Lodestone ein erstes klares Zeichen gesetzt. Cognizant hat mit der Übernahme von Unternehmensteilen der deutschen C1 Group nachgezogen. Es kann erwartet werden, dass weitere solcher Übernahmen folgen werden (vgl. Bäumer et al. 2010).

3.3 Subindustrien

Während der Konsolidierungsdruck die Luft an der Spitze immer dünner macht, differenzieren sich die Märkte mit zunehmender Größe und Reife gleichzeitig aus. Es bilden sich Nischen und neue Teilmärkte, respektive Subindustrien (vgl. Buenstorf 2007). In diesen Nischen bietet sich kleineren Spezialisten die Möglichkeit zur Positionierung, indem sie mit Spezialisierungsvorteilen und höherer Flexibilität die oft größeren Generalisten herausfordern. Themen wie Softwaretesting oder High-End-Recovery-Services seien hier nur beispielhaft angeführt. So findet sich zum Beispiel Amadeus IT als einer der führenden IT-Serviceanbieter für die Reisebranche. Gleichermaßen ist Wincor Nixdorf ein Beispiel für einen Spezialanbieter für Privatkundenbanken und den Einzelhandel.

Mit der zunehmenden Zahl von Teilmärkten nimmt die Entscheidungskomplexität für größere Spieler zu. Unter der Annahme von knappen Ressourcen können nicht alle Nischen besetzt werden, sondern es muss ein Produktmix gefunden werden, der sich einerseits an den eigenen Kompetenzen orientiert und der andererseits aber auch Differenzierungspotenzial im Wettbewerb bieten muss. Gemischte Wettbewerbs-/Zulieferverhältnisse mit anderen Unternehmen im Markt tun ihr Übriges.

Insofern hängt Erfolg nicht nur vom schieren quantitativen Wachstum ab, sondern von gezielten, sehr differenzierten Strategien hinsichtlich Leistungsangebot, Skill-Profil sowie Positionierung in einer sich weiter konsolidierenden globalen IT-Industrie. Letzteres ist nicht nur aus Sicht der Absatzmärkte von Bedeutung, sondern auch hinsichtlich der eigenen relativen Kostenposition.

Die Kostenposition eines Unternehmens wird wesentlich durch dessen Wertschöpfungsarchitektur beeinflusst. Aus einer eher prozessualen Sichtweise sind es die internen Wertschöpfungsarchitekturen, die hinsichtlich ihres strategischen Wertbeitrags zu evaluieren sind. Neben der Frage, inwieweit einzelne Aktivitäten zur Differenzierung im Kerngeschäft beitragen, werden sie dahingehend überprüft, inwieweit sie von externen Zulieferern alternativ kostengünstiger bezogen werden können. Besonders naheliegend ist dabei die Nutzung von Lohnunterschieden in verschiedenen Regionen der Erde.

3.4 Globalisierung der Wertschöpfung

Während andere Industrien schon seit Jahrzehnten und manchmal bereits sogar seit Jahrhunderten die Globalisierung der Wertschöpfung vorangetrieben haben, sorgte im IT-Bereich erst das Y2K-Problem für den entsprechenden Durchbruch. Die Notwendigkeit, viele und vor allem kostengünstige Programmier- und Entwicklungsressourcen verfügbar zu haben, lenkte die Aufmerksamkeit auf Länder wie Indien oder Regionen wie Mittel- und Osteuropa. Mit der Bereitstellung von preisgünstigen Services aus ihren Near- oder Offshore-Zentren heraus boten diese eine Low-Cost-Alternative zu lokalen Anbietern, die – bildlich gesprochen – noch mit ihren Manufakturen in Hochlohnstandorten produzierten. Unterstützt wurden diese Entwicklungen durch immer stärker standardisierte Produkte sowie verbesserte technologische Möglichkeiten, insbesondere im Bereich der globalen Verfügbarkeit von breitbandigen Telekommunikationsnetzen.

Die früher vielfach vorherrschende Sicht, dass Offshore „cheap" und „low-end" sei, lässt sich heute allerdings nicht mehr halten. Es ist zwar schwer zu bestreiten, dass Lohnarbitrage ein wesentlicher Faktor für den Aufstieg insbesondere der indischen IT-Industrie war. Individuelle Lösungen waren lange zu deutlich niedrigeren Kosten als in der westlichen Welt produzierbar. Jedoch zeigen sich heutzutage die Limitationen der „Megafabrik Indien". Eine starke Rupie reduziert den Kostenvorteil erheblich. Steigende Lohnkosten sowie ein zunehmend knapper werdender Pool an erfahrenen, qualifizierten IT-Fachleuten in Indien sind weitere Faktoren. Schließlich dürfen die hohen Koordinationskosten und Sprachbarrieren nicht unterschätzt werden. Für bestimmte Aufgaben ist Nearshore z. B. in Osteuropa deutlich attraktiver, wobei unter Voll- und Prozesskostenbetrachtung Leistungen an der einen oder anderen Stelle auch wieder Onshore erbracht werden. Insofern kann und muss mittlerweile von einem Global Delivery Model gesprochen werden, das mit weltweiten Produktionskapazitäten agiert, um kostengünstige, hochqualitative Leistungen anbieten zu können.

3.5 Industrialisierung

Ein weiterer Faktor zur Sicherstellung der Wettbewerbsfähigkeit ist die Industrialisierung. Um trotz des zunehmenden Kostendrucks handlungsfähig zu bleiben und akzeptable Margen zu erzielen, sind IT-Dienstleister gezwungen, die Art und Weise der Leistungserbringung grundsätzlich zu überdenken und die Industrialisierung voranzutreiben. Im Vergleich zu anderen Industrien, wie der Automobilbranche oder dem Maschinenbau, hat der IT-Dienstleistungssektor – wie auch andere Dienstleistungsbranchen – noch erhebliches Optimierungspotenzial.

Drei Aspekte rücken hier besonders in den Fokus: Standardisierung von Leistungsangeboten, Modularisierung der Lösungspakete sowie Automatisierung der Leistungserbringung. Alle diese Maßnahmen sind letztlich darauf gerichtet, die Skalierbarkeit der Dienstleistungsangebote zu erhöhen und die Komplexitätskosten bei Erbringung und Vertrieb nachhaltig zu senken.

Hierzu gehört aber auch eine wichtige Entwicklung, durch die auch in der Ära der Industrialisierung im verarbeitenden Gewerbe vor etwa 120 Jahren große Effizienzgewinne hervorgebracht wurden, nämlich der Einsatz von Technologien, um manuelle Arbeitsschritte zu ersetzen. Hiermit können insbesondere europäische Unternehmen, die nicht mit Lohnkostenvorteilen punkten können, einen Wettbewerbsvorteil erringen. Die Automatisierung und Kodifizierung von Dienstleistungen in Softwarelösungen bietet die Möglichkeit zu einem Quantensprung. Die Automatisierung von bisher manuell ausgeführten Serviceprozessen hat gerade im IT-Bereich in den vergangenen Jahren erheblich zugenommen. So werden Software – und Softwareupdates – heute nicht mehr auf Diskette oder CD geliefert und mühsam einzeln aufgespielt: Dies findet automatisiert und zentralisiert statt. Genauso sorgen intelligente Anwendungen dafür, dass Monitoring und Administrationsprozesse beim Support der IT-Infrastruktur heute wesentlich weniger Personaleinsatz erfordern als noch vor einigen Jahren.

Technologien wie Spracherkennung, Datenanalyse-Tools und Service- oder Business-Process-Management-Software bringen diese „Produktisierung" von Dienstleistungen immer weiter voran. Somit lässt sich ein Trend hin zu „Service-as-a-Software" beobachten. Wiederholbarkeit, Einsatz von Best Practices und die Vorfabrikation von Resultaten sind hier die bestimmenden Eignungsfaktoren. Wo kreativ in diese Richtungen gedacht wird, lassen sich noch viele Services in produktisierter Art und Weise umwandeln. BPO-Dienstleister zeigen hier oft schon den Weg: Mit hochautomatisierter Prozessabwicklung z. B. für die Kreditorenbuchhaltung, Rechnungsbearbeitung oder das Reisekostenmanagement ist heute oft nur noch minimales manuelles Eingreifen notwendig.

3.6 Zusammenfassung und Ausblick

Wie die vorangegangenen Ausführungen gezeigt haben, befindet sich die IT-Branche in einer weitreichenden strukturellen Veränderung. Konsolidierung und Herausbildung von Subindustrien auf der Absatzseite einerseits sowie die Globalisierung der Wertschöpfung und Industrialisierung auf der Produktionsseite andererseits stellen das traditionelle Branchenparadigma in Frage. Für alle Anbieter erwächst hieraus die Notwendigkeit, sich auf Basis der bisherigen Positionierung und vorhandenen Kompetenzen hin zu einem zukunftsfähigen Geschäftsmodell aufzustellen.

Dieser Umbau darf jedoch nicht nur auf kosmetische Korrekturen oder neue Marketingansätze beschränkt bleiben, sondern eine Reform an Haupt und Gliedern ist erforderlich. Kritiker mögen nun entgegnen, dass solche Strategien stets riskant und mit großer Unsicherheit behaftet sind. Ein Teil der Unsicherheit rührt zwangsläufig daher, dass die Nachfragemuster und -strukturen auf Kundenseite ebenfalls einen Veränderungsprozess durchlaufen. Hier ist nun unternehmerisches Engagement erforderlich – ganz im Sinne des bekannten Zitates von Nicholas Negroponte (1985): *„Man kann die Zukunft nur dann vorhersehen, wenn man sie selbst erfindet."*

Literatur

Bäumer, U., et al. 2010. Higher Hanging Fruits – Zielsegmente und Strategien indischer IT- und Technologieunternehmen in der DACH-Region. *M&A Review* Dezember: 590–596.

Buenstorf, G. 2007. Evolution on the shoulders of giants: entrepreneurship and firm survival in the German laser industry. *Review of Industrial Organization* 30: 179–202.

Günther, C. 2009. Pioneer burnout: Radical product innovation and firm capabilities. *The Papers on Economics and Evolution* (# 0922).

Hopenhayn, H. A. 1993.*The shakeout*. Barcelona: Universitat Pompeu Fabra.

Klepper, S. 1997. Industry life cycles. *Industrial and Corporate Change* 6 (1): 145–182.

Murmann, J. P., und E. Homburg. 2001. Comparing evolutionary dynamics across different national settings: The case of the synthetic dye industry, 1857–1914. *Journal of Evolutionary Economics* 11 (2): 177–205.

Negroponte, N. 1985. Heise. http://www.heise.de/tp/artikel/2/2035/3.html. Zugegriffen: 12. Jan. 2013.

PAC. 2012. *Outsourcing Research Program 2012*. München: Pierre Audoin Consultants.

PAC, und Berlecon. 2012. *IT Services Preisdatenbank*. München: Pierre Audoin Consultants.

Peltoniemi, M. 2011. Reviewing industry life-cycle theory: Avenues for future research. *International Journal of Management Reviews* 13 (4): 349–375.

Suarez, F. F., und J. M. Utterback. 1995. Dominant designs and the survival of firms. *Strategic Management Journal* 16 (6): 415–430.

Der Wandel von der Projekt- zur Produktorientierung 4

Markus Löffler und Felix Reinshagen

Inhaltsverzeichnis

In den vergangenen Jahren haben Unternehmen vieles unternommen, um die Kosten für IT-Dienstleistungen zu senken. Durch Konsolidierung der Anlagen, zunehmende Standardisierung der Technologie und Straffung der Prozesse konnten deutliche Einsparungen erzielt werden. Aber auch das effizienteste Kostensenkungsprojekt stößt irgendwann an seine Grenze: die inhärente Komplexität der Infrastruktur und Anwendungen. Durch den Wandel von projektbezogener Arbeit hin zur Produktorientierung kann diese Komplexität gesenkt und die Grenze verschoben werden. Im Folgenden wird dieser Ansatz exemplarisch für den Bereich IT-Infrastruktur im Detail diskutiert – die Inhalte basieren weitgehend auf den Beiträgen Kaplan et al. (2004) und Chubak et al. (2011). Für den Anwendungsbereich bieten sich vergleichbare Ansätze an.

M. Löffler (✉) · F. Reinshagen
McKinsey & Company, Birkenwaldstraße 149, 70191 Stuttgart, Deutschland
E-Mail: Markus_Loeffler@mckinsey.com

F. Reinshagen
E-Mail: Felix_Reinshagen@mckinsey.com

F. Abolhassan (Hrsg.), *Der Weg zur modernen IT-Fabrik*,
DOI 10.1007/978-3-658-01483-4_4, © Springer Fachmedien Wiesbaden 2013

4.1 Neue Möglichkeiten der Standardisierung

Der Grund für die hohe Komplexität ist der projektbezogene Build-to-Order-Ansatz, der in den meisten IT-Organisationen verfolgt wird. Zwar mag die typische Infrastruktur hypermodern anmuten, doch ähnelt sie einem altmodischen Auto: handgefertigt durch einen Experten und an den Anforderungen eines Einzelkunden ausgerichtet. Heutzutage spezifiziert ein Anwendungsentwickler die genaue Serverkonfiguration für jede einzelne Anwendung und das Infrastrukturteam führt die Anweisungen aus. Die Folge: Tausende von Anwendungssilos, jedes mit eigener, speziell konfigurierter Hardware, und ein Wirrwarr aus oft inkompatiblen Anlagen und Geräten, die die Flexibilität und Markteinführungszeit eines Unternehmens stark einschränken.

Da jeder Server für die Spitzennachfrage einer Anwendung konfiguriert, diese aber nur selten erreicht wird, bleibt ein Großteil der teuren Kapazität ungenutzt. Weil Anwendungen eng an individuelle Server und Speichergeräte gekoppelt sind, kann die überschüssige Kapazität nicht anderweitig eingesetzt werden.

Inzwischen können Unternehmen allerdings durch technische Innovationen – in Kombination mit neuen Fähigkeiten und Führungspraktiken – von diesem Build-to-Order-Ansatz abrücken. Ein Jahrzehnt nach der Einführung von dezentralisiertem Rechnen sind Client-Server- und webzentrierte Architekturen weit verbreitet. Unternehmen führen standardisierte Anwendungsplattformen und Entwicklungssprachen ein und dank der heutigen Prozessoren, Speichereinheiten und Netzwerke müssen einzelne Infrastrukturelemente nur noch selten manuell angepasst werden, um den Anforderungen der Anwendungen zu genügen.

Als Reaktion auf diese Veränderungen beginnen führende Unternehmen, neue Modelle für Infrastrukturmanagement einzuführen und Infrastruktur zu standardisieren (Abb. 4.1). Statt die erforderliche Hardware und Konfiguration für eine Geschäftsanwendung festzulegen („Ich brauche diese spezielle Marke, dieses Modell und diese Konfiguration für meinen netzgebundenen Speicher …"), spezifizieren sie eine Serviceanforderung („Ich brauche einen Speicher, der extrem schnell skalierbar ist …"). Statt maßgeschneiderter Systeme entwickeln Infrastrukturteams eine Reihe standardisierter, vielseitig einsetzbarer Services.

In diesem produktorientierten Modell ist die Spezifikation einer IT-Anforderung vergleichbar mit dem Katalogeinkauf. So wählt beispielsweise ein Entwickler auf der Suche nach einem Speicherprodukt aus mehreren Optionen aus, die je nach individuellem Servicelevel (zum Beispiel Geschwindigkeit, Kapazität oder Verfügbarkeit) beschrieben sind. Dabei richten sich die Preise nach der tatsächlich in Anspruch genommenen Leistung. Dank dieser Transparenz können Geschäftsnutzer nachvollziehen, wie sich die Nachfrage auf Kosten und Ressourcenbedarf auswirkt.

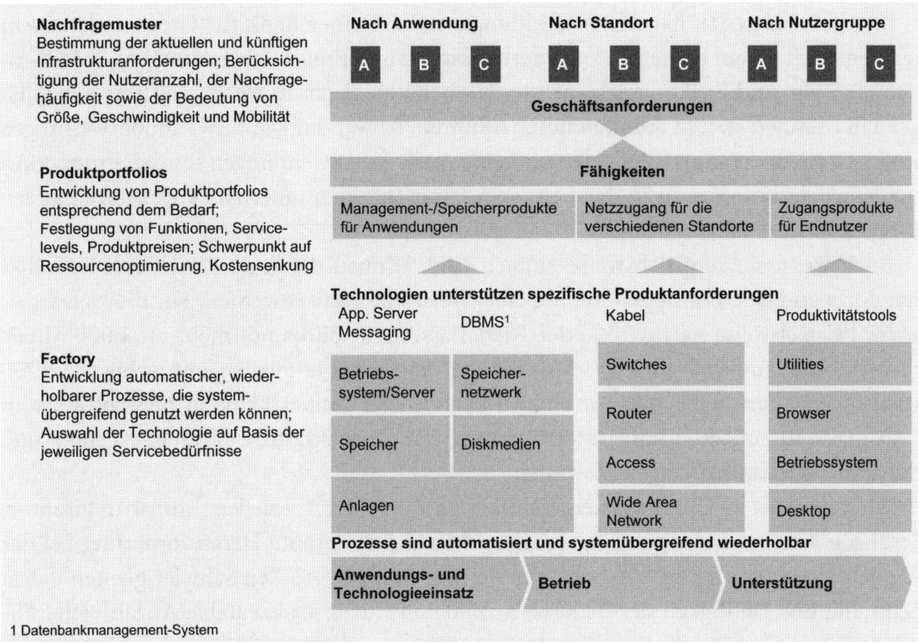

Abb. 4.1 Produktorientiertes Modell in der IT-Infrastruktur. (Quelle: McKinsey 2004)

4.2 Segmentierung des Nutzerbedarfs

Kern eines produktorientierten Modells ist also – wie der Name nahelegt – die Definition der Produkte oder Standard-Services. Der Produktkatalog richtet sich dabei natürlich nach dem Bedarf der Nutzer, dieser muss analysiert und segmentiert werden.

Große IT-Organisationen unterstützen Tausende von Anwendungen, Hunderte physischer Standorte und Zigtausende von Endnutzern. All diese Elemente bedingen Infrastrukturanforderungen: Anwendungen erfordern Server und Speicherkapazität, Standorte benötigen Netzwerkanschlüsse, Nutzer wollen Desktops, Laptops, PDAs etc. verwenden. Um diese Segmente zu standardisieren, muss eine IT-Organisation zunächst im Detail die aktuelle Nachfrage nach Infrastruktur-Services verstehen und auch wissen, wie sie sich voraussichtlich entwickeln wird. Im Anschluss müssen die Anforderungen in Segmente unterteilt werden (zum Beispiel Betriebszeit, Durchsatz und Skalierbarkeit), die für den Endnutzer wichtig sind.

Die meisten Anwendungen können einer relativ kleinen Anzahl von Clustern zugeordnet werden. Für einen Hersteller von Pharmaprodukten beispielsweise könnten zwei wichtige Cluster die folgenden sein: Vertriebsanwendungen, die einer Rund-um-die-Uhr-Unterstützung bedürfen und offline verfügbar sein müssen, und Unternehmensanwendungen, die auf Tausende von Nutzern ausweitbar sein und Batch-Transaktionen effizient steuern müssen.

Im Gegensatz dazu hat das Anwendungsportfolio einer Bank für Großkunden mehr Segmente mit einem breiteren Anforderungsspektrum. Einige Anwendungen – wie Derivate-, Pricing- und Risikomanagementtools – benötigen enorme Rechenleistung, um Analysen in Minuten statt in Stunden durchzuführen. Anwendungen für Geldüberweisungen hingegen erlauben nur wenige oder gar keine Ausfälle. Anwendungen für den Programmhandel wiederum müssen in der Lage sein, Transaktionen innerhalb von Millisekunden durchzuführen.

Auch wenn sie vergleichsweise einfach sind, können die Anforderungen physischer Standorte und Nutzergruppen in ähnlicher Weise klassifiziert werden. Für die Netzarchitektur beispielsweise nach Größe der Niederlassung in Büros mit mehr als 1.000 Mitarbeitern, Büros mit 250 bis 1.000 Mitarbeitern und Remote-Filialen mit weniger als 250 Mitarbeitern. Nutzergruppen für einen Kabelsystembetreiber könnten beispielsweise in Führungskräfte mit Rundum-Unterstützungsbedarf, Fachkräfte, Callcenter-Agenten und Außendiensttechniker eingeteilt werden.

Für die meisten Unternehmen ist die Definition der speziellen Infrastrukturanforderungen für Anwendungen, Standorte und Nutzer die größte Herausforderung bei der Segmentierung der Anforderungen und des Bedarfs. Die größten Schwierigkeiten dabei: Zeitpunkt und Häufigkeit des Bedarfs, Anzahl von Nutzern, akzeptable Anzahl von Stillständen/Ausfällen und die Wichtigkeit von Geschwindigkeit, Skalierbarkeit und Mobilität.

4.3 Produktstandardisierung

Nachdem der aktuelle und künftige Bedarf beurteilt wurde, kann eine Reihe produktähnlicher, wiederverwendbarer Services entwickelt werden. Dabei ist auf Portfolioebene über den Umfang, die Tiefe sowie die Breite des Produktangebots zu entscheiden, und zwar mit Augenmerk auf Ressourcenoptimierung und Kostensenkung. Ausnahmen müssen im Vorfeld geklärt werden. So kann sich das Team beispielsweise gegen das Angebot von Produkten für Anwendungen mit strikten Anforderungen, zum Beispiel extrem niedrige Latenzzeit, entscheiden. Diese Anwendungen werden unter Umständen besser individuell und komplett neu entwickelt. Andere, zum Beispiel Altsysteme, werden besser nicht angefasst, solange sie gut funktionieren und nicht leicht auf eine neue Hardware übertragbar sind. Dabei sollte auch geklärt werden, wie zukünftig neue Technologien eingeführt und vorhandene Anwendungen migriert werden.

Auf Produktebene muss ein Team die Funktionen, Servicelevels und die jeweiligen Preise festlegen. Für jedes Anwendungsunterstützungsprodukt müssen eine bestimmte Programmiersprache, der akzeptable Grad von Ausfällen/Stillständen und der Preis für die Infrastrukturnutzung bestimmt werden. Der Preis hängt von den Kosten für die Rechenleistung, Speicher-, Prozessor- und Netzwerknutzung ab und wird dadurch für den Kunden transparent und planbar. Darüber hinaus kann ein Pricing-Modell Rabatte für genaue Bedarfsprognosen anbieten, um Überkapazitäten in der Nachfrage weiter zu verringern oder Nutzer durch strategische Preisgestaltung an besonders standardisierte Produkte heranzuführen.

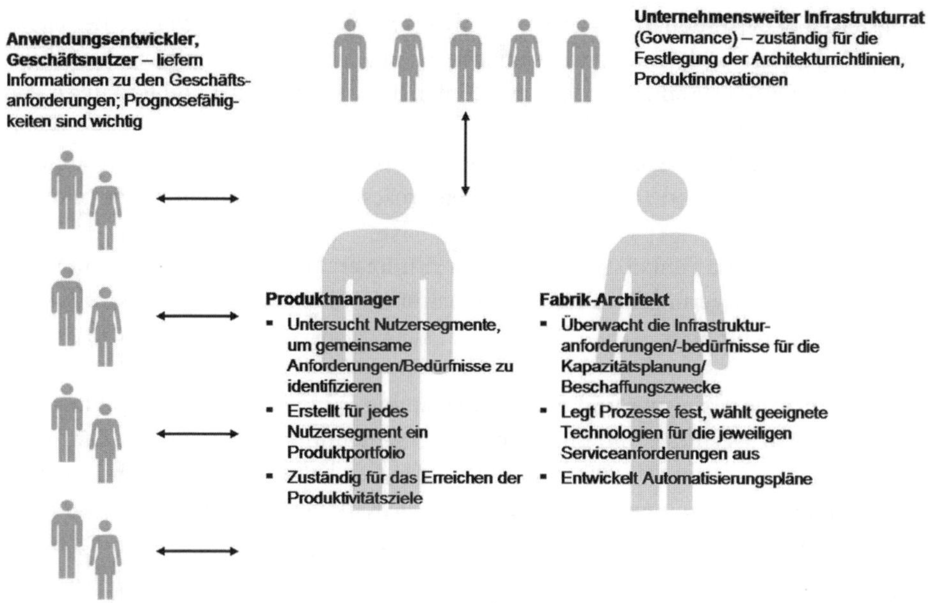

Abb. 4.2 Organisation der IT-Produktion bei Produktorientierung. (Quelle: McKinsey 2004)

Erst durch die Katalogisierung weitgehend standardisierter Produkte kann die Infrastrukturfunktion wählen, welche Softwaretechnologien, Hardware und Prozesse sie nutzt. Dies ist eine notwendige Voraussetzung, um ihr Erbringungsmodell zu optimieren und eine integrierte Standortstrategie zu entwickeln, die den Bedarf an Rechenzentren minimiert. So können mehr Funktionen aus der Ferne operieren – an Niedriglohn- und sogar Offshore-Standorten.

Sorgsam definierte Produkte und Produktportfolios sind einige der wichtigsten Kriterien für den Erfolg von Infrastrukturfunktionen. Entwickler und Nutzer werden sich mit einem Portfolio, das ungenügend Auswahl bietet, nicht abfinden – ein Portfolio mit einer zu großen Auswahl wird die Vorteile durch Skalierbarkeit und Wiederverwendung allerdings nicht ausschöpfen. Wie bei jedem Konsumgüterhersteller ist eine gründliche Analyse der Kundenbedürfnisse extrem wichtig.

4.4 Organisatorische Veränderungen

Eine konsequente Produktorientierung hat erhebliche Konsequenzen für die Rollen, Zuständigkeiten und die Governance der Infrastrukturorganisation (siehe auch Kap. 9).

Die wichtigsten neuen Rollen sind die des Produktmanagers, der Produkte und Produktportfolios definiert und den Lebenszyklus der Produkte managt, und die des „Fabrik-Architekten, der gemeinsame Prozesse für Bereitstellung, Betrieb und Support entwickelt (Abb. 4.2). Produktmanager müssen sich auf das Serviceangebot konzentrieren und sind für die Erreichung der Produktivitätsziele verantwortlich. Wichtig sind auch gute Beziehungen zu Endnutzern und Anwendungsentwicklern, um den Nutzerbedarf zu verstehen und zu segmentieren, das Produktportfolio zu definieren sowie Entwickler und Endnutzer von getroffenen Entscheidungen zu überzeugen.

Fabrik-Architekten sorgen dafür, dass Produktversprechen erfüllt werden können, wählen Technologien und Tools aus, definieren Prozesse und entwickeln Prozessautomatisierungspläne.

Um eine effiziente Funktionsweise der neuen Infrastruktur sicherzustellen und nachhaltige Leistungssteigerungen zu erzielen, sollten sich IT-Führungskräfte auf fünf Schlüsselbereiche konzentrieren:

1. **Bedarfsprognostizierung und Kapazitätsplanung**. Eine optimale Abstimmung von Angebot und Nachfrage minimiert die Verschwendung von Ressourcen. Zur Erreichung dieses Ziels muss das IT-Team eng mit den Geschäftsbereichen zusammenarbeiten, um Bedarfsprognosen zu erstellen und so die Kapazitätsplanung zu verbessern.
2. **Finanzierung und Budgetierung**. Die Produktnachfrage bestimmt die Budgets. Da im Rahmen des neuen Modells der tatsächliche Bedarf prognostiziert wird, vereinfacht sich die Budgetierung. Darüber hinaus sorgt Preistransparenz für Klarheit. Die Geschäftsbereiche wissen jetzt, wie viel ihre IT-Entscheidungen kosten werden; das Infrastrukturteam versteht, wie sich Nutzeranforderungen auf das Budget auswirken, und kann einen genaueren Finanzplan erarbeiten.
3. **Produktportfoliomanagement**. Unternehmen können für die Entwicklung neuer Produktportfolios sechs Monate einplanen. Das Infrastrukturteam sollte sie im ersten Jahr zwei- bis dreimal daraufhin überprüfen, ob sie unter Berücksichtigung der prognostizierten Arbeitslasten und neuer Endnutzeranforderungen adäquat sind. Danach ist in der Regel eine jährliche Überprüfung ausreichend. Die Teams sollten alle Phasen des Produktlebenszyklus überwachen, von der Planung und Beschaffung neuer Produkte bis zur Einstellung alter Serviceangebote und der Umverteilung von Ressourcen.
4. **Release Management**. Um zu gewährleisten, dass neue Technologien oder Upgrades effektiv integriert werden und Veränderungen zu weniger Unterbrechungen und Produktivitätsverlusten führen, sorgen führende Unternehmen dafür, dass Release-Prozesse für Infrastrukturprodukte und Anwendungen parallel erfolgen. Um vorausplanen zu können, müssen Anwendungsentwickler außerdem über anstehende Veränderungen im Infrastrukturkatalog informiert werden.
5. **Beschaffungs- und Anbietermanagement**. IT-Führungskräfte müssen sicherstellen, dass ausreichende Rechenressourcen für die Servicelevels der Produktportfolios zur Verfügung stehen. Infrastrukturmanager sollten ihre Beschaffungsstrategie jährlich überprüfen und nach Möglichkeiten für Kostensenkungen und Produktivitätssteigerungen suchen.

Entscheidend für den Erfolg des unternehmerischen Konzepts ist – neben der Etablierung und adäquaten Besetzung der oben beschriebenen Rollen – ein starkes Governance-Modell, das eine vernünftige Abwägung von Risiken und Kosten ermöglicht sowie Verantwortlichkeiten für die Implementierung und die Ergebnisse zuweist. Um Transparenz zu fördern, müssen Rollen und Verantwortlichkeiten für die Entwicklung und Umsetzung von Richtlinien sowie Methoden für die Messung und Berichterstattung definiert sein. So könnte die Organisation zum Beispiel ein Inventar aller Anwendungen und der dazugehörigen Infrastrukturelemente erstellen, um eine Produktivitätskontrolle zu ermöglichen.

Literatur

Chubak, D., J. Kaplan, et al. 2011. A business-back approach to technology consumption. *McKinsey on Payments.*

Kaplan, J., M. Löffler, et al. 2004. Managing next generation IT infrastructure. *McKinsey on IT.*

5 Die IT-Produktfabrik

Markus Löffler und Felix Reinshagen

Inhaltsverzeichnis

Um IT-Produkte zur kostengünstigen Industrieware zu machen, muss über die Fertigung nach modernen Managementprinzipien neu nachgedacht werden. Im Folgenden werden drei Kernpunkte auf dem Weg zu einer effizienten IT-Produktfabrik beleuchtet: Die Anwendung von Lean-Management in der IT, die Optimierung des Rechenzentrumsbetriebs und die Globalisierung der Wertschöpfungsketten. Grundlage für das Kap. 5 sind die Beiträge Chatrin et al. (2007), Chatrin (2011), Kaplan et al. (2001) sowie Forrest et al. (2008).

5.1 Das Prinzip Lean ist in der IT angekommen

Toyota entwickelte Lean-Management-Techniken mit dem Ziel, die Verschwendung in der verarbeitenden Industrie zu minimieren und eine Kultur der kontinuierlichen Verbesserung zu etablieren. Um einen Prozess nach „Lean"-Prinzipien zu gestalten, wurde bestimmt, welche Bestandteile des Fertigungssystems überflüssig sind, um diese dann sys-

M. Löffler (✉) · F. Reinshagen
McKinsey & Company, Birkenwaldstraße 149, 70191 Stuttgart, Deutschland
E-Mail: Markus_Loeffler@mckinsey.com

F. Reinshagen
E-Mail: Felix_Reinshagen@mckinsey.com

F. Abolhassan (Hrsg.), *Der Weg zur modernen IT-Fabrik*,
DOI 10.1007/978-3-658-01483-4_5, © Springer Fachmedien Wiesbaden 2013

tematisch zu entfernen. Zusätzlich entwickelte Toyota neue Organisationsprinzipien und Performancemanagementsysteme mit dem Ziel, die Veränderungen auch langfristig zu verankern.

In den vergangenen Jahren wurde damit begonnen, Lean-Prinzipien nicht nur in den verarbeitenden Industrien, sondern auch im Dienstleistungssektor anzuwenden. Hierzu gehören unter anderem Banken und Versicherungen, bei denen man sich anfangs auf Back-Office-Abläufe konzentrierte und später auch an kundennahen Abläufen arbeitete. Entgegen der weitverbreiteten Meinung, dass Kosteneinsparungen immer zu einer Verschlechterung der Servicequalität führen, wurden dabei durch erhöhte Produktivität nicht nur Kosten gesenkt, sondern gleichzeitig die Qualität gesteigert und Durchlaufzeiten verringert (so wie es auch Toyota in der Automobilindustrie gelungen war). Denn häufig gibt es weit mehr „überflüssige" IT-Abläufe (zum Beispiel Tätigkeiten, die Kunden und Nutzern Mehrkosten statt Nutzen bringen), als angenommen wird.

Man kann acht verschiedene überflüssige Bestandteile unterscheiden; zur Anschauung ist jeweils ein Beispiel aus einem realen Klientenprojekt angegeben:

Überflüssige Arbeiten (am Bedarf vorbei produzieren) Die Server-Managementabteilung verfasste monatlich 20-seitige Berichte über die Server-Betriebszeiten, die von den Nutzern fast nie gelesen wurden. Das Hauptanliegen der Nutzer, nämlich langsame Response-Zeiten, fand im Bericht keine Erwähnung, das Problem wurde daher auch nicht gelöst.

Lagerbestand (Überbestand) Einem Helpdesk-Manager fehlten Hilfsmittel, um Arbeitsaufträge in seinem Team zu verteilen. Die Helpdesk-Mitarbeiter suchten sich ihre Aufgaben, ob komplex oder einfach, lang oder kurz, nach Belieben aus. Dies führte zu einer unausgewogenen Arbeitsauslastung zwischen den Helpdesk-Mitarbeitern, zu höheren Lagerbeständen und mehrfacher Neupriorisierung von Aufgaben.

Wartezeiten (Leerlaufzeit, die zum Stillstand des Arbeitsablaufs führt) In einem Helpdesk-Callcenter wurden die Arbeitspausen auf die Zeiten mit den meisten Anrufen gelegt. Dies führte zu unnötig langen Wartezeiten für die Nutzer und komplexen Rückrufmechanismen.

Transport (Transportweg weiter als nötig oder vorübergehende Unterbringung/Ablage) Der Lagerort für das Hardware-Zubehör war nicht optimiert. Alle Server-Einzelteile wurden aufgrund eines früheren Konsolidierungsvorgangs am selben Ort gelagert. Dieser war jedoch weit von den Servern entfernt, und Einzelteile mussten unnötig hin- und hertransportiert werden.

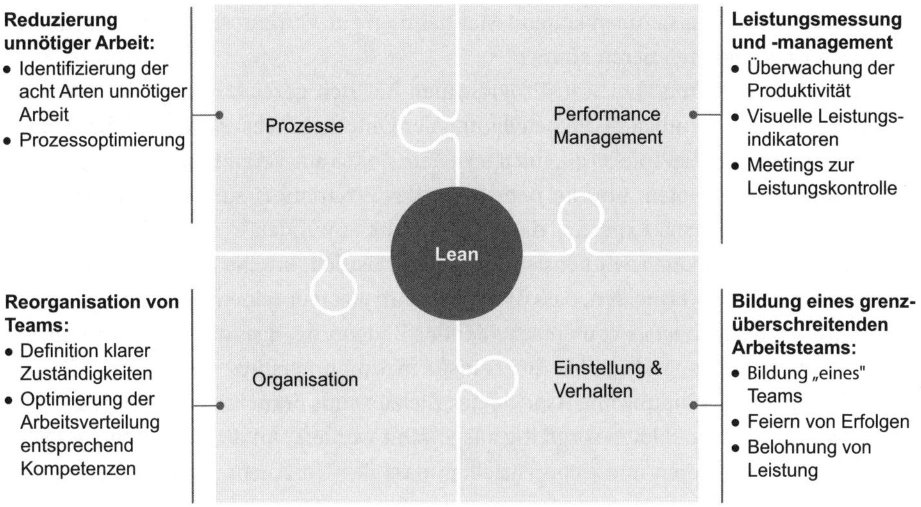

Abb. 5.1 Die vier Säulen eines Lean-Programms. (Quelle: McKinsey 2004)

Bewegungen (unnötige Handgriffe, mangelhafte Ergonomie am Arbeitsplatz) Aufgrund von Engpässen im IT-System konnten Helpdesk-Mitarbeiter ihre Tätigkeiten nur durch manuelle Änderung des Tickettitels auswählen.

Überproduktion (Produktion zu großer Mengen von Artikeln, die erst später benötigt werden) Die Kapazität der neuen Server orientierte sich am prognostizierten Maximalbedarf in zwei Jahren. Sie wurden alle gleichzeitig in Betrieb genommen.

Nachbesserung (Produktion von defekten Artikeln, die nachgebessert werden müssen) Software wurde in verschiedenen Einheiten unabhängig, in unterschiedlicher Reihenfolge und mit verschiedenen Einstellungen installiert. Ein zusätzliches Softwarepaket wurde aber nur für eine Konfiguration ausgeliefert. Testsequenzen und Notfallabläufe waren widersprüchlich und machten mehrfache Nachbesserungsvorgänge nötig.

Intellekt (Kompetenzen und Arbeitsaufgaben stimmen nicht überein) Interne Support-Mitarbeiter waren stark überqualifiziert und zu erfahren. Dies führte zu einem Mangel an Motivation und/oder zu Over-Engineering von Lösungen.

Die Identifikation von überflüssigen Abläufen und die Optimierung von Prozessen sind aber nur eine von vier Säulen einer nachhaltigen Veränderung. Mindestens ebenso wichtig sind die Einführung eines besseren Performance Managements, eine Veränderung von Einstellungen und Verhaltensweisen sowie eine Anpassung der Organisation (siehe Abb. 5.1). Um auch nach den ersten sechs Monaten kontinuierliche Verbesserungen zu gewährleisten, wird bei Lean-Programmen ein Arbeitsmodell entwickelt, mit dem Mitarbeiter und Manager zusammen laufend Maßnahmen zur Verbesserung der Performance bestimmen und implementieren können.

Bei der Durchführung von Lean-Programmen hat sich gezeigt, dass es drei wichtige Erfolgsfaktoren gibt, nämlich 1) die Beteiligung der Unternehmensleitung und ihre Unterstützung von Beginn des Projekts an, mit speziellem Fokus auf Veränderungsmanagement; 2) die Auswahl der Piloten, um die Bedeutung des Programms zu demonstrieren, und 3) die Auswahl der „Lean"-Experten, die die Methodik anwenden.

Führung durch die Unternehmensleitung ist unerlässlich, um die Arbeit richtig zu positionieren und um zu vermeiden, dass das Programm zu einer reinen Kosteneinsparungsübung wird. Außerdem ist es von entscheidender Bedeutung, dass die Unternehmensleitung die mittlere Führungsebene bei der Transformation unterstützt und sicherstellt, dass bei der Entscheidungsfindung alle Aspekte des Zielzustands berücksichtigt werden.

Zweitens müssen die Piloten sorgfältig ausgewählt werden, um die Bedeutung des Programms zu demonstrieren und sicherzustellen, dass das Unternehmen klare Verantwortung übernimmt.

Drittens muss sichergestellt werden, dass das Projekt nicht nur auf die Prozessüberarbeitung beschränkt bleibt. Um nachhaltige, kontinuierliche Verbesserung zu erreichen, müssen sich Denk- und Verhaltensweisen oft grundlegend ändern. In der Praxis bedeutet dies, dass sorgfältig Experten für Lean-Prinzipien als Veränderungsmanager ausgewählt werden, dass von Anfang an operative Manager eingebunden sind („es ist ihr Projekt") und dass dem Projekt während seiner gesamten Dauer ununterbrochen Aufmerksamkeit gewidmet wird.

5.2 Optimierung von Rechenzentren

Rechenzentren sind die Fabriken der IT-Produktion. Hier trifft der IT-Sektor auf klassische Industriethemen: Investitionen in Infrastruktur, Kapazitätsplanung, Wartung von Anlagen und Energieverbrauch. Die hohen Kosten für Hardware und die langfristige Bindung an Standorte machen eine sorgfältige Planung erforderlich. Doch häufig machen Fehlplanung und schlechte Auslastung den Betrieb teuer (vergleiche dazu auch Kap. 15).

In Anbetracht der Kosten von Datenzentren ist die Verantwortlichkeit für die finanzielle Performance häufig ziemlich dürftig. Die finanzielle und geschäftliche Verantwortung für die Infrastruktur wird oft Immobilienverwaltern mit wenig technischem Fachwissen und geringem Verständnis für die unternehmerische Bedeutung des IT-Bereichs übertragen. Auf der anderen Seite haben die Verantwortlichen für den Serverbetrieb selten Einblick in die wesentlichen Betriebsausgaben wie den Stromverbrauch oder die tatsächlichen Kosten für die Gebäude, in denen die IT-Anlagen installiert sind. IT-Manager fällen Entscheidungen über die Anschaffung zusätzlicher Anwendungen oder neuer Server häufig nur auf Basis von Erstanschaffungskosten für Hardware oder Softwarelizenzen. Um die wirklichen Kosten zu berechnen, müssen Betriebskosten und Miete für die Anlagen, Stromverbrauch, Support und Abschreibungen beachtet werden. Diese Posten können den

Erstanschaffungspreis für einen Server um den Faktor drei bis vier übertreffen. Zudem werden zur Sicherheit oft zusätzliche Server angeschafft, ohne Kostenerwägungen anzustellen oder den geschäftlichen Bedarf zu erörtern. Ohne Kostenanalyse aber werden übertriebene Bautätigkeit, Überdimensionierung und Ineffizienz zur Regel.

Die folgenden vier Maßnahmen können helfen, die richtigen Investitionsentscheidungen zu treffen und Rechenzentren effizient zu betreiben.

Offensives IT-Anlagenmanagement Bestehende Server und Anlagen sollten diszipliniert genutzt werden. So können Plätze von stillgelegten Servern für neue genutzt werden, bevor neue Datenzentren gebaut werden. Ältere Server können modernisiert oder bei geringer Auslastung abgeschaltet werden. Der Bedarf an aktiven Servern wird vielfach durch Virtualisierung gesenkt. So konnte in einem Rechenzentrum die durchschnittliche Auslastung von 5,6 % auf 9,1 % gesteigert werden. Ein neues Rechenzentrum, das vom Vorstand bereits genehmigt war und einen erheblichen Anteil der Investitionsausgaben des Unternehmens für das Jahr ausgemacht hätte, wurde so obsolet.

Zudem können Unternehmen Kosten sparen, indem sie den Anstieg des Datenbedarfs besser kontrollieren. Geschäftsbereiche sollten überprüfen, in welchem Umfang Daten gespeichert werden müssen und ob intensive Datenanalysen zurückgefahren werden können. Durch Zurückstellung einiger Berechnungen kann die Spitzenauslastung der Server reduziert werden, und häufig werden nicht für alle Unternehmensdaten die gleichen Möglichkeiten zur Notfallwiederherstellung durch umfassende Backups benötigt.

Bessere Versorgung mit Informationen Gute Prognosen und Planung sind die Grundlage für mehr Effizienz in Datenzentren. Unternehmen sollten Abweichungen zwischen Datenbedarfsprognosen und tatsächlichem Bedarf beobachten und Geschäftseinheiten Anreize für gute Bedarfsprognosen bieten. Manager von Datenzentren sollten in ihren Modellen einen möglichst umfassenden Ausblick auf künftige Trends, wie Unternehmenswachstum und Geschäftszyklen, darstellen. So konnte ein globales Kommunikationsunternehmen beispielsweise durch einen Planungsprozess mit Datenwachstumsszenarien für jede Geschäftseinheit 35 % der geplanten Investitionen einsparen.

Abrechnung der tatsächlich entstehenden Kosten In vielen Unternehmen werden Datenzentren nicht wie knappe und teure Ressourcen behandelt, sondern wie Behälter, die nur darauf warten, gefüllt zu werden. Um dem entgegenzuwirken, sollten Unternehmen die Entscheidungen über neue Server, zusätzliche Anwendungen und Daten auf Basis der tatsächlich entstehenden Betriebskosten (Total Cost of Ownership – TCO) fällen. Durch frühzeitige Berücksichtigung aller Kosten für die gesamte Lebensdauer entsteht Transparenz und überschüssiger Bedarf kann eingeschränkt werden.

Darüber hinaus ist zwischen Geschäfts- und IT-Bereich eine Abstimmung, welche Investitionen für Softwareanwendungen überhaupt zu adäquaten Erträgen führen, unabdingbar. Nur so können Entscheidungen, die letztlich einen Einfluss auf die Kosten der Datenzentren haben, mit der notwendigen Disziplin getroffen werden.

Zentralisierung der Verantwortlichkeit In großen Unternehmen kann es schwierig sein, solche Veränderungen umzusetzen. Häufig wird nicht erkannt, welche Kosten durch die Bereitstellung von Daten entstehen, und es gibt in allen Abteilungen eines Unternehmens Bedarf an den Dienstleistungen, die vom Datenzentrum bereitgestellt werden. Durch verteilte Verantwortlichkeiten zwischen verschiedenen IT-Abteilungen (einschließlich Anwendungsentwicklung), Anlagenplanern, Shared-Services-Gruppen und Unternehmensimmobilienfunktionen wird Intransparenz gefördert. Dieses Problem lässt sich nur durch klare und gegebenenfalls zentralisierte Verantwortlichkeiten lösen.

5.3 Internationale Wertschöpfungsketten

Wie im verarbeitenden Gewerbe gewinnen durch die Industrialisierung auch im IT-Bereich internationale Wertschöpfungsketten an Bedeutung. Durch die geringen „Transportkosten" auf der einen Seite und die hohe organisatorische Komplexität auf der anderen Seite lässt sich die Entscheidungsfindung über die richtigen Offshore-Modelle allerdings nicht einfach übertragen (siehe dazu auch die Kap. 18 zu Sourcing-Strategien und Kap. 19 zu Make-or-Buy-Entscheidungen). Der folgende Abschnitt behandelt die wichtigsten Punkte im Umgang mit IT-Offshoring.

Durch steigendes Vertrauen in Remote-Management, durch die Verbreitung kostengünstiger Bandbreite und durch Verfügbarkeit schneller Netzwerke wächst Offshoring in Indien, anderen Teilen Asiens und in Europa seit Anfang des Jahrtausends rasant. Dabei wurden beachtliche Erfolge erzielt. So hatte ein globaler Finanzdienstleister bereits nach der Hälfte eines 36-monatigen Programms seine Arbeitskosten um über 20 % reduziert.

Solche Erfolge dürfen aber nicht dazu führen, dass vorschnell über ein neues Beschaffungsmodell entschieden wird. Zudem darf die langfristige Strategie nicht von kurzfristigen Notwendigkeiten überlagert werden. Die kurzfristige Behebung von Kapazitätsengpässen bei gleichzeitiger Lösung verschiedener Herausforderungen, zum Beispiel im Bereich Anwenderunterstützung oder Netzwerkmanagement, führt häufig zu einem Offshoring nach dem Patchwork-Prinzip. Dies kann den Prozess deutlich verkomplizieren und das Einsparpotenzial begrenzen. Die Wahl eines geeigneten Beschaffungsmodells erfordert einigen Aufwand. Zunächst muss ein Unternehmen anhand seiner geschäftlichen Ziele zwischen einem internen Modell, bei dem ihm die Offshore-Gesellschaft gehört, und einem externen Modell wählen. Die Erfahrung zeigt, dass eine externe Lösung mit einer Gruppe von Anbietern für die meisten Unternehmen die bessere Lösung ist. Tatsächlich haben viele Unternehmen eigene erfolgreiche Offshore-Gesellschaften später doch an Outsourcing-Unternehmen auf Wachstumskurs verkauft. Unabhängig von dieser Entscheidung hat ein Unternehmen zwei Optionen. Entweder es behält das gesamte Projektmanagement in den Händen und überbrückt lediglich Personalengpässe, indem es die Arbeit an einen Offshore-Partner vergibt. Oder das Unternehmen schließt einen Vertrag über Servicelevel mit den Anbietern. Bei dieser Option wird das Lieferrisiko insgesamt oder partiell verlagert, der Anbieter muss die vereinbarten Meilensteine einhalten oder eine Vertragsstrafe zahlen. Der Aufbau von Offshore-Kapazität zur Überbrückung von Personalengpässen ist einfacher. Die Erfahrung zeigt jedoch, dass garantierte Servicelevels mittel- und langfristig zu höherer Zufriedenheit und zu höheren Einsparungen führen. Zudem fördern sie die Anreize für eine weitere Effizienzsteigerung.

Trotz des zunehmenden Offshoring-Grads stützen sich viele Unternehmen immer noch auf die klassischen Standorte, insbesondere auf Indien. Dies kann jedoch problematisch sein. Das volatile Wirtschaftsklima der vergangenen Jahre hat gezeigt, dass drastische Währungs- und Lohnschwankungen die gesamte Geschäftsplanung durcheinanderbringen können. Es gibt inzwischen vielversprechende Standortalternativen. So sollten paneuropäische Unternehmen, die französisch- oder deutschsprachige Supportmitarbeiter benötigen, beispielsweise Afrika oder Osteuropa als Sourcing-Option erwägen. Für wirklich global agierende Organisationen mit 24-Stunden-Betrieb an sieben Tagen pro Woche bietet sich hingegen das Follow-the-Sun-Konzept mit regionalen Übergaben bei Schichtwechsel an. Die Vorteile liegen auf der Hand: zeitnahe Bearbeitung, niedrigere Kosten und ständige Verfügbarkeit. Allerdings haben nur wenige Unternehmen die nötige Größe oder das Budget für diese Lösung. Für viele sind Exzellenzzentren mit Mitarbeiterpools, die an zentralen Hubs konzentriert sind, die bessere Lösung. Sie bieten die Vorteile globaler Reichweite und gebündelter Expertise, zudem wird das Personal besser ausgelastet. Eine europäische Bank mit mehreren Infrastrukturstandorten entschied sich beispielsweise dafür, diese Prozesse an einem Standort in Indien zu konsolidieren. So konnten der gleiche Kundenstamm mit weniger Ressourcen bedient und deutliche Kosteneinsparungen erzielt werden.

Bei der Wahl eines Anbieters schließlich ist es ganz besonders wichtig, die Bedürfnisse mit den Fähigkeiten abzugleichen. Da viele IT-Anwendungen geschäftskritisch sind, muss die Leistung der Anbieter besonders hohen Anforderungen genügen. Zudem ist ein bewährter Anbieter von Anwendungsentwicklung nicht zwingend der richtige Partner für Infrastrukturunterstützung, wie einige Unternehmen leidvoll lernen mussten. Anbieter müssen nachweisen, dass sie über die nötigen Recruiting-, Schulungs- und Mitarbeiterbindungskompetenzen verfügen, um für ein angemessenes Personalniveau zu sorgen. Um den Verlust kritischer Mitarbeiter zu verhindern, unterstützen führende Unternehmen ihre Anbieter bei der Bindung ihrer Mitarbeiter und bieten Leistungsträgern nach Möglichkeit interessante und spannende Tätigkeiten.

Doch auch wenn auf Seiten des Anbieters ausreichend qualifizierte Mitarbeiter vorhanden sind, eignen sich nicht alle Funktionen oder Rollen für Offshoring. Einige Aktivitäten erfordern die physische Nähe zum Endnutzer. In anderen Fällen sichern spezielle Kenntnisse Wettbewerbsvorteile gegenüber Konkurrenten und sollen nicht durch Offshoring weitergegeben werden. Trotzdem kann ein großer Teil des Personals für IT-Infrastruktur, Anwendungsentwicklung und -wartung ins Ausland verlagert werden. Große Unternehmen erreichen dies, indem sie jene Rollen, bei denen regulatorische, sicherheitsrelevante oder technische Einschränkungen eine Verlagerung schwierig oder gar unmöglich machen, identifizieren und organisatorisch von verlagerbaren Funktionen trennen. Die höchste technische Supportebene, ein Level-3-Team, ist beispielsweise sehr schwer verlagerbar, da die Techniker gelegentlich Zugang zu vertraulichen Informationen benötigen und unter Umständen regulatorischen Einschränkungen unterliegen. Ein Finanzdienstleister teilte sein L3-Team daher in zwei Gruppen auf: ein Team für die Kundenbetreuung vor Ort, und ein Team für ausschließlich technische Tätigkeiten, das verlagert werden konnte.

Die Entscheidung, wie schnell eine Offshoring-Lösung umgesetzt werden soll, hängt ganz von der Dringlichkeit der Kostensenkung und dem Risikoappetit des Unternehmens ab. Schnelles Handeln ist hier notwendig, da die Dynamik sonst auf der Suche nach der optimalen Lösung verpuffen kann. Zwei Aspekte sind ganz besonders wichtig und dürfen nie außer Acht gelassen werden: Erstens müssen die Zuständigkeiten der einzelnen Beteiligten klar voneinander abgegrenzt werden. Wenn verschiedene Anbieter gemeinsam einen Service erbringen, so muss es für das Unternehmen einen einzigen Anlaufpunkt geben. Diese Stelle übernimmt beispielsweise bei Ausfällen die Verantwortung für die Koordination und eskaliert Probleme, deren Lösung nicht eindeutig einer der beiden Funktionen zuzuordnen ist. Zweitens muss Klarheit über die erwartete Leistung herrschen, auch darüber, wie sie gemessen wird und was geschehen soll, wenn sie nicht den Erwartungen entspricht.

Führende Unternehmen gehen beim Offshoring so vor: Zunächst entwickeln sie eine umfassende unternehmensweite Strategie und kombinieren dabei Top-down-Entscheidungen mit Bottom-up-Erfahrung und Analysen. Indem sie die wichtigsten Kostenblöcke, die Leistung und wesentliche Standortfaktoren gleich zu Beginn klären, mindern sie das Offshoring-Risiko und legen die Basis für optimierte Sourcing-Entscheidungen. Zeit spart nur, wer ausreichend Zeit mit der Planung und Vorbereitung verbringt. Unternehmen, die sich daran halten, haben die besten Chancen, den größtmöglichen Nutzen aus ihren Offshoring-Investitionen zu ziehen.

Literatur

Chatrin, C., und J. Kaplan, et al. 2007. Making IT infrastructure operations Lean. In *McKinsey White Paper*.

Chatrin, C. 2011. Bringing lean to a highly skilled workforce: An interview with thierry pecoud of BNP paribas. In *Lean Management: New frontiers for financial institutions*.

Forrest, W., und J. Kaplan, et al. 2008. Data centers: How to cut carbon emissions and costs. In *McKinsey on Business Technology*.

Kaplan, J., und A. Libarikian, et al. 2009. Getting infrastructure offshoring right. In *McKinsey on Business Technology*.

Industrialisierung in der IT: Gemeinsamkeiten und Unterschiede im Vergleich zu klassischen Industrien

6

Katharina Grimme und Peter Kreutter

Inhaltsverzeichnis

6.1 Industrialisierung – ein kurzer historischer Rückblick

Mit zunehmendem Kosten- und Leistungsdruck in den vergangenen Jahren kam sowohl bei IT-Anbietern als auch bei der internen IT in Konzernen ein Thema verstärkt auf die Managementagenda: Industrialisierung der IT. Mit Brenner et al. (2010, S. 132) lässt sich Industrialisierung der IT als die „*Übertragung erfolgreicher Managementkonzepte und -methoden aus der industriellen Fertigung auf die IT-Leistungserstellung*" definieren. So na-

K. Grimme (✉)
Pierre Audoin Consultants (PAC) GmbH,
Holzstraße 26, 80469 München, Deutschland
E-Mail: K.Grimme@pac-online.com

P. Kreutter
WHU – Otto Beisheim School of Management,
Campus Düsseldorf,
Erkrather Straße 224A, 40233 Düsseldorf, Deutschland
E-Mail: Peter.Kreutter@whu.edu

F. Abolhassan (Hrsg.), *Der Weg zur modernen IT-Fabrik*,
DOI 10.1007/978-3-658-01483-4_6, © Springer Fachmedien Wiesbaden 2013

heliegend die Forderung einer Übertragung erfolgreicher Prinzipien insbesondere aus der Automobilindustrie ist, so verwirrend scheinen auf den ersten Blick die vielen Konzepte, die als Orientierungshilfen oder Leitlinien angeboten werden: Von Kaizen über TQM, von Modularisierung über Fließbandfertigung bis zu Automatisierung und Rapid Prototyping.

Der vorliegende Beitrag soll in skizzenartiger Form herausarbeiten, dass es durchaus eine Vielzahl von Parallelen zwischen der IT heute und beispielsweise der Automobilindustrie gestern gab. Zweifelsohne lassen sich auch industrielle Grundkonzepte für die IT erfolgsbringend nutzbar machen. Erforderlich hierzu ist allerdings unter anderem ein Basisverständnis, warum zu welchem Zeitpunkt welches Konzept Eingang in Industrieunternehmen fand.

Anfang des 19. Jahrhunderts waren Taylorismus und die Prinzipien Fords das vorherrschende Paradigma. Gegenüber der früher handwerklich orientierten Manufakturfertigung sorgten diese Modelle für einen radikalen Effizienzsprung. Das Toyota Produktionssystem, welches durch die Veröffentlichung der MIT-Studie „The Machine that changed the world" (Womack et al. 1990) erstmals einer breiten Öffentlichkeit zugänglich gemacht wurde, bot ebensolche fundamentalen Neuerungen. Westliche Unternehmen wie Porsche übernahmen diese Fertigungsverfahren mehr oder weniger schnell und erreichten dadurch Kosten- und Qualitätsniveaus, die einige Jahre vorher im Paradigma der Massenfertigung noch undenkbar erschienen. Den Konzepten von Frederic Winslow Taylor, von Henry Ford als auch denen von Taiichi Ohno (2005) ist gemein, dass sie prinzipiell identische Lösungsparadigmen darstellen. Sie waren jeweils die optimale Antwort auf die politisch-gesellschaftlichen, wirtschaftlichen und technischen Rahmenbedingungen ihrer Zeit und lassen sich auf ein Bündel von grundlegenden, allgemein gültigen Prinzipien effektiver und effizienter Netzwerk-Optimierung zurückführen (Pfeiffer und Weiß 1992). Es ist aus unserer Sicht daher weniger die Frage „ob" sondern eher „wie" sich diese Gestaltungsprinzipien auf das Feld der Informationstechnologie übertragen lassen. Gleichzeitig gilt es aber, den Blick auf das Umfeld zu schärfen, für dessen Bewältigung die Prinzipien eingesetzt werden sollen.

6.2 Kundenanforderungen in modernen industriellen Märkten: Individualisierte Massenfertigung

Zieht man die Lehrbuch-Unterscheidung zwischen Käufer- und Verkäufermärkten heran, dürfte kein Zweifel bestehen, dass die IT heute ein klassischer Käufermarkt ist. Kundenorientierung im Sinne einer Notwendigkeit, hoch angepasste Lösungen zu erarbeiten, bringt jedoch erhebliche Komplexität in der IT-Produktion. Der legendäre Spruch von Henry Ford „Sie können das Auto in jeder Farbe haben, solange es Schwarz ist" spiegelte einen Markt wider, in dem der Verkäufer am längeren Hebel saß und der Kunde froh war, dass er überhaupt ein preisgünstiges, qualitativ ordentliches Auto bekam. Sonderausstattungen, wie Farbwünsche oder sonstiges Zubehör, waren nicht lieferbar. Ähnlich anspruchslos waren auch die ersten PC-Nutzer. Sie bastelten sich ihr Hardwarezubehör und schrieben die Software häufig noch selbst (Campbell-Kelly 2004).

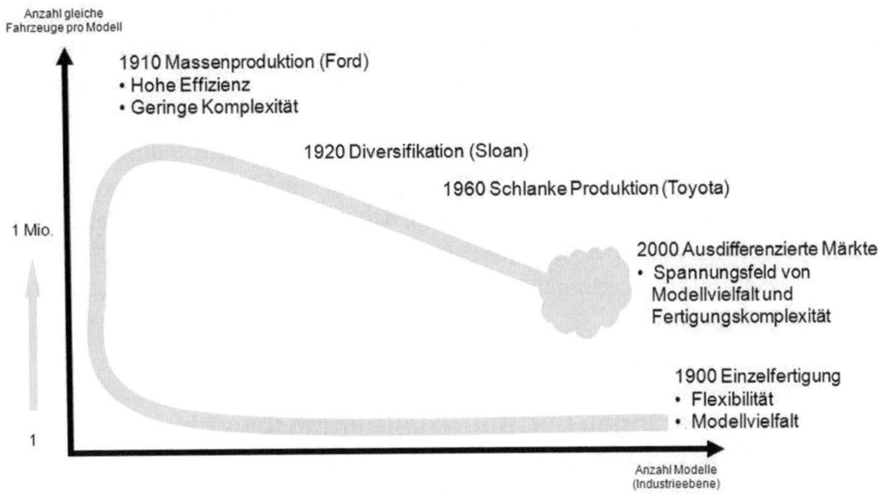

Abb. 6.1 Systematische Darstellung der Positionierung unterschiedlicher Industrialisierungskonzepte im Kontext der Marktbedingungen. (Quelle: eigene Erstellung 2012)

Sowohl in der Automobilindustrie als auch in der Computerindustrie sind diese Zeiten bereits lange Geschichte. In beiden Fällen war es der Gang in den Massenmarkt, der neue Anforderungen zur Kostensenkung brachte, gleichzeitig aber auch Bedürfnisse bestimmter Kundensegmente zur Differenzierung weckte. Schumpeter (1950, S. 82) beschrieb diesen Umstand sehr trefflich: „*[…] the capitalist achievement does not typically consist in providing more silk stockings for queens, but in bringing them within the reach of factory girls in return for steadily decreasing amounts of effort!*"

Wie sich die Produktionsverfahren in der Automobilindustrie in enger Wechselwirkung mit dem Umfang und der Komplexität der Kundennachfrage entwickelt haben, zeigt die Abb. 6.1 anschaulich.

Ähnliches vollzieht sich auf der Kundenseite in der IT-Branche. Der Erfolg im Kerngeschäft setzt sehr spezifisch angepasste und häufig hochverfügbare IT-Systeme voraus. Diese unterscheiden sich nicht nur zwischen Branchen, sondern teils innerhalb einer Branche oder sogar eines Unternehmens erheblich. Die unterschiedlichen Anforderungen an Handelssysteme im Asset Management und an Bedienungsterminals am Point of Sale im Retail-Banking seien beispielhaft genannt (PAC 2012). Entsprechend flexibel müssen das Fertigungsparadigma bzw. die Instrumente zur Industrialisierung der IT sein. Brenner et al. (2010, S. 129 ff.) sehen hierbei vier methodische Säulen, auf denen die Industrialisierung aufbaut:

- Standardisierung und Automatisierung
- Modularisierung
- Kontinuierliche Verbesserung
- Konzentration auf Kernkompetenzen

In ähnlicher Weise findet sich ein Bündel von Prinzipien bei Pfeiffer und Weiß (1992) als fundamentale Faktoren zur Umgestaltung des gesamten Wertschöpfungsnetzwerks industrieller Unternehmen im Sinne einer Systeminnovation. Wenngleich sich nun sowohl die Grundprinzipien als auch der Umfang der Veränderungen ähneln, darf nicht unterschätzt werden, dass es auch wesentliche Unterschiede zwischen klassischen Industrieprodukten und Serviceleistungen in der IT gibt. Die nachfolgenden – in Abschn. 6.3 illustrativ ausgewählten – Aspekte sollen kritisch unterstreichen, dass es bei allen Parallelen darum gehen muss, diese unter konsequenter Beachtung der ganz spezifischen Situation eines Services-Geschäftsmodells und der technologischen Wertschöpfungsinfrastruktur intelligent und problembezogen umzusetzen.

6.3 Herausforderungen bei Industrialisierungsbemühungen für IT-Dienstleistungen

Grundlegende Überlegungen Der wesentliche Unterschied zwischen Industrieprodukten, wie z. B. einem Automobil, und einer Servicedienstleistung liegt darin, dass die Dienstleistung regelmäßig nur durch die Mitwirkung des Kunden erbracht werden kann und dass diese intangibel ist. Diese Intangibilität erschwert zudem die Spezifikationen bzw. die Leistungsbeschreibung. Wie bereits einfache Dienstleistungen, wie z. B. ein Haarschnitt beim Friseur, zeigen, entsteht bei nicht ausreichend konkreter Kommunikation und unklaren Vorstellungen schnell Unzufriedenheit über die Qualität der Dienstleistung.

Bei IT-Outsourcing-Dienstleistungen, die ja über einen längeren Zeitraum erbracht werden, ergibt sich zudem eine erhöhte Komplexität durch die Notwendigkeit, Leistungen an sich verändernde Anforderungen anzupassen. Auch hier besteht Mitwirkungspflicht des Kunden. Er ist, zusammen mit dem Dienstleister, gefordert, ein effektives, kontinuierliches Demand-Management zu betreiben. Hierbei können abgestimmte Governance-Modelle Abhilfe schaffen, die die verschiedenen Schnittstellen zwischen Kunde und Dienstleister (bzw. mit mehreren Dienstleistern) regeln. Industrialisierung kann hier einen Mehrwert schaffen, indem konsequent versucht wird, Services in Produkte zu gießen, die klar beschreibbar und messbar sind, und somit die Komplexität minimieren. Wie schon in Kap. 3 ausgeführt, bietet die Automatisierung und Kodifizierung von Dienstleistungen in Softwarelösungen hier Abhilfe. Die Herausforderung für den Dienstleister liegt darin, seinen Kunden mit auf diese Reise zu nehmen, da stärker produktorientierte und vielleicht stärker standardisierte Services auch ein Umdenken bzw. eine Anpassung seiner System- und Prozesswelten notwendig machen.

Spannungsfeld von Qualitätserbringung und Qualitätswahrnehmung Das Spannungsfeld zwischen tatsächlichen Qualitätsproblemen und vielleicht „nur gefühlten" Qualitätsdefiziten wurde bereits kurz gestreift. Die speziellen Charakteristika und die Komplexität von Services – wie oben erläutert – haben zur Folge, dass die Servicequalität oftmals nicht eindeutig messbar ist – oder die gemessenen Kennzahlen (z. B. SLAs in Form von Ausfallzeiten) nicht unbedingt direkt an die Geschäftsaktivitäten des Kunden gekoppelt sind.

Hier kann eine stärker geschäftserfolgsorientierte Leistungs- und Qualitätsbeschreibung – im Gegensatz zu Technologieorientierung – eine Lösung schaffen, um mit weniger Messgrößen Raum für (oftmals subjektiv erfahrene) Unzufriedenheit beim Kunden zu reduzieren. Erste IT-Dienstleister richten sich zunehmend in diese Richtung aus.

Spannend sind in diesem Umfeld aber auch neue, innovative Formen der Kooperationen zwischen Kunde und Dienstleister, die darauf ausgerichtet sind, gemeinsam neue, innovative Geschäftsmodelle aufzubauen. Beispielhaft ist das Joint Venture zwischen dem indischen Mobilfunkanbieter Bharti Airtel und Infosys. Die Partner haben gemeinsam ein mobilfunkbasiertes, bankkontenunabhängiges Zahlungsnetzwerk aufgebaut, was vielen indischen Konsumenten erstmalig die Möglichkeit bietet, Zahlungen und Geldtransfers abzuwickeln. Somit wurde ein neuer Geschäftszweig erschlossen, von dem beide Partner gleichermaßen profitieren. Charakteristisch für solche Partnerschaften sind die konsequente Ausrichtung auf geschäftsorientierte (und auch entsprechend messbare) Services sowie eine Teilung der Erträge wie auch der Risiken.

Zur Nutzung dieser Möglichkeiten müssen sich Kunde und Anbieter öffnen. Der Kunde muss sich von der Vorstellung seiner Hoheit über Technologien und Detailprozesse verabschieden. Der Dienstleister hat dann die Aufgabe, das Design der Architektur und Leistungserbringung zu gestalten und die erbrachte Leistung an geschäftserfolgsbezogenen Parametern transparent zu machen. Der Dienstleister muss seinerseits in der Lage sein, den Kunden von einer so engen, interdependenten Zusammenarbeit zu überzeugen – und er muss sich seinerseits auf eine Risiko- und Ertragsteilung mit dem Kunden einlassen.

Verträge über IT-Dienstleistungen sind stets unvollständige Verträge Aus wissenschaftlich-ökonomischer Sicht sind Verträge notorisch unvollkommen. Dies rührt daher, dass sie nicht alle Eventualitäten, die möglicherweise eine Erfüllung vertraglicher Bestimmungen beeinträchtigen, vorhersehen und berücksichtigen können. Vertragsansprüche können somit nicht zwangsläufig mit Hilfe Dritter durchgesetzt werden, d. h., sie sind nicht immer oder nur bis zu einem gewissen Grad durch die Gerichte eindeutig auslegbar oder überprüfbar. Sehr serviceorientierte und/oder technologielastige Projekte stellen einen Paradefall für die Unvollständigkeit von Verträgen dar. Ein höherer Grad an „Unvollständigkeit" hat verschiedene Ursachen. Zum einen erfordern zukunftsorientierte Konzepte, wie z. B. eine Cloud-Lösung, per definitionem innovative, neue Technologien. Allerdings sind neue Technologien regelmäßig mit höherer Unsicherheit behaftet, da sie sich in einer frühen Phase ihres Lebenszyklus befinden. Zu einem gegebenen Zeitpunkt ist es daher schwierig abzuschätzen, wie sich Kosten- und Leistungsparameter entwickeln werden. Das teils erhebliche Über- bzw. Unterschätzen dieser Parameter ist in der Literatur zum strategischen Technologiemanagement ein vielfach beschriebenes Problem. Das Risiko unvollständiger Verträge entsteht weiterhin insbesondere dann, wenn es sich um eine komplexe Systeminnovation handelt. Diese stellt ein Zusammenspiel verschiedener

(Teil-)Technologien mit unterschiedlichen Entwicklungsständen dar, welche wiederum gezielt in bestehende technologische und personell-organisatorische Umsysteme einzubetten sowie mit ergänzenden Dienstleistungsnetzwerken zu integrieren sind.

Diese Lücken bieten vor allem in Konstellationen, in denen langfristige Vertragsbeziehungen mit hohen Wechselkosten bestehen, der stärkeren Partei Spielraum für opportunistisches Verhalten, z. B. durch finanzielle Nach-, Neben- oder Zusatzforderungen.

Somit ist es in IT-Outsourcing-Beziehungen für beide Partner wichtig, sich bei Vertragsabschluss der entsprechenden Probleme bewusst zu sein. Notwendige Veränderungen – sei es durch geänderte Anforderungen des Kunden oder durch technologische Innovationen – können durch innovative Vertragsmechanismen oder regelmäßige Anpassungsklauseln festgehalten werden. Wichtige Erfolgskriterien sind hier aber auch eine regelmäßige, offene Kommunikation sowie ein partnerschaftliches Zusammenarbeiten zwischen Kunde und Dienstleister.

Die Herausforderung für den Dienstleister liegt besonders darin, sich bei harten Vertragsverhandlungen nicht von einer langfristig soliden Linie abbringen zu lassen. Er muss ein systematisches Overbidding vermeiden, weil hierdurch oft die Ursache für spätere Vertragsprobleme gesetzt wird. Gerade in Märkten mit wenig Wachstum und harten Kämpfen müssen sich aber auch die Kunden darüber im Klaren sein, dass der Bogen bei den Anbieterverhandlungen nicht überspannt werden darf. Ansonsten besteht das Risiko, dass die fehlende Marge an einer anderen Stelle beschafft wird. Unvollständige Verträge schaffen die Voraussetzungen hierfür.

6.4 Fazit und Ausblick

In Kap. 3 wurden die weitreichenden Veränderungen der IT-Industrie skizziert, die eine stärkere Fokussierung auf Kernkompetenzen sowie ein strategisches Überdenken der eigenen Position in der sich stetig verändernden Industrieordnung erfordert. Dies beinhaltet vor allem auch eine Neubewertung der existierenden Partnerschaften und des Ecosystems von mehr oder weniger strategischen Allianzen. Neue Partnerschaftsansätze bilden sich heute vermehrt im Hinblick auf ein Wertschöpfungs-Netzwerk heraus. Diese Netzwerke zeichnen sich aus durch hierarchische, aber flexible Strukturen und orientieren sich – oft zeitlich begrenzt – auf die Bedienung eines spezifischen Bedarfs einer Kundengruppe. Hier wird die IT-Industrie ähnlich wie die Automobilindustrie vor gut 20 Jahren zukünftig neue Wege gehen müssen und in den Wertschöpfungs-Netzwerken den Mut für eine Reform an Haupt und Gliedern haben. Dies erfordert von jedem Unternehmen Entscheidungen über Maßnahmen und Partnerschaften mit dem Ziel der Erweiterung der Abdeckung der Know-how-Wertschöpfungskette. Partnerschaften mit dem Ziel der geografischen Ergänzung stellen die zweite Form dar. Die dritte Art der Partnerschaft sind Technologiepartnerschaften. Spannend sind in diesem Umfeld aber insbesondere neue, innovative Formen der Kooperation, die auch Kundenunternehmen mit einbeziehen können und darauf ausgerichtet sind, gemeinsam neue Geschäftsmodelle aufzubauen. Somit zeigt sich eine

Entwicklung weg von klassischen Kunden-Lieferanten-Beziehungen hin zu multidimensionalen Partnerschaften innerhalb des Eco-Systems mit dem Ziel der gemeinschaftlichen Entwicklung von (exklusiven und differenzierenden) Lösungen auf der Basis eines Modells, in dem auch Risiken und Gewinne gemeinsam getragen werden. Die systematische Einbindung von Industrialisierungsschritten ist in all diesen Fällen conditio sine qua non.

Literatur

Brenner, W., et al. 2010. *Die Zukunft der IT in Unternehmen*. Frankfurt a. M.: Frankfurter Allgemeine Buch.

Campbell-Kelly, M. 2004. *From airline reservations to sonic the hedgehog: A history of the software industry*. Cambridge: MIT Press.

Ohno, T. 2005. *Das Toyota-Produktionssystem*. Frankfurt a. M.: Campus.

PAC. 2012. *Status quo and trends in Germany's banking market*. München: Pierre Audoin Consultants.

Schumpeter, J. A. 1950. *Capitalism, socialism and democracy*, 3. Aufl. New York: Harper.

Womack, J. P., et al. 1990. *The machine that changed the world*. New York: Rawson.

Teil III

Werkzeuge kurzfristiger Optimierung und Effizienzsteigerung

Maßnahmen zur kurzfristigen Qualitätsverbesserung

7

Stephan Kasulke

Inhaltsverzeichnis

Aus dem Blickwinkel vieler Kunden stellt IT heute eine Basis-Infrastruktur dar – wie die Wasser- oder Stromversorgung muss IT ohne Zutun des Kunden zu jeder Zeit störungsfrei funktionieren. IT entwickelt sich also immer mehr zum Commodity Business, in dem Anbieter bezüglich ihrer Leistungsangebote zunehmend vergleichbarer werden. Im Wettbewerb der IT-Serviceanbieter kommt es daher zunehmend darauf an, sich durch ein hohes Qualitätsniveau der angebotenen Leistungen bei gleichzeitig rückläufigen Marktpreisen zu differenzieren. Da zudem viele Kunden Niederlassungen in verschiedenen Ländern betreiben, steigt die Nachfrage, sämtliche IT-Leistungen global durch einen einzigen Provider zu beziehen.

Eine IT-Serviceorganisation muss das Vertrauen ihrer Kunden durch Zuverlässigkeit gewinnen. Zuverlässigkeit – und damit Servicequalität – bedeutet aus Kundensicht im Wesentlichen, dass drei wichtige Aspekte über einen längeren Zeitraum erfüllt werden:

S. Kasulke (✉)
T-Systems International GmbH,
Rennweg 97–99, 1030 Wien, Österreich
E-Mail: Stephan.Kasulke@t-systems.com

F. Abolhassan (Hrsg.), *Der Weg zur modernen IT-Fabrik*,
DOI 10.1007/978-3-658-01483-4_7, © Springer Fachmedien Wiesbaden 2013

- Ausbleiben schwerwiegender Ausfälle wichtiger Systeme
- Schnelles und transparentes Handeln im Störungsfall
- Konsequentes Einhalten zugesagter Liefertermine

Dabei sollte die Servicequalität bei sinkenden Produktionskosten über die Zeit messbar gesteigert werden.

Unternehmen verlangen von ihrem IT-Serviceanbieter längst nicht mehr nur skalierbare und individuell angepasste Lösungen für ihre spezifischen Anforderungen, sondern auch ein Konzept zur größtmöglichen Ausfall- und Datensicherheit. Häufig sind hier die vom Kunden erwarteten und erhofften Anforderungen deutlich höher als die im Vertrag vereinbarten Servicelevel. Insbesondere bei längeren Phasen stabilen Betriebs sinkt die Toleranz für Ausfälle. Die Geschäftsprozesse des Kunden werden zunehmend in der Annahme umgebaut, dass die zugrunde liegende IT-Infrastruktur permanent verfügbar ist. So werden IT-Anwendungen, die anfangs als unkritisch eingestuft wurden, über die Zeit so erweitert oder genutzt, dass ein Ausfall zu gravierenden Störungen in den Geschäftsprozessen führt. Die rasant gestiegene Bedeutung von E-Mails für die Unternehmenskommunikation und die damit einhergehende Tragweite des Ausfalls von Mail Exchange Servern ist hierfür ein prominentes Beispiel.

„Null Fehler" heißt damit das Ziel. Ausfälle der IT-Infrastruktur sind zu Recht gefürchtet: Jede Unterbrechung geschäftskritischer Prozesse kostet Geld. Europäische Unternehmen mit über 50 Mitarbeitern verlieren gemeinsam mehr als 37 Mio. Mannstunden pro Jahr durch IT-Ausfallzeiten und Wiederherstellung von Daten. Die Unterbrechung geschäftskritischer Systeme kann bei langer Ausfalldauer für Unternehmen existenzbedrohend werden. Ein Beispiel: 2008 kam es in einer Bank in Deutschland mit amerikanischer Muttergesellschaft während der Geschäftszeiten zu einem mehrstündigen Ausfall der Online-Banking-Plattform. Die Bank hatte kurz zuvor mehrere 100 Mio. € Einlagen von Privatkunden in einem neuen, exklusiv durch Online-Banking verfügbaren Sparprodukt, eingesammelt. Nachdem eine isländische Bank ihr Online-Banking abgeschaltet hatte, um einen weiteren Abzug von Deposits zu verhindern, verursachte die Betriebsstörung des Online-Bankings fast eine Panik unter den Sparern mit hochkritischen Folgen für die kurzfristige Liquidität der Bank.

Alle Maßnahmen einer Qualitätsoffensive der IT-Serviceorganisation müssen das „große Ganze" fokussieren: also die globale Standardisierung vorantreiben, sowohl die Perspektiven der Auslandsniederlassungen als auch die der Geschäftssparten integrieren und so eine ganzheitliche Sicht auf die Kunden sicherstellen.

Wie sollte nun das Thema kurzfristige Qualitätssteigerung angegangen werden? In der ersten Phase der Qualitätsoffensive, der sogenannten Quick-Fix-Phase, werden schnell wirkende Sofortmaßnahmen zur Qualitäts- und Effizienzsteigerung ausgerollt, um Incidents und Kunden-Eskalationen zu reduzieren. In der zweiten Phase, der Fix-Phase, stehen langfristige Verbesserungsmaßnahmen im Fokus, die für strukturelle Optimierungen sorgen. In der Stabilisierungsphase werden die angestoßenen Maßnahmen schließlich in der Organisation verankert: Es wird auf das Erreichte aufgesetzt und Bewährtes wird fortgeführt und an einigen Stellen ausgebaut, um Erfolge in Sachen Qualität nachhaltig abzusichern.

Wichtig dabei: Alle Beteiligten – vom Mitarbeiter bis zum Topmanagement und vom Vertrieb bis zum Zulieferer – müssen in den weltweit einheitlichen Qualitätsstandard eingebunden werden, sodass Perfektion zum Leitgedanken der gesamten Wertschöpfungskette und des individuellen Beitrags jedes Einzelnen wird. Nur so wird Sicherheit und hohe Verfügbarkeit im Sinne der Kunden gewährleistet.

7.1 Qualitätssteuerung

Wöchentliche Reviews der wesentlichen Qualitätskennzahlen (Key Performance Indicators, kurz KPIs) durch das Topmanagement tragen dazu bei, dass der Anspruch an steigende Qualität auch dauerhaft in der Praxis umgesetzt wird. Das Topmanagement wird nicht nur über kritische Betriebsstörungen und Projekte informiert, sondern auch über die konkreten Verbesserungsmaßnahmen, die sicherstellen, dass die Qualitätsprobleme nachhaltig gelöst werden.

7.1.1 KPIs im Betrieb

Zur Messung der Qualität lassen sich im Betriebsbereich Kennzahlen entlang der Kernprozesse Incident, Problem und Change Management definieren:

A) Incident Management
Im Bereich des Incident Managements werden im Wesentlichen zwei Kennzahlen herangezogen, um die Stabilität des Betriebs zu messen. Der oft sichtbarste KPI ist die Anzahl der schwerwiegenden Störungen (Major Incidents, kurz MIs). Als Major Incident wird der Ausfall eines IT-Systems definiert, in dessen Folge ein wichtiger Geschäftsprozess des Kunden so gestört wird, dass ein erheblicher finanzieller Schaden oder sogar Reputationsverlust entsteht.

Um Störungen korrekt klassifizieren zu können, ist es wichtig, die sogenannte Critical Landscape des Kunden, also die geschäftskritischen IT-Systeme, zu dokumentieren und mit den Vertragsvereinbarungen abzugleichen. Zudem muss im Störungsfall die tatsächliche Einschränkung des betroffenen IT-Services zusammen mit dem Kunden verifiziert werden.

Um die Zahl der Major Incidents kurzfristig positiv zu beeinflussen, hilft es zunächst, die häufigsten Störungsursachen und Verantwortungen auszuwerten. Grundlage dieser Berechnungen sind Störungen kritischer IT-Services, die einen Totalausfall (MI) oder Teilausfälle mit dem Risiko eines vollständigen Ausfalls (sog. High Incident bzw. abgekürzt „HI") zur Folge hatten.

Es muss dabei zwischen drei wichtigen Verursachern der Major Incidents unterschieden werden:

- Kundenverschulden: Der Kunde oder ein Lieferant des Kunden hat den Ausfall verursacht oder verantwortet das betroffene IT-System.
- Verschulden eines Sublieferanten der IT-Serviceorganisation: Solche Ausfälle können verkürzt werden, indem gemeinsame Qualitätsinitiativen aufgebaut oder schnelle Eskalationswege definiert werden.
- Verschulden der IT-Serviceorganisation: Ausfälle dieser Kategorie können unmittelbar durch Qualitätsinitiativen des Anbieters beeinflusst werden.

Wichtig ist: Der IT-Serviceanbieter muss, wenn er dauerhaft eine hohe Qualität erreichen möchte, alle drei Fehlerquellen angehen – auch die, die er nicht unter seiner direkten Kontrolle hat.

Für die kurzfristige Qualitätsverbesserung ist es zunächst naheliegend, die häufigsten Fehlerquellen zu analysieren, die im direkten Einflussbereich der IT-Serviceorganisation liegen. Hier gibt es vier Hauptursachen von Störungen: fehlerhaft oder mangelhaft definierte Prozesse, technisch bedingte Fehler (Hardware, Netzwerk, systemnahe Software), anwendungsbezogene Fehler (Anwendungssoftware) und menschliches Versagen.

Um eine kurzfristige Stabilisierung der Major-Incident-Situation zu erreichen, können Change-Freeze-Perioden, also ein vollständiges Verbot von Änderungen an kritischen Systemen, zum Beispiel im Zeitraum der Erstellung von Jahresabschlüssen, eine hohe Sicherheit erzielen.

Der zweite wichtige KPI im Bereich des Incident Management ist die sogenannte Mean Time To Repair (MTTR). Sie gibt die durchschnittliche Zeit zur Wiederherstellung eines IT-Services nach einem Ausfall wieder. Die Mean Time To Repair ist ein gutes Maß für die Qualität des Incident Management und zeigt unter anderem, ob die Alarmierungskette umgehend funktioniert hat oder wie schnell die richtigen qualifizierten Mitarbeiter verfügbar waren, um die Störung zu beheben. Durch regelmäßige Tests (Firedrills) und eine gute Organisation kann die Mean Time To Repair auch kurzfristig positiv beeinflusst werden. Bei Firedrills werden Systemausfälle zusammen mit Zulieferern und eigenen Mitarbeitern simuliert, sodass alle notwendigen Schritte einer Störungsbehebung trainiert werden.

In besonderen Situationen hat sich die Einrichtung eines ständig besetzten sogenannten War Room bewährt. Er koordiniert die fortwährende Überwachung aller kritischen Systeme und alarmiert im Bedarfsfall alle notwendigen Mitarbeiter zur Behebung von Störungen. Der War Room sollte direkt vom Topmanagement ermächtigt werden, jede Maßnahme, die die Betriebsstabilität gewährleistet, sofort umzusetzen.

B) Problem Management

Das Problem Management zielt ergänzend zum Incident Management darauf ab, Ursachen aufgetretener Störung im Detail zu untersuchen und Maßnahmen zur nachhaltigen Beseitigung zu definieren. Dabei gibt die Kennzahl Root Cause Rate in Time an, ob die Ursache für einen Incident in einer vorgegebenen und mit den Kunden vereinbarten Analysezeit (zum Beispiel drei Tage) gefunden werden konnte.

Damit verbunden stellt die Problem Management Solution Rate in Time einen weiteren wichtigen Indikator dar. Sie gibt an, welcher Prozentsatz der Gegenmaßnahmen von Ausfällen innerhalb der geplanten Umsetzungszeiträume erfolgreich implementiert werden konnte.

Das Problem Management ist in der kurzfristigen Qualitätsverbesserung im Betrieb von hoher Bedeutung, da sich häufig Störungsursachen wiederholen und eine effektive Reduktion der Major Incidents auf den Ergebnissen des Problem Managements basiert.

C) Change Management
Der Change-Management-Prozess befasst sich mit der aktiven Steuerung – also dem Hinzufügen, Verändern oder Beseitigen – von Elementen einer IT-Infrastruktur anhand standardisierter Methoden und Prozeduren. Zur Messung der Qualität von Changes werden folgende Kennzahlen herangezogen:

Die Anzahl der durch Changes verursachten Major Incidents zeigt, wie viele kritische Ausfälle trotz dedizierten Change Managements aufgetreten sind. Um aus den Ursachen von fehlgeschlagenen Changes zu lernen, ist ein enger Abgleich mit dem Problem Management nötig.

Weitere Kennzahlen zur Messung der Qualität der Change-Vorbereitung und -Durchführung sind der Anteil erfolgreicher Changes (Ratio of successful Changes) und der Anteil der zeitgerecht umgesetzten Changes (Ratio of Changes in Time).

Da es nicht nur wichtig ist, Changes erfolgreich und störungsfrei umzusetzen, müssen die geplanten Ausfallzeiten exakt eingehalten und so gering wie möglich gehalten werden. Daher wird als vierte Kennzahl die Ratio of Changes in Time gemessen. Sie gibt an, welcher Anteil des Change-Aufkommens innerhalb des geplanten Zeitfensters (Change Window) umgesetzt wurde.

7.1.2 KPIs im Projektbereich

Im Projektbereich geht es im Wesentlichen um den KPI Time, Budget, Quality (TBQ). Er beschreibt, ob die mit dem Kunden vereinbarten Projektmeilensteine, Budgetgrenzen und Qualitätsvorhaben eingehalten werden.

Analog zum Problem Management im Betrieb ist die Grundlage jeder kurzfristigen Qualitätsverbesserung im Projektbereich ein qualifiziertes und ergebnisorientiertes Projektreporting. Zum einen muss es faktenbasiert sein. Zum anderen muss es zeigen, welchen Fortschritt die Projektresultate im Vergleich zum Plan erzielt haben und dabei sowohl Risiken als auch Unterstützungsbedarf aufzeigen. Häufig ist die effektivste Maßnahme bei nicht planmäßig verlaufenden Projekten das Aufsetzen eines faktenbasierten Reportings auf Tagesbasis.

7.2 360°-Sicht auf Top-Kunden

Für Top-Kunden, bei denen es zu Qualitätsproblemen gekommen ist und wo kurzfristig eine sichtbare Verbesserung eintreten soll, ist ein 360°-Ansatz für drei Monate ein probates Mittel, die Qualität zu verbessern:

Mit einer temporären Intensivbetreuung werden den Kunden mehrere Experten zur Verfügung gestellt, die die schwerwiegendsten Probleme beheben – über die reguläre Linienorganisation hinweg.

Die Intensivbetreuung startet mit einer kurzen Risiko-Einschätzung: Vergleichbar mit einem TÜV-Check werden die typischen Fehlerquellen in den Prozessen, der Technologie und bei der Belegschaft geprüft. Anschließend wird mit dem Kunden besprochen, welche Sicht er auf die Qualität hat und welche Themen ihn besonders betreffen. Daraufhin werden in den drei großen Kategorien im Wochenrhythmus Maßnahmen definiert und umgesetzt, also gegebenenfalls Mitarbeiter qualifiziert oder ergänzt, die Kernprozesse – insbesondere das Incident Management und das Change Management – verbessert und technische Risiken behoben wie zum Beispiel veraltete Hardware ersetzt. Der Erfolg der umgesetzten Maßnahmen wird mit regelmäßigen Kundenbefragungen überprüft.

Zur langfristigen Sicherung der Betriebsqualität für die wichtigsten Kunden eignen sich 360°-Berichte, die alle wichtigen Aspekte der Kundenbeziehung umfassen: die Betriebsqualität als Fundament, die Qualität in den Projekten (KPI Time, Budget, Quality), die Servicequalität im Order Management und in der Kundenbetreuung, die Profitabilität sowie die qualitative Wahrnehmung der IT-Serviceorganisation beim Kunden.

Auch hier gilt: Mit diesen Berichten muss auf Topmanagementebene aktiv gearbeitet werden. Die Aufmerksamkeit des Managements muss der Belegschaft bewusst sein, damit auch inhaltlich aktiv an der Qualität gearbeitet wird.

7.3 Zentrales Change Board

Konsequentes Change Management verhindert Ausfälle. Das Central Change Advisory Board (CCAB) als Bestandteil des globalen Deeskalationsmanagements prüft alle wichtigen und kritischen Changes in der IT-Landschaft und überwacht ihre Durchführung rund um die Uhr.

Konkret bedeutet dies, Migrationen, Updates etc. sorgfältig und in hoher Qualität zu planen, die Ausfallzeiten (Downtimes) dabei so kurz wie möglich zu halten und so weniger Ausfälle durch Changes zu produzieren.

Als genehmigende Instanz sollte das Central Change Advisory Board global aufgestellt sein und dafür sorgen, dass der Change-Prozess gemäß weltweit verbindlicher Standards implementiert wird.

Dreh- und Angelpunkt des Change-Management-Prozesses ist eine saubere Risikoeinschätzung in zwei Richtungen: Welche möglichen Folgen hat die Durchführung eines geplanten Changes und welche Risiken birgt die Nichtdurchführung?

Bei international agierenden IT-Serviceorganisationen ist ein global organisiertes Change Advisory Board eine wichtige Ergänzung zu den lokalen Change Advisory Boards. Das Central Change Advisory Board stellt bei komplexen, übergreifenden oder besonders risikoreichen Changes sicher, das sowohl ihre Vorbereitung als auch ihre Ausführung den besonderen Qualitätsnormen entsprechen. In den lokalen Change Advisory Boards sollen alle Minor Changes nach den gleichen Qualitätskriterien gesichert werden.

Eingeteilt werden die Changes nach ihrer potenziellen Auswirkung auf den Kunden, dem Customer Business Impact (CBI).

Jede IT-Serviceorganisation braucht qualifizierte Mitarbeiter und investiert in ihre Ausbildung. Dennoch sind auch hoch qualifizierte Mitarbeiter eine häufige Quelle von Fehlern. Um menschliche Fehler in der Change-Implementierung auszuschließen, hat sich die Einführung des Vier-Augen-Prinzips bei allen Major und Significant Changes bewährt.

7.4 Globales 24/7 Incident Management und Problem Management

Zum Deeskalationsmanagement gehören neben dem Central Change Advisory Board auch das Global Incident Management und das zentrale Problem Management. Der Incident-Management-Prozess hat das Ziel, den normalen Service des Betriebs schnellstmöglich wiederherzustellen, während der Problem-Management-Prozess dazu dient, Ursachen für Störungen zu untersuchen und durch Implementierung definierter Lösungen möglichst nachhaltig zu vermeiden.

Die allgemeinen Abläufe für Incident, Problem sowie Change Management orientieren sich an IT-Infrastructure-Library-Prozessen (ITIL-Prozessen). Bei der ITIL handelt es sich im Wesentlichen um eine Sammlung von Best Practices für IT-Prozesse. Sie wurde erstmals 1989 durch das Office of Government Commerce (OGC) veröffentlicht und wird in unterschiedlichen Ausprägungen weiterentwickelt. Derzeit liegt die ITIL in der Version 3 vor und hat viele Anknüpfungspunkte an weitere wichtige Standards wie ISO20000, Six Sigma, COBIT und Prince 2.

Um für bessere Qualität im Falle von Störungen 24/7 und eine Reduktion der Entstörzeit (MTTR) zu sorgen, sollte die Behebung von Major Incidents zentral gesteuert werden: Ein zentrales Team entwickelt hier Routine in der Behebung von extrem kritischen Störungen, übernimmt die aktive Steuerung von Zulieferern im Störungsfall und arbeitet wiederkehrende Lösungsmuster aus. Es fokussiert auf die kritischen Geschäftsprozesse der Kunden und betreut diese mit hoher Priorität.

Voraussetzung für das professionelle Incident Handling ist, dass alle Informationen über die Kunden lückenlos vorliegen müssen, damit die konkreten Auswirkungen auf die Geschäftsprozesse des Kunden im Falle eines Major Incidents ermittelt werden können. Hierfür beschreibt die sogenannte Critical Landscape alle kritischen Serviceketten.

Damit sichergestellt ist, dass das Global Incident Management seine Arbeit umfassend erledigen kann, ist es beim ersten Anzeichen eines Critical Impacts einzubinden. Das gilt auch für potenziell kritische Störungen, bei denen die Klassifizierung (critical, high etc.)

noch nicht klar ist. Je früher das globale Incident Management eingebunden ist, desto eher kann an der Störungsbehebung oder an der -vermeidung gearbeitet werden.

Der wichtigste Erfolgsfaktor im globalen Incident Management ist, dass eine Kultur der Dringlichkeit entwickelt wird, in der jeder Beteiligte zu jedem Zeitpunkt während eines Incidents alles tut, damit der Service schnellstmöglich wiederhergestellt wird. Die Incident Manager müssen äußerst stressfest sein. Außerdem müssen sie schnell und zuverlässig Struktur in komplexe Situationen bringen sowie ein verteiltes Team sicher führen können.

Das zentrale Problem Management überwacht schließlich die Erstellung der Ursachenanalyse nach einem Major Incident und die Umsetzung der Maßnahmen in Folge der Störungen. Es stellt sicher, dass aus Problemen bei einem Kunden oder in einem Land Vorsorgemaßnahmen für die anderen Kunden der IT-Serviceorganisation getroffen werden. So wird die Größe des IT-Serviceanbieters auch als Qualitätsvorteil für die Kunden genutzt.

Optimierung von Effizienz und Kosten

8

Stefan Bucher und Carsten Glohr

Inhaltsverzeichnis

Unternehmen geraten in der heutigen globalisierten, hochdynamischen und -kompetitiven Wirtschaft immer häufiger in Situationen, die ein schnelle und spürbare Entlastung auf der Kostenseite erfordern ohne jedoch die Qualität der gelieferten Dienstleistungen und Produkte zu gefährden. Das gilt für alle Größenordnungen und Branchen. In einer solchen Situation bleiben nur zwei Möglichkeiten: Kosten senken und die Effizienz erhöhen – und zwar möglichst sofort. Das gilt selbstverständlich auch für die IT-Produktion. In diesem Beitrag geht es um die ersten Sofortmaßnahmen zur schnellen Verbesserung von Effizienz und Kosten.

S. Bucher (✉)
T-Systems International GmbH, Dachauer Straße 651, 80995 München, Deutschland
E-Mail: Stefan.Bucher@t-systems.com

C. Glohr
Detecon International GmbH, Sternengasse 14–16, 50676 Köln, Deutschland
E-Mail: Carsten.Glohr@detecon.com

F. Abolhassan (Hrsg.), *Der Weg zur modernen IT-Fabrik*,
DOI 10.1007/978-3-658-01483-4_8, © Springer Fachmedien Wiesbaden 2013

8.1 Definitionen: Effizienz und Kosten

In diesem Kapitel wird unter Effizienz die mit einem bestimmten Input mögliche Output-Menge verstanden. Analog dem Maximalprinzip ist eine Effizienzsteigerung im Sinne dieses Textes die Steigerung der Output-Menge mit dem gleichen Input oder Faktoreinsatz. Eine Erhöhung der Output-Menge, die mit einer im Vergleich entsprechenden Inputsteigerung einhergeht, ist keine reine Effizienzsteigerung, da sich hier die Faktorproduktivität nicht erhöht. Das bedeutet: Maßnahmen, die zusätzliches Geld kosten, sind in der ersten, akuten Phase der Krisenbekämpfung mit besonderer Vorsicht zu bewerten und in der Regel zu unterlassen.

Zu differenzieren ist die Steigerung der Produktions- von der Verkaufsmenge. Selbstverständlich sind beide nicht vollkommen losgelöst voneinander zu betrachten. Allerdings steht die abgesetzte Menge in der Verantwortung des Vertriebs, während die Effizienzsteigerung die Sache der Produktionsverantwortlichen ist. Im Zusammenhang mit einer Effizienzsteigerung fließt also die realisierbare Absatzmenge als Begleitumstand in die Überlegungen zur realisierbaren Mengensteigerungen ein, ist aber nicht das Ziel.

Kostensenkung dagegen bedeutet primär, dass die gleiche Output-Menge mit weniger Input hergestellt wird. Ein Schrumpfen der Output-Menge, das sinkende Kosten verursacht, ist in der Regel nicht das Ziel. Dass es trotzdem unter bestimmten Umständen sinnvoll sein kann, die Menge zusammen mit den Kosten zu senken, steht auf einem anderen Blatt. An dieser Stelle geht es lediglich um eine klare Definition des Kostensenkungsbegriffs.

Optimierung von Effizienz und Kosten als Sofortmaßnahme bedeutet also letztlich: „Do more with less as quick as possible!" – mehr leisten, dabei weniger ausgeben, und das möglichst schnell!

8.2 Effizienzsteigerung und Kostensenkung – Grundsätzliches

8.2.1 Realisierbare Effizienzsteigerung prognostizieren

Als erstes sollte man prognostizieren, wie viel mehr Output tatsächlich mit der gleichen Inputmenge realisierbar ist. Wer hier nicht ehrlich ist, wird große Schwierigkeiten haben, seine Ziele zu erreichen, da ihre Definition auf falschen Prämissen aufbaut. In die Prognose fließen Daten aus einem idealerweise vorhandenen zuverlässigen Produktionsplanungs- und Steuerungssystem ein. Dessen Existenz sowie eine Sicht auf die IT als ökonomisch betrachtete Produktionseinheit mit Produkten, die die IT kalkuliert und zu definierten Preisen verkauft, wird hier vorausgesetzt.

Natürlich fließen, wie oben erwähnt, auch Erwägungen hinsichtlich der Absatzchancen einzelner Produkte in die Bestimmung der angepeilten Output-Menge ein. Wichtig sind vor allem die sich aus Bestandsverträgen ergebenden sicheren Mengenentwicklungen, weitere Prognosequellen sind beispielsweise Marktdaten oder Analysteneinschätzun-

Tab. 8.1 Zu präferierende Effizienzsteigerungspotenziale. Vorgezogen werden sollten Maßnahmen aus dem oberen rechten Quadranten wegen ihrer großen Wirksamkeit, anschließend folgen die im oberen linken, unteren rechten und unteren linken Quadranten

	Volumen	
Effizienzsteigerung	hohes Volumen, geringe Steigerungsmöglichkeit **Beispiel:** Consulting	hohes Volumen großes Steigerungspotenzial **Beispiel:** IaaS-Kunden
	kleines Volumen geringe Steigerungsmöglichkeit **Beispiel:** Lizenzverträge	kleines Volumen, große Steigerungsmöglichkeit **Beispiel:** Nutzung von Legacy-Plattformen wie BS2000

gen. Denn selbstverständlich ist es insbesondere sinnvoll dort die Effizienzen schnellstens auszuschöpfen, wo der Markt wächst, also mit besonders hohen Mengensteigerungen zu rechnen ist. Wer die Produktionseffizienz und damit die Outputmenge eines Produktes besonders steigert, dessen Markt rückläufig ist, braucht dafür exzeptionell starke Argumente, beispielsweise die Neuartigkeit oder Einmaligkeit dieses Produkts, um dieses Vorgehen gerade in einer Krise zu rechtfertigen.

Welche Bereiche bei der Effizienzsteigerung präferiert werden sollten, beschreibt die oben stehende Matrix (Tab. 8.1).

8.2.2 Realisierbares Kostensenkungspotenzial definieren

Der wichtigste Maßstab bei der Bewertung zu präferierender Kostensenkungsmaßnahmen und -felder ist in einer kritischen Situation ihre sofortige Wirksamkeit. Das schränkt die Möglichkeiten beträchtlich ein, da viele Maßnahmen eher langsam oder zumindest nicht sofort greifen (vgl. Abschn. 8.3). Hat eine Maßnahme zwar großes Potenzial, verläuft aber zu langsam, so wird die erhoffte Entlastung auf der Kostenseite ggf. zu spät erfolgen. Die Matrix auf der folgenden Seite beschreibt diesen Zusammenhang und betont, welche Bereiche zu bevorzugen sind (Tab. 8.2).

Tab. 8.2 Zu präferierende Kostensenkungspotenziale. Vorzuziehen sind die Maßnahmen im oberen rechten Quadranten. Als nächstes folgen die Maßnahmen im oberen linken Quadranten an die Reihe, dann unten rechts und unten links

	Kostensenkungspotenzial	
Wirksamkeit	schnell wirksam, geringes Potenzial **Beispiel:** Reduktion der Bewirtungskosten	schnell wirksam, hohes Potenzial: **Beispiel:** Abbau Fremddienstleister
	langsam wirksam, geringes Potenzial **Beispiel:** Vereinheitlichung Handytarife der Mitarbeiter	langsam wirksam, hohes Potenzial **Beispiel:** Konsolidierung von Rechenzentren

8.2.3 Effizienzsteigerung und Kostensenkung optimal kombinieren

Im Rahmen eines Umstrukturierungsprozesses hat es sich als sinnvoll erwiesen, sich für die Verbesserung der Produktion innerhalb eines Jahres ein Prozentziel zu setzen. Dieses Gesamtziel setzt sich dann zusammen aus den Effekten der Effizienzsteigerung und denen der Kostensenkung:

$$\text{Verbesserung}_{\text{ges}} \text{ in } \% = \text{Steigerung}_{\text{Eff}} \text{ in } \% + \text{Senkung}_{\text{Kosten}} \text{ in } \%$$

Für ein einzelnes Produkt lässt sich anhand der produzierten Stückzahl und der entsprechenden Produktionskosten die Verbesserung wie folgt berechnen:

$$\left(\frac{\text{Stück}_{\text{Jahr+1}}}{\text{Stück}_{\text{Jahr}}} - 1\right) \cdot 100 + \left(1 - \frac{\text{Kosten}_{\text{Jahr+1}}}{\text{Kosten}_{\text{Jahr}}}\right) \cdot 100 = \text{Gesamtverbesserung in } \%$$

In welchem Verhältnis Effizienz und Kosten zum Erreichen des Gesamtzieles beitragen, ist variabel. Hier das richtige Verhältnis zu finden, erfordert Erfahrung, profunde Branchen- und Unternehmenskenntnis sowie Fingerspitzengefühl. Denn Effizienzsteigerungen sind nur dort möglich, wo auch die produzierten Mengen steigen.

Da Sanierungsprozesse grundsätzlich kaskadierend organisiert werden sollten, muss das Gesamtziel bis auf die unteren Organisationseinheiten herunter gebrochen werden, wobei es sinnvoll ist, dass man für einzelne Organisationseinheiten bestimmt, welchen Anteil ihres Gesamtzieles sie durch Effizienzsteigerungen und welchen durch Kostensenkungen erbringt.

Zudem muss man bereit sein, das Gewicht der Komponenten zu verändern, wenn sich die angepeilte Zusammensetzung als unrealistisch erweist, weil sich Gegebenheiten verändern oder die gewählten Prämissen ungenau waren. Das wird häufig der Fall sein, besonders, wenn man sich auf dynamischen Märkten bewegt. Denn: „Nichts ist so beständig wie der Wandel!"

Bei der Definition des richtigen Mix zwischen Effizienz und Kosten spielen die individuellen Gegebenheiten des Unternehmens die wichtigste Rolle. Wer beispielsweise hauptsächlich Consulting anbietet, hat keine einfache Effizienzsteigerungsmöglichkeit durch höhere Auslastung – schließlich kann ein Consultant seine Arbeitskraft nicht beliebig multiplizieren. Der Schwerpunkt wird in diesem Fall auf der Kostensenkung liegen. Anders ist es, wenn mit Hilfe einer vorhandenen IT-Infrastruktur IaaS (Infrastructure as a Service) angeboten wird. Hier lässt sich häufig auch ohne Investitionen mehr aus dem Vorhandenen herausholen, beispielsweise durch eine Erhöhung der Flächenauslastung in Rechenzentren oder Leerstandsvermeidung.

Bei internen IT-Dienstleistern kann es sein, dass ein Mengenwachstum gar nicht erwünscht ist, da der Absatz der IT letztlich zulasten des in der Krise befindlichen Unternehmens selbst geht. Dann sind in der Regel Maßnahmen auf der Kostenseite vorzuziehen.

8.3 Beispielhafte Maßnahmen

8.3.1 Effizienzsteigerungsmaßnahmen

Welche Effizienzsteigerungsmaßnahmen kurzfristig wirken, wird sich von Unternehmen zu Unternehmen stark unterscheiden. Die wichtigste Maßnahme ist grundsätzlich, kurzfristig die Auslastung vorhandener Infrastrukturen und Personalressourcen heraufzufahren und so mit denselben Ressourcen mehr zu erwirtschaften. Das kann bedeuten, Durchlaufzeiten zu verringern, den Zeittakt zu verkürzen oder mehr Fläche im Collocation-Rechenzentrum zur Vermietung freizugeben.

Bei der Arbeitsverdichtung sollte man versuchen, von der reinen Zeiterfassung hin zu einer tätigkeitsbezogenen Aktivitätserfassung zu kommen, um so überlastete Teams leichter identifizieren zu können und sie von denen zu unterscheiden, die noch freie Kapazitäten haben. Entweder man setzt dann Mitarbeiter von einem relativ unbelasteten Team in ein stark belastetes um, oder man verteilt die Verantwortlichkeiten so, dass die Last gleichmäßiger verteilt ist und Verzögerungen in Prozessen aufgrund fehlender Kapazitäten entfallen.

Schnell wirksame Effizienzpotenziale entstehen auch, indem man sektorspezifisch ohnehin genutzte Automatisierungstools allen Mitarbeitern des IT-Bereichs zur Verfügung stellt, denen sie nützen könnten.

Zudem sollten alle Kernprozesse kritisch betrachtet werden, denn häufig gibt es hier viel Redundanz, Schleifen und Leerlauf. Ein wichtiger Kandidat hierfür ist der Order-to-Deploy-Prozess, also der Ablauf zwischen Bestellung und Auslieferung. Seine Beschleunigung entlastet nicht nur die Mitarbeiter und macht ihre Ressourcen frei für wertschöpfende Tätigkeiten, sondern er erhöht sicherlich die Kundenzufriedenheit und unter Umständen direkt den Absatz, da mehr Aufträge in derselben Zeit abgewickelt werden können.

8.3.2 Kostensenkungsmaßnahmen

Die wichtigste schnell wirksame Kostensenkungsmaßnahme dürfte in den meisten IT-Organisationen die Verringerung der externen Arbeitskosten sein. Denn einerseits beschäftigen die meisten IT-Organisationen viele Externe, zum anderen ist die Reduktion beim Eigenpersonal zeitaufwändiger und auch Infrastrukturen lassen sich nur mit gewissem zeitlichem Vorlauf konsolidieren. Deshalb gehören im Krisenfall alle Vereinbarungen mit Consultern, freiberuflichen Programmierern oder Administratoren und anderen Dienstleistern auf den Prüfstand. Die Aufgaben der extern Beschäftigten müssen auf eigene Mitarbeiter übertragen werden, auch unter Inkaufnahme von Arbeitsverdichtung. Am besten man erstellt eine Liste aller externen Ressourcen und ihrer Einsatzfelder und erstellt ein Ranking hinsichtlich ihrer Kritikalität. Kundenprojekte, für deren Abwicklung intern das Know-how fehlt, müssen allerdings gesondert behandelt werden: Auf externe Personalressourcen, die hier eingesetzt werden, sollte nur im Notfall verzichtet werden.

Neueinstellungen müssen in Krisenzeiten weitgehend zurückgestellt und/oder von der Vorstandsebene genehmigt werden müssen. Zumindest für eine Übergangszeit ist es unumgänglich, durch Fluktuation wegfallende Stellen nicht umgehend erneut zu besetzen. Das kann auch die sonst nur mittel- und langfristig beeinflussbaren internen Arbeitskosten relativ schnell senken.

Um die internen Personalkosten kurzfristig zu optimieren, müssen Unternehmen versuchen, überbesetzte Abteilungen durch Angebote für freiwilliges Ausscheiden zu verschlanken. Unter Umständen lässt sich so ein sehr teurer Sozialplan für den Mitarbeiterabbau vermeiden. Bewährte Methoden sind:

- Altersteilzeit
- Angebot von Aufhebungsverträgen
- Betriebsinterne Umsetzung in Bereiche mit Personalbedarf.

Aber auch in Wartungs- und Supportverträgen steckt viel Sparpotenzial. In Frage kommen hier folgende Optionen:

- Kleineres Zeitfenster (z. B. 7*18 h statt 7*24 h)
- Längere Reaktionszeit
- Konsolidierung mehrerer Hersteller-Support-/Wartungsverträge auf einen Third-Party-Vertrag mit entsprechenden Mengenvorteilen – dies spart zudem Aufwand bei der Vertragsverwaltung.

Stehen dringende IT- oder Software-Neuanschaffungen an, ist über eine längere Abschreibungsfrist als die immer noch häufig üblichen drei bis vier Jahre nachzudenken. Das hat einen unmittelbar positiven Effekt auf die Finanzseite. Laptops, PCs, Bildschirme, Switches oder Speichersysteme, aber auch Betriebssysteme und Office- oder ERP-Programme professioneller Qualitätshersteller lassen sich heute durchaus fünf Jahre nutzen und erhalten auch entsprechende Supportverträge. Allerdings sollte hier zuvor bilanztechnische und wirtschaftliche Implikationen und Limitierungen betrachtet werden.

Einen schnellen, aber meist geringen Effekt haben Einsparungen bei liebgewordenen, aber doch verzichtbaren Verbrauchsgewohnheiten wie Konferenzbewirtung, Reisen oder Einladungen an Geschäftspartner und Kundengeschenke. Diese Maßnahmen haben außerdem einen psychologischen Effekt. Sie signalisieren: Hier gibt es nichts mehr zu verschenken – oft ein wichtiges Signal, um Mitarbeiter zu sensibilisieren gemeinsam an einem Strang zu ziehen. Deshalb sollten sie trotz relativ geringem Sparpotenzial auf jeden Fall ergriffen werden.

Governance-Modelle 9

Carsten Glohr

Inhaltsverzeichnis

Unter IT-Governance wird allgemein das Steuerungs- und Regelungssystem der Strukturen (Aufbau- und Ablauforganisation) einer IT-Organisation verstanden. Die IT-Governance muss sicherstellen, dass sich IT-Führung, IT-Organisationsstrukturen und IT-Prozesse so ausrichten, dass die Unternehmensstrategie möglichst effektiv und zu optimalen Kosten unterstützt wird.

IT-Organisationen stehen heutzutage enorm unter Kostendruck und sind gleichzeitig gezwungen, trotz knapper Mittel wichtige Geschäftsanforderungen zu realisieren. Moderne IT-Governance-Modelle helfen, dieses Spannungsfeld durch professionalisierte Kunden-Lieferanten-Beziehungen beherrschbar zu machen.

Um dem Kostendruck begegnen zu können, erfolgt auf der Angebotsseite eine zunehmende Industrialisierung und Standardisierung der IT. Auf der Nachfrageseite muss sich die IT permanent an die Geschäftsanforderungen anpassen. Daraus resultiert eine durch das Geschäft vorgegebene Komplexität und Variantenvielfalt, die ab einem bestimmten Punkt kaum mehr reduzierbar oder konsolidierbar ist, ohne das Geschäft negativ zu beeinträchtigen. Besonders stark wird der daraus entstehende Druck in reifen und unter Kostendruck stehenden Branchen, bei denen die IT mit in das Produkt eingeht (z. B. Telekommunikation, Retail-Banking) oder integraler Bestandteil des Geschäftsmodells ist. Im Internetzeitalter wird in den meisten Branchen signifikantes Geschäft über „Business-over-IT"-Plattformen abgewickelt. Moderne Geschäftsprozesse sind in nahezu allen

C. Glohr (✉)
Detecon International GmbH,
Sternengasse 14–16, 50676 Köln, Deutschland
E-Mail: Carsten.Glohr@detecon.com

F. Abolhassan (Hrsg.), *Der Weg zur modernen IT-Fabrik*,
DOI 10.1007/978-3-658-01483-4_9, © Springer Fachmedien Wiesbaden 2013

anderen Bereichen durch IT-Systeme unterstützt und ohne IT kaum denkbar. Reduzierte Time-to-Market-Zyklen, verschlankte, automatisierte Geschäftsprozesse und der Bedarf einer verbesserten Business Intelligence erfordern eine Dynamisierung und hohe Agilität der IT auf der Nachfrageseite.

Dies stellt einen starken Zielkonflikt zu dem Kostendruck auf der Lieferantenseite der IT dar, die durch eine wachsende Industrialisierung der IT geprägt ist. Die damit einhergehende Standardisierung der IT und Reduktion der Variantenvielfalt wirkt positiv auf eine Vielzahl von Kostentreibern.

Die zunehmend standardisierten IT-Leistungen werden dadurch zu preisgünstigen „Commodities“ bzw. variantenreduzierten IT-Komponenten. Diese austauschbaren IT-Leistungen sind leichter fremd zu fertigen und werden vergleichbar mit einem Endmontageprozess in einer höheren Wertschöpfungsstufe auf die jeweilige Kundenanforderung zugeschnitten und zu spezifischen IT-Services zusammenkomponiert. Ähnlich wie in der Fertigungsindustrie führt die fortschreitende Variantenreduktion auch in der IT zu Lernkurveneffekten und schnellem Produktivitätswachstum. Der zunehmende Einsatz von Standardsoftware und Technologien wie SOA, Objektorientierung, Virtualisierung beschleunigen diesen Industrialisierungsprozess. Allerdings sind der Komplexität und Standardisierung durch das Geschäft vorgegebene Grenzen gesetzt.

Es müssen daher zwei verschiedenen Arten von Komplexität unterschieden werden. Die eine Art von Komplexität ist zwingend durch das Geschäftsmodell vorgegeben (z. B. erforderliche Geschäftsprozessvarianten) und lässt sich daher nicht reduzieren. Die andere Art von Komplexität ist redundant, unnötig und oft historisch gewachsen (z. B. heterogene IT-Landschaften in Landesgesellschaften, die ähnliche Geschäftsmodelle haben). Die zweite Art von Komplexität bietet daher Potenzial für Standardisierung und Konsolidierung. Die durch das Geschäft vorgegebene Komplexität und Variantenvielfalt auf der Nachfrageseite erschwert jedoch den Standardisierungsprozess und führt so zu einem starken Anspannungsgrad der IT-Organisationen.

Aufgrund des skizzierten Spannungsfeldes zerfallen die meisten IT-Organisationen und Governance-Modelle im Markt in die drei skizzierten Grundfunktionen (siehe Abb. 9.1). Diese bestehen aus einer wie auch immer gearteten Nachfragefunktion (1 – Demand-Organisation), einer Angebotsfunktion (2 – Supply-Organisation) und den stark industrialisierten sowie auf Größenvorteile ausgelegten Lieferfunktionen (3 – IT-Fabriken). Dabei spielt die zunehmend reduzierte Fertigungstiefe heutiger IT-Organisationen eine wichtige Rolle, welche die Ausprägung einer professionellen Supply-Demand-Schnittstelle zwingend erforderlich macht.

Jedoch folgen auch nicht fremdverlagerte IT-Einheiten einer ähnlichen Mimik. Beispielsweise besitzen mittlerweile auch die meisten internen Shared Service Center eine professionalisierte Kunden-Lieferanten-Schnittstelle mit Service-Management-Funktionen im Fachbereich und der IT sowie einer standardisierten IT-Leistungsverrechnungs-Schnittstelle.

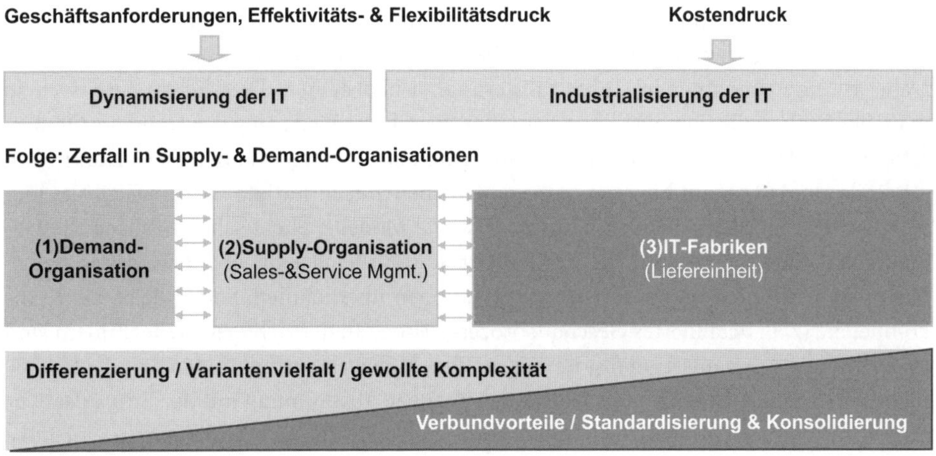

Abb. 9.1 IT-Organisationen im Markt zerfallen fast ausnahmslos in Supply- und Demand-Organisationen. (Vgl. Detecon 2010)

Die skizzierte Dreiteilung ermöglicht die Konzentration der Organisationsfunktionen auf ihre jeweilige Kernkompetenz und steuert das Spannungsfeld zwischen Geschäftsseite und IT.

Die **IT-Fabriken** beherrschen das Kostenmanagement als Kernkompetenz und zielen auf Stückkostenoptimierung ab. Sie liefern auf operativer Ebene die eigentliche IT-Leistung. In der Regel spezialisieren sich die IT-Fabriken stark auf operative IT-Leistungen und realisieren so Skaleneffekte (Größen- und Lernkurveneffekte). So entstehen separat organisierte Liefereinheiten, die sich auf ihre speziellen Kernkompetenzen konzentrieren z. B. für:

- Rechenzentrumsleistungen (Computing Services)
- Arbeitsplatzsystembetreuung und Help Desk (Desktop Services und Service Desk)
- Netzwerk-Services (WAN, LAN, RAS …)
- Anwendungsbetrieb (Application Operations)
- Anwendungsentwicklung (Project Services & System Integration nicht selten nochmal nach funktionalen Anwendungspaketen oder Standard-Softwarepaketen untergliedert z. B. SAP, CRM, Billing, Logistik)

In dieser Paketierung werden Dienstleistungen auch oft fremdvergeben. In dem Fall nimmt der beauftragte Provider die Funktionen der IT-Fabrik und der Supply-Organisation wahr. Ein Großteil des Personals in der IT-Fabrik besitzt einen technisch, operativen Hintergrund. In diesen Bereichen sind die Löhne stark unter Druck auch aufgrund der starken „Commoditisierung"/Austauschbarkeit und des scharfen direkten Wettbewerbs mit Offshore-/Nearshore-Standorten.

Die **Demand-Organisation** nimmt die Kundeninteressen wahr und ist meist integraler Bestandteil in den jeweiligen Fachbereichen/Geschäftsbereichen (Kundenorganisation). Dabei ist eine zunehmende Dezentralisierung zu beobachten. Dies führte bereits zu so mancher Schlagzeile über das Ende des CIOs, da die Zergliederung der Demand-Organisationseinheiten einerseits und das Outsourcing der IT-Budgets andererseits kaum noch die Rolle eines CIOs auf höheren Managementebenen rechtfertigt. Allerdings gibt es hier auch weiter zentrale oder noch häufiger föderale Modelle. Nicht selten besitzen die Demand-Einheiten eigene Competence Center mit Mitarbeitern, die über Geschäftsprozess-Fachwissen verfügen und z. B. Fachspezifikationen übernehmen. So verbleibt die Kernkompetenz (z. B. detailliertes Geschäftsprozesswissen) an der richtigen Stelle. Zudem sind in der Demand-Organisation fast immer Service-Managementfunktionen angesiedelt, die nicht selten Einkaufsfunktionen selbst oder in enger Abstimmung mit der Einkaufsabteilung wahrnehmen. Die Demand-Organisation stellt aufgrund ihrer Kundennähe eine hohe Kundenorientierung sicher und sorgt für eine stärkere Agilität und Anpassungsfähigkeit der IT. Eine Detecon-Studie in Kooperation mit der BITKOM unter 1.000 Führungskräften in Deutschland, Österreich und der Schweiz zeigt, dass IT-Organisationen ohne explizite Demand-Funktion sehr häufig als erfolglos klassifiziert werden (vgl. Detecon und Bitkom 2011). Unternehmen mit zu „dünner" Personaldecke beklagen nach einem Outsourcing zudem überdurchschnittlich oft einen schmerzlichen Know-how-Verlust mit negativem Einfluss auf Innovationskraft sowie Optimierungs- und Anpassungsfähigkeit der IT. Der Fokus der Demand-Organisation liegt auf dem Thema „Change the Company" und weniger auf dem Thema „Run the company".

Die **Supply-Organisation** ist das Bindeglied zwischen Demand-Organisation und IT-Fabrik. Sie nimmt die Anforderungen der Demand-Organisation auf und makelt diese zu den verschiedenen spezialisierten Liefer- und Leistungseinheiten (IT-Fabriken). Häufig fungiert die Supply-Organisation dabei für den jeweiligen Kundenansprechpartner als „Single Point of Contact" und orchestriert die verschiedenen spezialisierten Liefereinheiten. Zumeist ist die Vertretung von Lieferanteninteressen die explizite Aufgabe der Supply-Organisation. Nicht selten vermittelt sie jedoch auch zwischen konfliktären Interessen von Kunden- und Lieferantenseite (fungiert also quasi als Anwalt des Kunden gegenüber der IT-Fabrik) bzw. vermittelt oder eskaliert bei Integrationsproblemen der spezialisierten Liefereinheiten (IT-Fabriken) untereinander. Das Governance-Modell muss so austariert sein, dass es diesen Interessensausgleich unterstützt. Die Supply-Organisation hat zumeist auch eine Vertriebsfunktion und administriert die existierenden Kundenverträge und Accounts bei externen IT-Dienstleistern. Aber auch bei internen Shared-Service-Center-Organisationen wird eine ähnliche (wenn auch weniger formalisierte) Vertriebsrolle benötigt. Die explizite Trennung zwischen IT-Fabrik und Supply-Organisation ist nicht zwingend erforderlich. Ist die Trennung nur schwach ausgeprägt, dann kann die IT-Fabrik die nötige Kundenorientierung unter dem operativen Kosten- und Lieferdruck verlieren, da sich die Supply-Funktion unter dem operativen Druck nicht mehr ausreichend auf Kundenerschließung und -ausbau konzentriert.

Auch der kundenspezifische Zuschnitt und die Endmontage der durch die Fabriken erbrachten Standard-IT-Leistungen werden nicht selten in der Supply-Organisation bereitgestellt. Die Supply-Organisation übernimmt dann eine zusätzliche Wertschöpfungsstufe, zu der auch operative Tätigkeiten wie Application Management Services gehören können. Die stark standardisierten Infrastruktur-Leitungen werden in dem Fall als Vorleistung von den IT-Fabriken bezogen. Eine Competence-Center-Funktion (mit Geschäftsprozess- und Fachspezifikations-Know-how) kann sinnvoller in der Supply-Organisation als in der Demand-Organisation angesiedelt sein, wenn ein hohes Maß an Prozessstandardisierung eine Bündelung dieser Funktion erfordert. Oft prägt sich dann eine Organisation nach Branchen- oder Prozess-Clustern aus (z. B. Logistikprozesse, Finanz- und Controlling-Prozesse, CRM, Product-Life-Cycle-Management usw.), die dann kunden- oder fachbereichsübergreifend agieren. Oft konzentriert sich die Supply-Organisation aber auch nur auf die Servicemanagement- und Vertriebsrolle.

Exemplarische Funktionsweise dreigeteilter Governance-Modelle Moderne Governance-Modelle steuern das reibungslose Zusammenspiel der drei zuvor genannten Grundfunktionen. Neben der Aufbauorganisation gehören vor allem folgende Bausteine zu einem Governance-Modell:

(A) ein passendes Controlling- und Steuerungsmodell, welches geeignete Kennzahlen, Preismodelle und Steuerungsinformationen zur Verfügung stellt,
(B) klare Rollen und Verantwortlichkeiten mit einem Zielsystem, welches die richtigen Anreize für die Mitarbeiter setzt, und
(C) klar strukturierte administrative Prozesse mit geeigneter Tool-/Anwendungsunterstützung.

Bei einem Outsourcing wird nur das Demand-Management durch den Kunden verantwortet. Das Supply-Management und die IT-Fabrik sind bei einem externen IT-Dienstleister angesiedelt. Bei einem internen Shared-Service-Center liegen alle drei Grundfunktionen im Verantwortungsbereich des beauftragenden Unternehmens (Abb. 9.2).

Das Zusammenspiel der drei Grundfunktionen wird im Bild anhand eines Prozessdurchlaufes im Falle einer neu zu realisierenden Geschäftsanforderung an die IT beschrieben.

(1) Das Beispiel beginnt mit der Spezifikation einer Kundenanforderung durch das Demand-Management.
(2) Gemeinsam mit dem Supply-Management wird die Anforderung zunächst qualifiziert und es wird eine Kalkulation im Rahmen eines Angebotes erstellt. Die Kalkulation ist Grundlage für die Profitabilitätssteuerung eines Kundenauftrages oder -vertrages.
(3) Um die Profitabilität des Auftrages (oder auch des Projektes oder des Kundenvertrages) monitoren und steuern zu können, wird in der Regel ein separater Kostenträger angelegt (in der Bildmitte vereinfacht als T-Konto dargestellt). Auf der Umsatzseite

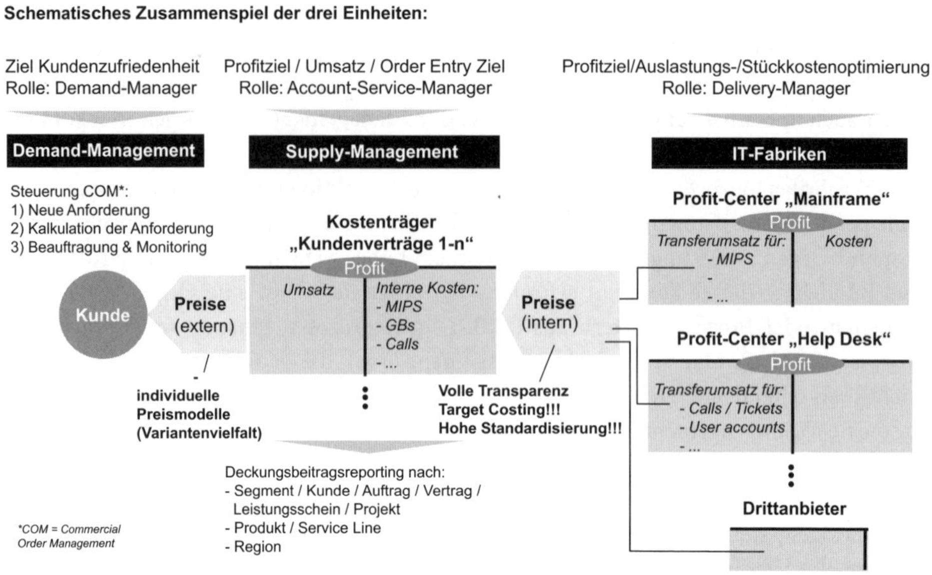

Abb. 9.2 Beispielhaftes Zusammenspiel einer dreigeteilten „Supply und Demand“-Organisation. (Vgl. Detecon, 2010)

wird das mit dem Kunden abgestimmte Preismodell inklusive der zugehörigen Mengenkalkulation geplant. In der Regel existiert im Innenverhältnis zwischen Supply-Organisation und IT-Fabrik eines Providers ein zusätzliches internes Preismodell. Dieses ist anders als das externe, kundenindividuelle Preismodell hoch standardisiert und wird nicht verhandelt, sondern dient ausschließlich IT-internen Steuerungszwecken. Daraus resultiert die Plankostenseite der Kalkulation. Aus der Umsatzkalkulation und der Kostenkalkulation ergibt sich so die geplante Profitabilität des Kostenträgers, der einen Auftrag, Projekte oder einen Kundenvertrag repräsentiert und durch den Account- oder Service-Manager verantwortet wird. Im Rahmen des Ist-Controllingprozesses wird die Supply-Organisation an der Über- oder Unterschreitung der Planprofitabilität gemessen.

Supply-Einheiten erhalten in der Regel auch Umsatzziele, die vor allem bei Vertriebsmitarbeitern ein hohes Gewicht haben. Durch eine Verdichtung der Kundenaufträge/Kostenträger wird auch eine Kundendeckungsbeitragsrechnung und eine Marktsegment- und Erfolgsrechnung möglich. Auch interne Shared-Service-Center werden nicht selten über vergleichbare Modelle geführt.

Die IT-Fabriken werden heutzutage meist als auslastungsorientierte Profit- oder Cost-Center abgebildet (schematisches T-Konto rechts im Bild). Diese Center müssen ihre Leistungen über das interne Abrechnungsmodell verrechnen und so ihre Auslastung nachweisen. Durch das standardisierte interne Verrechnungsmodell wird eine Stückkostenrechnung und

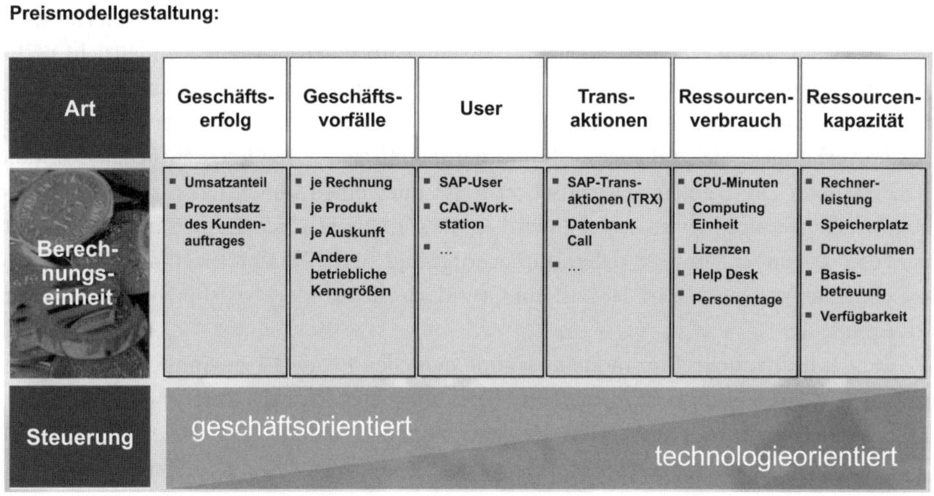

Abb. 9.3 Spektrum von IT-Preismodellen „geschäftsorientiert versus technologieorientiert". (Vgl. T-Systems und Detecon 2006)

ein Target-Costing pro Center und bei international verteilten Fabriken auch ein Benchmarking zwischen den Standorten möglich. Sowohl das kundenindividuelle als auch das interne, standardisierte Preismodell kann gebenchmarkt und an Marktpreise angepasst werden. Durch das Führen als Profit-Center sowie durch die Mengen- und Stückkostenplanung ist die Auslastung der IT-Fabriken jederzeit transparent und der Ressourcenbedarf kann gesteuert werden. Nicht selten werden zur Auslastungsoptimierung auch Grenz- und Fixkostenbetrachtungen verwendet, um nötige Anreize zu setzen. Zur Erhöhung der Standardisierung werden oft politische Preise eingesetzt, die Standardleistung günstiger und individuelle, nicht standardisierte Leistungen teurer machen.

IT-Preismodelle spielen eine zentrale Rolle in der Steuerungslogik eines Governance-Modells. Insbesondere bei kundenindividuellen Preismodellen besteht ein erheblicher Gestaltungsspielraum. An dem einen Ende des Spektrums (siehe Abb. 9.3) liegen geschäftsorientierte Mengengerüste/Preismodelle. Beispielsweise wird ein Preis pro produziertem Auto in der Automobilindustrie oder ein Preis pro belegtem Flugsitz bei Airlines vergütet. Nachteil geschäftsorientierter Modelle ist, dass sie sich sehr weit von den tatsächlichen IT-Kosten entfernen können. Beispielsweise bricht der Umsatz der IT-Serviceorganisation einer Airline bei Terroranschlägen ein, falls der Betrieb des Ticketsystems nach belegten Flugsitzen abgerechnet wird. Allerdings sind solche Preismodelle aus Kundensicht einfach zu steuern, da die Kundenseite mit den Mengentreibern besser vertraut ist als mit technischen Größen wie z. B. Gigabytes oder Rechenzentrumsflächen.

Geschäftsorientierte Modelle ermöglichen eine an Geschäftsgrößen gekoppelte Risikosteuerung. Bei stagnierenden oder sinkenden Geschäftsvolumina passen sich die IT-Kosten flexibel mit an. Allerdings kennen die IT-Provider die damit verbundenen Risiken und preisen diese über höhere Risikoaufschläge ein. Im hochriskanten Airline-Beispiel können so z. B. Margen von 30–40 % oder mehr zustande kommen, was aus Kundensicht nicht unbedingt vorteilhaft ist. Am anderen Ende des Spektrums liegen technische Preismodelle. Diese orientieren sich eng an den tatsächlichen Kosten und sind daher mit geringem Risiko verbunden. Sie sind aber aufgrund der technischen Größen nicht für alle Kunden beherrschbar. Die Demand-Organisation muss über einen hohen technischen Sachverstand verfügen, um hier steuernd einwirken zu können, was zudem oft gar nicht gewollt ist. Die Preismodelle müssen daher immer sorgfältig an die Kompetenzen der Organisationseinheiten angepasst sein. Dies ist ein Grund für die im Markt existierende Vielfalt der Preismodelle.

Kundenindividuelle Preismodelle schöpfen in der Regel die gesamte Bandbreite an möglichen Ausprägungen und die volle Flexibilität aus. Provider versuchen z. B. durch geschicktes „Financial Engineering" des nach außen gerichteten Preismodells eine möglichst hohe Profitabilität ihrer Accounts sicherzustellen. Der Kunde präferiert meist ein möglichst beherrschbares und transparentes Preismodell.

Beide Seiten sind gut beraten, das Preismodell so zu strukturieren, dass es Steuerungsmöglichkeiten optimal ausschöpft. Dabei spielen die angestrebten Optimierungspotenziale eine große Rolle. So ist es z. B. weniger sinnhaft, bei geplanten Serverkonsolidierungen ein technisches, auf physischen Servermengen basiertes Preismodell zu vereinbaren, da der Provider dann keinen Anreiz mehr hat, Serverkonsolidierungen vorzunehmen, da er sich sonst den eigenen Umsatz „kannibalisieren" würde. Daher sind Preismodelle zwischen Demand- und Supply-Seite so zu strukturieren, dass sie eine Win-Win-Situation für Supply- und Demand-Seite schaffen und für beide Seiten eine Hebung der Optimierungspotenziale ermöglicht.

Zielsystem und variable Gehaltsmodelle Eine weitere wichtige Schlüsselkomponente des Governance-Modells ist ein geeignetes Zielsystem für die Mitarbeiter. Es ist im Idealfall an eine variable Gehaltskomponente gekoppelt und umfasst wichtige Kennzahlen/Zielwerte wie:

(a) Demand-Manager (Nachfrageseite) – Verzielung auf:
   - Lieferfähigkeit i. e. Umsetzung von Projekten „in-time", „in-quality", „in-specification"
   - Quantifizierte Kosteneinsparungen/Budgeteinhaltung
   - Kundenzufriedenenheitsindex (zumeist via strukturierten Fragebögen in den Fachbereichen ermittelt z. B. TriM-Index-Methode)
   - SLA-/BLA-Erfüllungsgrade (basierend auf Service-Level-Agreements, Business-Level-Agreements)

(b) Supply-Manager (Lieferseite z. B. Sales- und Account-Manager, Service-Manager des Serviceproviders):
   - Umsatzziele des Accounts (hoch priorisiert bei Sales- und Account-Managern)
   - Profitziele des Accounts (hoch priorisiert bei Service-Managern)

- Kundenzufriedenheitsindex
- SLA-/BLA-Erfüllungsgrade (basierend auf Service-Level-Agreements, Business-Level-Agreements)
- Bei Project-Services: Projekte in-time, in-quality, in-specification

(c) IT-Fabriken auf der Lieferseite (z. B. Delivery-Manager, Production-Manager):
- Stückkostenziele/Quantifizierte Kosteneinsparungen/Budgeteinhaltung
- Profitabilität/Auslastung der Fabrik
- SLA-/OLA-Erfüllungsgrade (basierend auf Service-Level-Agreements, Operational-Level-Agreements)
- Kundenzufriedenenheitsindex

Notwendigkeit eines zentralen Programms Allerdings hat das skizzierte Modell seine Limitierungen und ist eher auf die operative Steuerung fokussiert. An die Grenzen stößt das Modell bei übergreifenden Optimierungen oder Situationen, in denen eine kontinuierliche Optimierung im Rahmen der operativen Steuerungsmodelle nicht mehr ausreicht oder schnell bzw. breitflächig reagiert werden muss (z. B. bei externen Krisen/Schocks). Daher ist es sinnvoll, ergänzend ein zentrales, übergreifendes Optimierungsprogramm zu etablieren. Ein solches Programm sollte höchste Rückendeckung durch das Management besitzen, am besten vom Vorstand direkt. Nur dadurch können unbequeme Kosteneinsparungsvorhaben (z. B. Einstellungsstopps, breiterer Mitarbeiterabbau oder flächendeckende Reduktion von externen Mitarbeitern/Dienstleistern) durchgesetzt werden. Auch die Umsetzung von übergreifenden Maßnahmen ist nur so realisierbar. Ein Beispiel für solche übergreifenden Maßnahmen sind Anwendungskonsolidierungen. Diese erfordern die Mitwirkung und den engen Schulterschluss von Demand-Management, Supply-Management und IT-Fabrik. In Branchen mit hohem Optimierungsdruck empfiehlt es sich, zentrale Optimierungsprogramme dauerhaft zu etablieren.

Literatur

Detecon. 2010. Service Offering Präsentation „Optimierung von IT Governance".

Detecon und Bitkom. 2011. IT-Organisation 2015 – Fit für die Zukunft.

Facelift oder Modellwechsel? Studie. http://www.detecon.com/de/studies.

Detecon und T-Systems. 2006. Standardpräsentation Complex Deal Management – Preismodellgestaltung.

Performance Management und Reporting 10

Jörn Kellermann, Thomas In der Rieden und Gregor Altmann

Inhaltsverzeichnis

10.1 Kaskadierende Ziele – kaskadierendes Reporting

Wie etwa in Kap. 8 dargestellt, gibt die Unternehmensleitung am Anfang eines Umstrukturierungs- und Optimierungsprozesses ein meist in Prozenten ausgedrücktes Verbesserungsziel vor, das sodann bis in die kleinsten Unternehmenseinheiten, also Abteilungen oder einzelne Teams, heruntergebrochen und ausdifferenziert wird. Dabei definiert die Bereichsleitung meist, wie viel die einzelnen Unterbereiche zum Gesamtziel des Bereiches beitragen müssen. Hierbei ist sicherzustellen, dass die Einzelziele hinsichtlich des Gesamtziels konsistent sind. Das Gesamtziel jeder Einheit oder Untereinheit setzt sich aus einem Effizienzsteigerungs- und einem Kostensenkungsanteil zusammen, die gemeinsam das

J. Kellermann (✉)
T-Systems International GmbH,
Heinrich-Hertz-Straße 1, 64295 Darmstadt, Deutschland
E-Mail: Joern.Kellermann@t-systems.com

T. In der Rieden
Mecklenburgring 25, 66121 Saarbrücken, Deutschland
E-Mail: Thomas.In-der-Rieden@t-systems.com

G. Altmann
Johannisberger Straße 74
14197 Berlin, Deutschland
E-Mail: Gregor.Altmann@t-systems.com

F. Abolhassan (Hrsg.), *Der Weg zur modernen IT-Fabrik*,
DOI 10.1007/978-3-658-01483-4_10, © Springer Fachmedien Wiesbaden 2013

angepeilte Ziel ergeben. Entsprechend den Vorgaben und der individuellen Situation der Untereinheit, beispielsweise, ob sie sich in einem Wachstumssegment befindet, wird ein Mix aus Effizienz- und Kostensenkungsmaßnahmen festgelegt, mit dem dieses Ziel erreicht werden soll.

Jede Maßnahme muss dabei genau definiert und quantifiziert werden: Es muss klar sein, was die Maßnahme umfasst und worauf sie abzielt. Es gilt, das angestrebte Ziel zu quantifizieren, bei Kostensenkungen festzulegen, welche Kostenart und Kostenstelle davon betroffen ist, und einen Termin sowie einen Verantwortlichen zu benennen, der für die Zielerreichung geradesteht. Das angestrebte Ergebnis aller Maßnahmen auf Effizienz- und Kostenebene jeder Einheit muss sich zum Gesamtziel der Einheit aufaddieren. Alle Maßnahmen, Ziele und flankierenden Informationen hält man in einer Tabelle fest (Tab. 10.1).

Der Zwischenstand bezüglich aller Maßnahmen wird in allen Einheiten durch eigens dafür bestimmte Mitarbeiter monatlich erfasst und dann dem Controlling gemeldet. Maßnahmenverantwortliche und Controlling arbeiten dabei nach dem Vier-Augen-Prinzip. Größere Abstände lassen zu viel Spielraum, kürzere sind für umfangreiche Berichtsformate zu arbeitsintensiv. Allerdings kann es durchaus angebracht sein, wöchentliche Kurzberichte über die erreichten Fortschritte an das Management-Board und den nächsten Vorgesetzten zu schicken.

Stufenweise aggregiert das Controlling die Daten zu einem Gesamtbild, das der Geschäftsleitung und den Verantwortlichen aller Ebenen stets einen Überblick über das Geschehen bietet, so dass sie bei Bedarf eingreifen können.

Stellt sich nämlich im Lauf der Zeit heraus, dass bestimmte Maßnahmen auf einer spezifischen Ebene nicht greifen, müssen sie auf dieser Ebene durch andere Maßnahmen ersetzt werden, die den fehlenden Beitrag zum geplanten Ergebnis liefern (Kompensationsprinzip). Das Fehlschlagen einer spezifischen Maßnahme sollte niemals ein Grund zur Kritik sein, da die Wirksamkeit einzelner Vorhaben im Vorhinein oft nicht genau eingeschätzt werden kann. Dieses gilt vor allem bei Maßnahmen zur Effizienzsteigerung, bei denen ja immer eine Schätzung der Mengensteigerung zu Grunde liegt. Erst wenn das Gesamtziel für die betroffene Einheit nicht erreicht wird, können steuernde oder sanktionierende Eingriffe von oben notwendig werden (siehe Abschn. 10.4).

10.2 Integration in Finanz- und Reportingsysteme

Grundsätzlich sollten Ziele, Maßnahmen und die über sie berichtenden Reports so definiert werden, dass sich die nötigen Daten für die Berichterstattung aus den ERP (Enterprise Resource Planning)-Systemen des Unternehmens herausziehen lassen. Die Reports sollten wiederum möglichst nahtlos in die Finanzberichterstattung integrierbar sein, d. h. sich strukturell den Standardreports des Controllings anpassen, z. B. bei den Kostenarten. Dadurch bleibt der Arbeitsaufwand der Controller überschaubar. Das Controlling bezieht verbindlich geplante Maßnahmen nämlich direkt in die Planungstools und hier insbesondere in die Jahresplanung ein.

Tab. 10.1 Struktur einer Maßnahmentabelle für den Bereich „Netzwerk"

Maßnahme	Prozessverbesserung zur Auslastungserhöhung von IT-Systemen	Reduktion von eingesetzten Softwaretools
Bereich	IT-Produktion	IT-Produktion
Maßnahmen-Verantwortlicher	Josef Müller	Maria Meyer
Maßnahmen-Kategorie	Effizienzsteigerung	Kostensenkung
Wirkung auf Kostenarten	Personal Hardware Software	Softwarelizenzen Softwarewartung
Wirkung auf Kostenstellen	10XXXX 31XXXX	10XXXX 25XXXX 47XXXX
Zieltermin für Realisierung	30.09.2012	31.12.2012
Geplante Einsparung 2012 (Mio. €)	4,5	2,8
Erzielte Einsparung 2012 (Mio. €)	4,3	3,2
Zielerreichung 2012 (%)	96	114

Das heißt nun nicht, dass die Untereinheiten ihre Daten in ERP-Systeme stellen müssen. Vielmehr können gerade die unteren Bereiche auch unkomplizierte Werkzeuge wie Excel-Tabellen für die Planung ihrer Maßnahmen verwenden. Sehr komfortabel ist ein unternehmensweites Tracking-Tool, das alle Maßnahmen und ihren jeweiligen Fortschritt dokumentiert. Allerdings sei dringlich davor gewarnt, das Monitoring von Umstrukturierungs- und Optimierungsprozessen vom Vorhandensein eines solchen Werkzeugs abhängig zu machen. Fehlt es oder ist seine Beschaffung derzeit nicht wirtschaftlich, muss der Prozess zunächst mit Bordmitteln überwacht werden. Alles andere ist zu riskant hinsichtlich der Erreichung des Unternehmensziels.

Wichtiger als die Tool-Frage ist bei Kostensenkungsmaßnahmen die buchführungskonforme Definition der betroffenen Kostenarten und Kostenstellen. Bei vorgangsbezogenen Maßnahmen, also zum Beispiel der Neugestaltung des Order-to-deploy-Prozesses, spielen Terminvorgaben die zentrale Rolle. Denn prozessabhängige Effizienzsteigerungen werden häufig erst wirksam, wenn die Umgestaltung der betroffenen Prozesse abgeschlossen ist.

10.3 Messmethoden und Umgang mit Veränderungen

Um Durcheinander bei der Berichterstattung zu vermeiden, definiert man unternehmensweit einheitliche Messmethoden für die gewünschten Parameter. Diese Aufgabe übernimmt am besten das Controlling in Zusammenarbeit mit den Fachbereichen und der Geschäftsführung.

Kostendaten lassen sich relativ einfach erfassen: Es werden die Ausgaben der betroffenen Kostenstellen aufaddiert. Geht es um die Senkung der Personalkosten, kalkuliert man in der Planung über eine konkrete Zeitspanne mit der durchschnittlichen Mitarbeiterzahl und den durchschnittlichen Personalkosten während dieser Zeitspanne. Tatsächlich erfolgte Einsparungen rechnet man im Rahmen der monatlichen Berichte mit faktischen Zahlen ab.

Mengenwachstum als Kriterium für steigende Effizienz wird monatlich mitgeführt. Allerdings ändern sich während Umstrukturierungs- und Optimierungsprozessen häufig Unternehmensstrukturen. Beispielsweise ändert sich die Mitarbeiterbasis, weil große Outsourcing-Deals abgeschlossen werden und so neue Mitarbeiter ins Unternehmen kommen. In solchen Fällen stimmt die Vergleichsbasis zur Planung nicht mehr, auf der Effizienzmessungen durchgeführt werden.

Um dennoch eine Vergleichbarkeit des unternehmensweiten Mengenwachstums zwischen unterschiedlichen Zeitperioden zu erreichen, definiert man einen durchschnittlichen Warenkorb mit möglichst allen Produkten des Unternehmens, weist den einzelnen Produkten inflationsbereinigte Fixpreise zu, multipliziert mit den je Produkt im Warenkorb realisierten und geplanten Mengen und addiert diese Preisgewichte der einzelnen Produkte zu einer Summe auf, die sich mit der Gesamtsumme des Vor- und Folgejahrs vergleichen lässt. Dabei werden branchen- oder marktübliche Preisnachlässe nicht berücksichtigt. Auf diese Weise lässt sich eine preisbereinigte Gesamtmengenentwicklung über mehrere Jahre ermitteln, auch bei sehr heterogenen Produkten, und somit eine Effizienzentwicklung messen. Bei globalen Prozessen ist die Definition länderspezifischer Warenkörbe nötig, da sich die Programme und Produkte der Ländergesellschaften in der Regel von Land zu Land stark unterscheiden.

Trotz des Gebots größtmöglicher Konkretheit bleibt bei der Planung von Effizienzmaßnahmen oft nichts anderes übrig, als teils auf fiktive Werte zurückzugreifen, beispielsweise auf Jahresdurchschnittssätze für Produktionszahlen. Stehen höheren Produktionsmengen steigende Kosten gegenüber, müssen diese mit der Produktionssteigerung verrechnet werden, um die tatsächliche Effizienzsteigerung zu ermitteln. Denn (siehe Abschn. 8.1) eine Effizienzsteigerung ist nur der Anteil der Mehrproduktion, der ohne Kostensteigerung erwirtschaftet wurde.

Es empfiehlt sich, Reporting-Prozesse so auszulegen, dass sich Daten für bestimmte Produktgruppen oder Kostenstellen ohne viel Aufwand herausdestillieren lassen. Das ermöglicht dann gegebenenfalls das Benchmarking gegen vergleichbare Unternehmen bei bestimmten Kosten- und Leistungsgruppen, beispielsweise für den Betrieb des Mainframes, für Schulungsmaßnahmen, Reisekosten oder den Platzbedarf. Solche Benchmarks können wertvolle Daten darüber liefern, wie gut das eigene Unternehmen verglichen mit anderen bestimmte Aufgaben bewältigt und auf welche Aspekte man seine Umstrukturierungs- und Optimierungsanstrengungen deshalb fokussieren sollte.

10.4 Eskalationsmanagement

Wie im normalen Geschäftsablauf können auch im Umstrukturierungs- und Optimierungsprozess jederzeit Hindernisse oder Krisen auftreten, die korrigierende Eingriffe erfordern. In der Regel gibt es bei derartigen Prozessen drei Situationen, in denen höhere Ebenen eingreifen müssen:

- Die regelmäßigen Berichte zeigen, dass die geplanten Ziele auf irgendeiner Ebene nicht erreicht werden.
- Es werden Meilensteine, also Terminvorgaben, nicht eingehalten.
- Maßnahmenverantwortliche oder deren Vorgesetzte aus untergeordneten Ebenen bitten um Unterstützung, weil Ziele gefährdet sind.

In allen drei Fällen ist erforderlich, dass die jeweils nächsthöhere Ebene zunächst versucht, schnellstmöglich zu analysieren, wo die Stolpersteine liegen, die den geplanten Fortschritt behindern. Stellt sich heraus, dass die bisher einbezogenen Ebenen nicht über die nötigen Mittel oder Durchgriffsmöglichkeiten verfügen, das Hindernis zu beseitigen, ist die Eskalation auf die jeweils höhere Ebene nötig. Diese Eskalation wird ohne Verzug fortgesetzt, bis die für die Beseitigung der jeweiligen Störung oder die Umsteuerung der betroffenen Komponente des Prozesses kompetente Ebene erreicht ist – notfalls bis zum obersten Government-Board des Prozesses oder bis zur Geschäftsführungsebene.

Keinesfalls dürfen Hindernisse und Verzögerungen beim Umstrukturierungs- und Optimierungsprozess im Team oder nach oben hin verschleiert werden, denn das gefährdet unter Umständen den Fortbestand des Unternehmens insgesamt – daher auch das oben schon erwähnte Vier-Augen-Prinzip. Im Extremfall können in einer solchen Situation auch schnelle personelle Maßnahmen notwendig sein. Der Prozess der Problemlösung ist erst dann abgeschlossen, wenn entweder das kritische Thema wieder im „grünen Bereich“ ist oder aber der Prozess entsprechend umgestaltet wurde, etwa, weil sich herausgestellt hat, dass das angepeilte Ziel sich realistisch nicht oder nicht mit den geplanten Maßnahmen erreichen lässt. Alle Berichtsformate sollten daher so gestaltet sein, dass sie bei Bedarf den Durchgriff auf die Reports der tieferen Ebenen der Unternehmenshierarchie gestatten („Drill Down“).

Teil IV
Der strukturelle Wandel

Elemente des strukturellen Wandels und Management der Transformation

11

Henryk Biesiada

Eine erfolgreiche Industrietransformation bedeutet den Weggang von Individuallösungen hin zu standardisierten Produkt- und Plattformumgebungen. Vor allem in der Automobilindustrie hat die Industrialisierung wie im Kap. 2 gesehen zu einheitlichen Arbeitsabläufen und Plattformen durch Standardisierungsmaßnahmen geführt, Prozesse vehement verschlankt und Qualität, Effektivität und Effizienz maßgeblich erhöht. Der erste Meilenstein hierzu war der Übergang von der manuellen Fertigung (Manufaktur) zur Fließbandproduktion. Dem folgte die Ära der Standardisierung, Präfabrikation und Modularisierung. Heute kommen verstärkte Konsolidierung, immer niedrigere eigene Fertigungstiefe und globales Sourcing von Zuliefererservices und Produktkomponenten hinzu. Maßnahmen, mit denen die Hersteller starkem Wettbewerb, steigendem Kostendruck und schwindenden Margen erfolgreich begegnen. Die IT-Serviceorganisation, die vor vergleichbaren Herausforderungen wie die Automobilbranche steht, kann daraus eine Menge lernen. Um einen nachhaltigen Effizienzsprung zu erzielen, sollte sie die Konzepte der Industrialisierung aus verschiedenen Branchen sinnvoll auf die eigenen Prozesse übertragen.

Nach Erfahrungen aus der Praxis empfiehlt es sich, diesen Transformationsprozess sukzessive in zwei aufeinanderfolgenden Stufen durchzuführen[1] (s. Abb. 11.1).

Die erste Stufe wurde bereits in Kap. 3 beschrieben. Hier geht es darum, kurzfristig Verbesserungen in Bezug auf Qualität und Kosten in der IT-Serviceorganisation zu erzielen. Dazu sind Hebel nötig, die schnell und direkt Wirkung zeigen. Für die Qualität bedeutet das zum Beispiel ein nahezu vollständiges Eliminieren von Störungen oder Fehlern sowie das Minimieren der Reparaturzeiten (in der IT-Branche als „Null-Fehler-Kultur" bezeich-

[1] Diese lassen sich weiter unterteilen in vier Phasen: Stufe eins = Korrigieren (1) und Fixieren (2) sowie Stufe zwei = Stabilisieren (3) und Transformieren (4).

H. Biesiada (✉)
T-Systems International GmbH, Mecklenburgring 25, 66121 Saarbrücken, Deutschland
E-Mail: Henryk.Biesiada@t-systems.com

F. Abolhassan (Hrsg.), *Der Weg zur modernen IT-Fabrik*,
DOI 10.1007/978-3-658-01483-4_11, © Springer Fachmedien Wiesbaden 2013

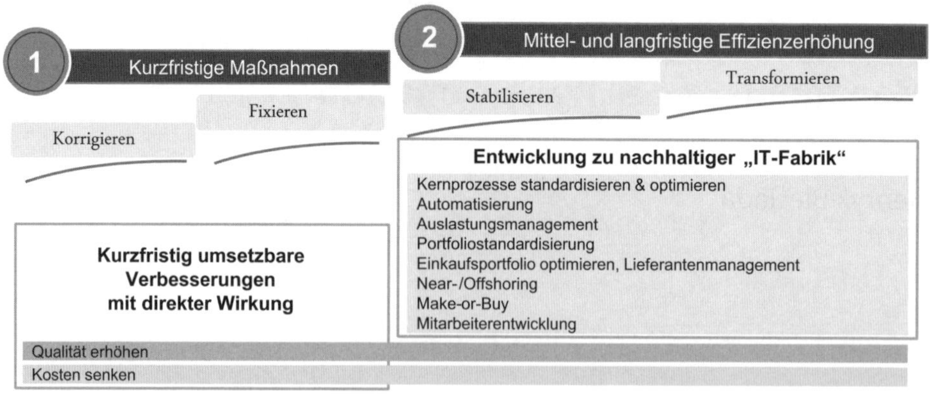

Abb. 11.1 Stufen des Transformationsprozesses. (Quelle: T-Systems)

net), auf Kostenseite eine rasche Reduktion aller betrieblichen Aufwendungen. So lassen sich gezielt und direkt diverse Kostenfaktoren relativ kurzfristig verringern. Die Wettbewerbsfähigkeit des Unternehmens steigt spürbar. Auch die Kunden sind zufrieden, denn sie erhalten mehr Qualität für weniger Geld. Das Resultat ist eine bessere Tragfähigkeit und Wirtschaftlichkeit der IT-Serviceorganisation.

Jedes Unternehmen kann diese Maßnahmen immer nur bis zu einer gewissen Grenze realisieren. Danach lassen sich zum Beispiel bei den Kostenfaktoren keine weiteren sinnvollen Einsparungen vornehmen. Nach Erfahrung dauert die Umsetzung dieser ersten Stufe insgesamt etwa ein bis zwei Jahre.

Der Weg zu einer IT-Fabrik Das Ziel der zweiten Stufe, die in diesem Kapitel ausführlich beschrieben ist, ist eine mittel- und langfristige sowie nachhaltige Erhöhung der Effizienz der IT-Serviceorganisation. Das umfasst auch die Stabilisierung der zuvor erzielten Ergebnisse.

Im Kern der zweiten Stufe steht die Vision einer IT-Fabrik, also die Transformation der IT-Serviceorganisation in eine effektive und effiziente Struktur mit geeigneter Organisation, Prozessen und Tools sowie einem standardisierten Produktportfolio. Das Lernen von anderen Industrien, Innovation und kontinuierliche Verbesserung sind integrale Bestandteile der hierzu notwendigen Veränderungen. Dabei spielt die gezielte Weiterentwicklung der Skills der Mitarbeiter eine wichtige Rolle.

Einzig durch stringentes Überführen der Organisation und Produktion in Strukturen mit konsequenter, ganzheitlicher Standardisierung und Automatisierung lassen sich auf Dauer Lösungen und Services mit hohen Qualitätsniveaus gewährleisten sowie Kostenvorteile durch Skaleneffekte erzielen. Das erfordert allerdings ein gut durchdachtes Auswählen und Justieren von anwendbaren Hebeln. Diese müssen auf dem Weg der Effizienzverbesserung langfristig eine höhere Wirkkraft als die direkten Maßnahmen der ersten Stufe haben. So geht es zum Beispiel bei der Stabilisierung der kurzfristigen Qualitätsverbesserungen aus der ersten Stufe auch darum, die Kernprozesse in der Produktion global zu standardisieren und zu optimieren bzw. zu automatisieren. Das führt zu einer Servicequalität auf einem weltweit gleich hohen Niveau.

Ein wichtiges Ziel im Kontext der Standardisierung und Automatisierung ist die Erhöhung des Cloud-Anteils in der Produktion. Diese wird in mehreren Schritten erreicht und muss mehrere Aspekte berücksichtigen. Dazu gehören unter anderem die Reduktion der Einstiegshindernisse für die Migration aus der „klassischen ICT-Welt", automatisiertes Bereitstellen der Infrastruktur sowie eine Virtualisierung der Ressourcen.

Zwei weitere Hebel zur Effizienzerhöhung sind das bestmögliche Auslasten von Rechnern in großen Serverpools (Utilization) sowie die Standardisierung des Portfolios. Auch der Aufbau von energieeffizienten Rechenzentren trägt erheblich zur Reduktion von Kosten bei. Gleichzeitig sorgt er bei immer mehr ökologiebewussten Kunden für ein positives Qualitätsimage.

Für ein im Wettbewerb erfolgreiches Unternehmen ist eine Fokussierung auf Kernkompetenzen sehr wichtig. Es ist empfehlenswert, das eigene Portfolio regelmäßig zu prüfen, um zu entscheiden, ob bestimmte Portfolioelemente weiterhin produziert werden sollen, und wenn ja, wie. Eine Make-or-Buy-Betrachtung (Selbstmachen oder Einkaufen von externen IT-Serviceorganisationen) optimiert die eigene Wertschöpfungskette, was auch zu bemerkbaren Kostenvorteilen führen kann. Strategische Partnerschaften mit anderen Unternehmen bringen zudem oft Synergien mit sich, die das Portfolio sinnvoll vervollständigen, zu weiteren Qualitätsverbesserungen führen sowie neue Märkte öffnen können.

Eine elementare Rolle zur langfristigen Effizienzsteigerung spielen schließlich die Optimierung des Einkaufsportfolios und Supplier Managements sowie – nicht zuletzt – die Weiterentwicklung der eigenen Mitarbeiter und ihrer Fähigkeiten. Eine weitere strategische Frage ist, inwieweit sich Effizienzvorteile durch Auslagern von Produktionselementen an Near- und Offshore-Partner erzielen lassen. Dabei stellt ein Anteil von 50 % Nearshore- beziehungsweise Offshore-Leistungen für die ICT-Branche durchaus eine anzustrebende Messlatte dar.

Die Umsetzung der zweiten Stufe dauert etwa zwei bis drei Jahre. Die vollständige Transformation – Stufe eins und Stufe zwei – beansprucht also rund vier bis fünf Jahre.

Zentrale Instanz für das Change Management Die primär indirekten Hebel der zweiten Stufe lassen sich nicht einfach von heute auf morgen umsetzen. Sie sind mit großen Herausforderungen verbunden und setzen ein professionelles Change Management voraus. Für die Transformation der auf individuelle Bedürfnisse ausgerichteten „Lösungsmanufaktur" hin zur automatisierten und standardisierten IT-Fabrik ist deshalb eine zentrale Instanz im Unternehmen notwendig. Sie steuert und koordiniert alle erforderlichen Maßnahmen. Zudem setzt sie einen Kreislauf zur kontinuierlichen Optimierung und Erneuerung der Produktionsprozesse in Gang.

Eine besondere Herausforderung für die Führungskräfte besteht dabei immer auch darin, die Mitarbeiter vollständig in die Transformationsprozesse einzubinden und Ängste vor Veränderungen zu nehmen. Erst wenn der Nutzen und neue Chancen für die Mitarbeiter nachvollziehbar sind, „leben" sie die Veränderungen und ziehen begeistert mit. Als

Schnittstelle zwischen Unternehmen und Kunden tragen sie zudem die Vorteile der Industrialisierung nach außen. Dazu müssen sie selbst davon überzeugt sein, dass ihre Kunden in puncto Kosten, Qualität und Zukunftsfähigkeit von einer IT-Fabrik und „*IT aus der Steckdose*" nachhaltig und in hohem Maße profitieren – indem etwa Unternehmen und Kunden am Ende bei hoher Produktqualität gemeinsam Kosten einsparen und moderne Lösungen entwickeln und nutzen.

Maßnahmen zur mittel- und langfristigen Qualitätsverbesserung

12

Stephan Kasulke

Inhaltsverzeichnis

Kundenvertrauen gewinnen heißt Top-Qualität liefern. Die Qualitätsziele müssen lauten: wenig bis keine Ausfälle haben, im Ernstfall schnell agieren können, die Kunden ganzheitlich und in sehr hoher Qualität betreuen sowie Kernprozesse systematisch verbessern.

Wie erreicht man diese Ziele langfristig? Vielfalt frisst Marge – daher ist Standardisierung ein Muss. Wer IT-Landschaften von Kunden betreut, übernimmt oft über Jahre gewachsene, komplexe Systeme mit vielen Subsystemen. Das macht es häufig schwierig, Ursachen für Fehler zu finden und zu beseitigen. Daher ist ein Umbau auf standardisierte, das heißt erprobte Plattformen und Module notwendig. Wichtigstes Erfolgskriterium ist der Grad der Standardisierung.

S. Kasulke (✉)
T-Systems International GmbH,
Rennweg 97–99, 1030 Wien, Österreich
E-Mail: Stephan.Kasulke@t-systems.com

F. Abolhassan (Hrsg.), *Der Weg zur modernen IT-Fabrik*,
DOI 10.1007/978-3-658-01483-4_12, © Springer Fachmedien Wiesbaden 2013

12.1 Standardisierung von Technologie

Standardisierung in der Technologie führt zu einer Reduktion der Komplexität. Diese ist wiederum der wichtigste Faktor zur Vermeidung von Störungen und zur schnellen Behebung im Störungsfall. Es werden weniger Ersatzteile, Spezialkenntnisse und Verfahren benötigt und es gibt weniger unbekannte Wechselwirkungen, z. B. bei Changes.

12.2 Standardisierung von Schlüsselprozessen

Die Standardisierung in den Kernprozessen erzeugt eine reproduzierbare, global einheitliche Qualität, eine einfache Kontroll- und Steuerungsmöglichkeit und vermeidet hohe Abweichungen in der Servicequalität über die Zeit. Eine lernende Organisation agiert weltweit nach einem Standard in allen Kernprozessen.

Das standardisierte globale Incident Management behebt einen akuten Fehler schnellstmöglich, indem es den höchstmöglichen Grad der Professionalisierung durch Wiederholung der Lösungsabläufe erreicht. Nachgesteuert wird vom Problem Management: Es zieht die Lehren aus Fehlern und erarbeitet eine künftige Vermeidungsstrategie, um Wiederholungen auf globaler Ebene auszuschließen. So werden häufige Fehlerquellen durch standardisiertes Change Management vermieden. Jeder kritische Change wird in einem strukturierten Prozess, der überall gleich ist, geprüft und muss höchste – vom Central Change Advisory Board (CCAB) geprüfte und freigegebene – Qualitätskriterien erfüllen.

Grundlage für die Standardisierung der Prozesse ist das Configuration Management (CFM). Es hat das Ziel, aktuelle und konsistente Informationen zur Konfiguration der IT-Infrastruktur bereitzustellen. In allen darauf basierenden Prozessen (wie Incident, Problem, Change oder Lizenz-Management) können so durch konkrete und verlässliche Informationen Entscheidungen getroffen werden.

Das Configuration Management stellt sicher, dass alle Configuration Items (CI) – also alle Elemente der IT-Infrastruktur, die unter der Kontrolle des Configuration Managements stehen – identifiziert, überwacht und dokumentiert werden und die aktuelle Datenbasis regelmäßig überprüft wird.

In der Configuration Management Database (CMDB) sind alle Informationen über IT-Komponenten beschrieben sowie deren Beziehungen und Abhängigkeiten. Sie ist das Herzstück der IT-Prozesse, denn alle Prozesse greifen auf sie zu.

Änderungen an IT-Komponenten müssen durch das Change Management in der Configuration Management Database erfasst werden – das passiert im Idealfall automatisch. Kein Configuration Item sollte ohne Dokumentation im Change-Management-Prozess hinzugefügt, verändert, ersetzt oder entfernt werden.

In komplexen IT-Landschaften ist es schwierig, die Configuration Items aus verschiedenen IT-Bereichen in einem Datenmodell und einer physikalischen Configuration Management Database abzubilden. In der Regel gibt es mehrere spezifische Configuration Management Databases, in denen die Configuration-Item-Daten gepflegt werden. In einem übergreifenden Configuration Management System (CMS) wird dann der logische Zugriff auf alle Configuration Management Databases und die darin gelagerten Informationen gewährleistet. Hier können auch ganze Serviceketten abgebildet und visualisiert werden.

Das Configuration Management hat eine hohe Qualität, wenn die Informationen vollständig und korrekt sind und wenn der Status eines Configuration Items nachvollziehbar ist. Die hohe Datenqualität ist entscheidend für alle nachfolgenden Prozesse, die mit den Daten aus dem Configuration Management System arbeiten.

Ein gut gepflegtes Configuration Management System kann auch aus Prozesssicht als Katalysator dienen, um eine heterogene Landschaft zu vereinheitlichen sowie wichtige Prozesse wie beispielsweise ein globales Patch und Release Management aufzusetzen, und damit entscheidend zur Vermeidung von Störungen beitragen.

12.3 Standardisierung von Lieferanten

Standardisierung bei den Zulieferern kann über zwei Wege erfolgen: erstens der Fokussierung auf wenige aber hochwertige Zulieferer, zweitens durch klare Regeln für die Zulieferer.

Voraussetzung dafür ist, dass die IT-Serviceorganisation selbst über klar definierte Qualitätskriterien verfügt, nur dann kann er diese auch auf seine Lieferanten ausweiten. Das kann bedeuten, dass nur Material und Software verwendet wird, die besonders fehlerresistent ist, und dass die Serviceprozesse des Zulieferers regelmäßig nach den internen Normen auditiert werden. Beim Lieferanten müssen Verantwortungen und Alarmierungsketten klar definiert, die Erreichbarkeit bei Zwischenfällen gewährleistet und kritische Services und Serviceketten redundant ausgelegt sein.

12.4 Vereinheitlichung der Ausbildung der Mitarbeiter

Zur langfristigen Verbesserung der Qualität ist der Faktor Mensch in vieler Hinsicht entscheidend. Die Mitarbeiter müssen qualifiziert sein, die Prozesse einzuhalten und die Qualität sicherzustellen.

Wichtige Prozesse und Verhaltensnormen sollten in einem klar strukturierten und gut aufbereiteten Programm global einheitlich trainiert und so fest in der Organisation verankert werden. Ziel ist es, die Kernprozesse weltweit standardisiert und sicher anzuwenden, insbesondere im Change Management und im Incident Management. Dies kann über kombinierte E-Learning-Seminare und Videotrainings erfolgen und durch regelmäßige Tests kontrolliert werden.

Die Mitarbeiter können am schnellsten über ein Train-the-Trainer-Konzept erreicht werden: Zunächst werden die Trainer in speziellen Schulungen global mit den Neuerungen vertraut gemacht. Anschließend sind die Trainer gefordert, ihr Wissen in die Einheiten sowie weltweit in die Niederlassungen zu tragen. Ob mit Methoden wie Web-Training oder Roadshows – die lokale Planung und Durchführung des Qualitätstrainings obliegt dann ihnen.

Die Zertifizierung der Mitarbeiter darf beim Abschlusstest nicht zu einfach erfolgen, sondern die Mitarbeiter müssen sich tatsächlich aktiv mit den konkreten Prozess- und Qualitätsstandards des Unternehmens beschäftigen. Was nichts kostet, ist auch nichts wert – dieses Prinzip gilt in übertragender Form auch für eine Qualitätszertifizierung. Das Quality Training ist damit einerseits Hebel zur Qualitätsverbesserung und anderseits der Schlüssel zum erfolgreichen Management der Kernprozesse.

12.5 Fortführung der Null-Fehler-Doktrin

Zentrale Aspekte zur Sicherung der langfristig hohen Qualität sind die zuverlässige Projektbearbeitung und die ganzheitliche Betrachtung aller Risiken im Betriebsumfeld. Zu diesem Zweck ist es hilfreich, einen systematischen Bebauungsplan zu erstellen, der strukturiert alle Risiken erfasst, die zu Betriebsstörungen geführt haben oder führen könnten.

Es kann nun erfasst werden, für welche möglichen Risiken es bereits bestehende Maßnahmen gibt und welchen die IT-Services noch ausgesetzt sind ohne entsprechende Gegenmaßnahmen. So kann dann in sich wiederholenden Zyklen nach Investitionsneigung und nach Dringlichkeit entschieden werden, welche weiteren Risikominimierungen umgesetzt werden, und es ist jederzeit klar, welche Gefahren noch akzeptiert werden müssen.

Ändern sich plötzlich die Prioritäten, kann sofort ein bereits definierter Teil des Bebauungsplanes umgesetzt werden. So könnte zum Beispiel das Risiko eines Streiks der Belegschaft lange als klein und daher als zu akzeptieren eingeschätzt worden sein, jedoch im Zuge spontaner politischer Veränderungen kurzfristig aktuell werden.

Der zweite wesentliche Bestandteil einer langfristigen Verankerung des Qualitätsgedankens liegt in der systematischen Veränderung der Unternehmenskultur. Sie wird über mehrere Jahre durch das Qualitätsbewusstsein von Mitarbeitern und Führungskräften geprägt. Qualitätskriterien müssen schon im Human Resources Management konsequent beachtet werden, das beginnt im Recruitment und nimmt seinen Lauf bei der Gehaltprogression, bei der Selektion von Führungskräften und im jährlichen Bewertungsprozess.

Weiterhin können die Werte und Normen der Belegschaft durch eine prägnante und kontinuierliche Kommunikation günstig beeinflusst werden.

12.6 Spaltmaße

Ein verwendeter und akzeptierter Maßstab in Unternehmen ist das sogenannte Spaltmaß. Es wurde in der Automobilindustrie erfunden, um den Abstand von zwei Bauteilen zu normieren, zum Beispiel zwischen einer Tür und dem Rahmen. Ein geringes Spaltmaß ist im Automobilbau ein Zeichen hoher Qualität, da nur geringste Abweichungen von der

Norm auftreten dürfen. Im IT-Umfeld wird das Spaltmaß vom Management definiert und misst sichtbar, ob die Qualitätsnormen eingehalten wurden oder nicht.

Für das Spaltmaß eignet sich zum Beispiel ein klar definiertes Set von Fragen, deren Beantwortung Auskunft darüber gibt, zu welchem Grad die definierten Prozesse auch im Arbeitsalltag eingehalten wurden. Andere Spaltmaße sind im Projektbereich sogenannte Quality Gates, bei denen zu definierten Zeitpunkten bestimmte Teile des Projektes qualitativ bewertet werden, beispielsweise das Anforderungsdokument oder der Projektplan.

Spaltmaße sind wichtig zur ständigen Kontrolle des Fortschritts in der Steigerung der Qualität und müssen jährlich an steigende Anforderungen angepasst werden.

Vision der „IT-Fabrik" durch Standardisierung und Automatisierung

13

Carsten Glohr, Jörn Kellermann und Holger Dörnemann

Inhaltsverzeichnis

Die Parallelen zwischen Industrie und IT sind auffällig. Auch IT-Services lassen sich ähnlich einer Stückliste in ihre Bestandteile dekomponieren. Beispielsweise besteht die Anwendung für eine Auftragsabwicklung aus der Anwendungssoftware, aus Datenbankinstanzen, Middleware-Komponenten, Servern mit Betriebssystem, Hardware, Speicher, Netzwerkleistungen und Monitoring-Tools.

Die Industrie konnte durch Variantenreduktion und Gleichteile enorme Skaleneffekte realisieren. Analog ermöglicht die fortschreitende Standardisierung eine Variantenreduktion in der IT. Ähnlich wie die Automobilindustrie konsequent ihre Wertschöpfung reduziert hat und infolgedessen nur noch ganze Modulgruppen durch Vorlieferanten fertigen

C. Glohr (✉)
Detecon International GmbH,
Sternengasse 14–16, 50676 Köln, Deutschland
E-Mail: Carsten.Glohr@detecon.com

J. Kellermann
T-Systems International GmbH,
Heinrich-Hertz-Straße 1, 64295 Darmstadt, Deutschland
E-Mail: Joern.Kellermann@t-systems.com

H. Dörnemann
VMware Global, Inc., Zweigniederlassung Deutschland,
Freisinger Straße 3, 85716 Unterschleißheim, Deutschland
E-Mail: HDoernemann@vmware.com

F. Abolhassan (Hrsg.), *Der Weg zur modernen IT-Fabrik*,
DOI 10.1007/978-3-658-01483-4_13, © Springer Fachmedien Wiesbaden 2013

lässt und diese in einem Endmontageprozess zusammenfügt, haben auch die IT-Organisationen große Teile ihrer Wertschöpfung fremdverlagert und beziehen Standard-Services von den Dienstleistern. Diese Standard-Services werden dann zu kundenspezifischen Anwendungspaketen zusammengefügt.

Dabei bilden sich nicht nur Standards für die IT-Services selber heraus, sondern die verschiedenen Layer, aus denen IT-Services sich zusammensetzen, werden zunehmend durch Standardschnittstellen entkoppelt und interoperabel (Beispiele: XML, Datenbanken, Virtualisierung OS).

Auch IT-Prozesse und -Tools werden zunehmend standardisiert. Normen wie ITIL tragen dazu bei. Aber auch Standard-Softwareanbieter, die immer besser integrierte SW-Pakete für die funktionale Abdeckung der IT-Prozesse (z. B. Service-Desk, Provisionierungs- und Monitoring-Tools etc.) anbieten, ermöglichen einen höheren Automatisierungsgrad.

13.1 Cloud-basierte Automatisierung und Standardisierung

Ein wichtiger Treiber für die Standardisierung und Automatisierung ist die Cloud-Technologie. Aus den neuen technischen Möglichkeiten der Virtualisierung erwachsen Chancen für die Betriebsorganisation. Moderne Bereitstellungskonzepte genügen dabei beispielsweise den folgenden Cloud-Computing-Kriterien:

- Selbst-Provisionierung (direktes Anstoßen der Bereitstellung durch den User)
- sehr schnelle Bereitstellungszeiten (On-Demand bzw. anhand von OLAs, SLAs abgesicherte schnelle, kurzfristige Bereitstellungszeiten)
- Starke Reduktion von manuellen Installationstätigkeiten (Zero-Touch)
- Skalierbarkeit, Rapid-Elasticity
- Service auf Basis von Messfunktionen/nutzungsabhängige Verrechnung
- Multitenancy, Broad-Network-Access
- Resource-Pooling

Eine On-Demand-Bereitstellung eines SAP-„Sandbox"-Systems, wie man es typischerweise in der Entwicklung benötigt, mag dies verdeutlichen (siehe Abb. 13.1): Unmittelbar nach der User-Anforderung mit Auswahl der SLA-Klasse per Mouseklick wird ein komplettes SAP-System durch einen „Automaten" auf einer virtuellen Hardware bereitgestellt. Dabei werden automatisch ein Betriebssystem (LPAR), eine Datenbankinstanz und eine SAP-Instanz installiert und das System ist somit sofort nutzbar. Wo herkömmliche Bereitstellungsprozesse insbesondere aufgrund von Hardware-Bestellungen nicht selten Durchlaufzeiten von mehreren Monaten erforderten, erfolgt in dem Cloud-Beispiel die Bereitstellung innerhalb von wenigen Sekunden. Durch die Virtualisierung kann der langwierige Hardware-Bestellprozess entfallen. Zudem führt ein sogenannter Automat die Installation automatisch aus, so dass eine langwierige manuelle Installation, ein Testen und Freigeben

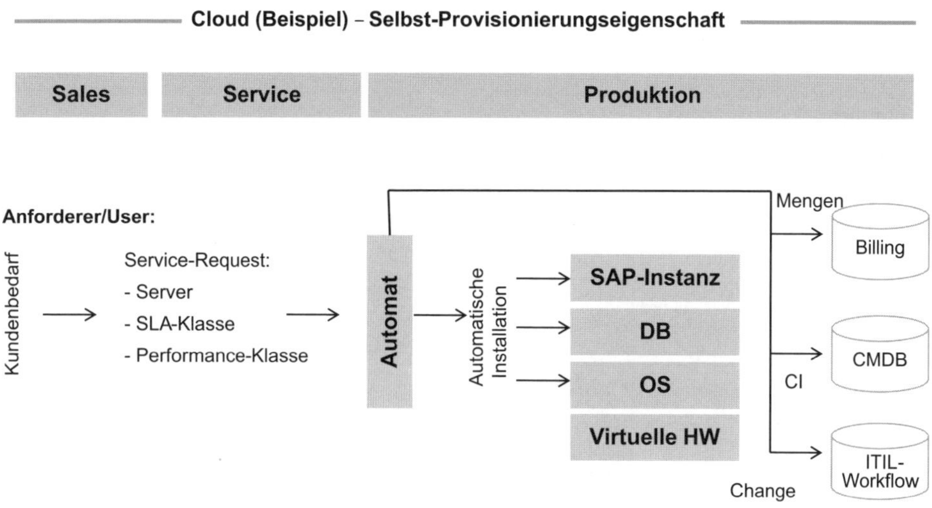

Abb. 13.1 Radikale Automatisierung bei einer cloud-basierten Bereitstellung. (Vgl. Detecon 2013)

der SW-Komponenten entfallen kann. Der Automat funktioniert ähnlich wie ein Skript, welches die drei Komponenten Betriebssystem, Datenbank- und SAP-Instanz automatisch mit hoher Präzision und ohne Fehler installiert. Der „Mitschnitt" eines standardisierten Installationsvorganges in Form eines Skriptes durch den Automaten und die anschließende immer gleiche Wiederholbarkeit stellt nicht nur einen geringen Aufwand, sondern auch eine hohe Standardisierung und damit geringe Fehleranfälligkeit des Prozesses sicher.

Voraussetzung für eine solche Cloud-Mimik ist allerdings eine starke Standardisierung des Service-Offerings. Der Besteller muss direkt am Anfang des Prozesses alle wesentlichen Informationen, z. B. SLA-Klassen, Performance-Klassen etc., bereits mit der Bestellung als Service-Request angeben. Danach läuft der Prozess jedoch reibungslos und hochautomatisiert weiter. Der Automat erstellt einen ITIL-konformen Service-Request, einen Change, aktualisiert die CIs in der CMDB und teilt der Billing-Engine mit, welche Mengen bei der künftigen Abrechnung gepreist werden müssen. Manuelle Tätigkeiten und Bereitstellungskosten können so drastisch reduziert werden. Dadurch, dass Prozesse und Produkte auf eine solche „First-time-right"-Eingabe des Users zugeschnitten sind, werden eine Standardisierung der Services und eine benutzerfreundliche und übersichtliche Gestaltung erzwungen. Zudem müssen herkömmliche Bereitstellungsprozesse dramatisch verändert werden, denn ohne Automatisierung und Standardisierung lässt sich kein Cloud-on-Demand-Prozess sicherstellen. Virtuelle Plattformen bilden die Grundlage für eine solche Lösung. Die Kapazität der zugrundeliegenden Hardware-Systeme wird geshared (Shared-Storage, Shared-Memory, Shared-CPU-Performance).

Die Prozesse können allerdings nur deshalb so schnell sein, weil keine Hardware mehr pro Serveranforderung bestellt werden muss. Dafür muss eine gewisse Grundkapazität „geshared" vorgehalten werden. Damit die zugehörigen sprungfixen Kosten des Hard-

Projektbeispiel („Capacity-on-Demand"-Modell)

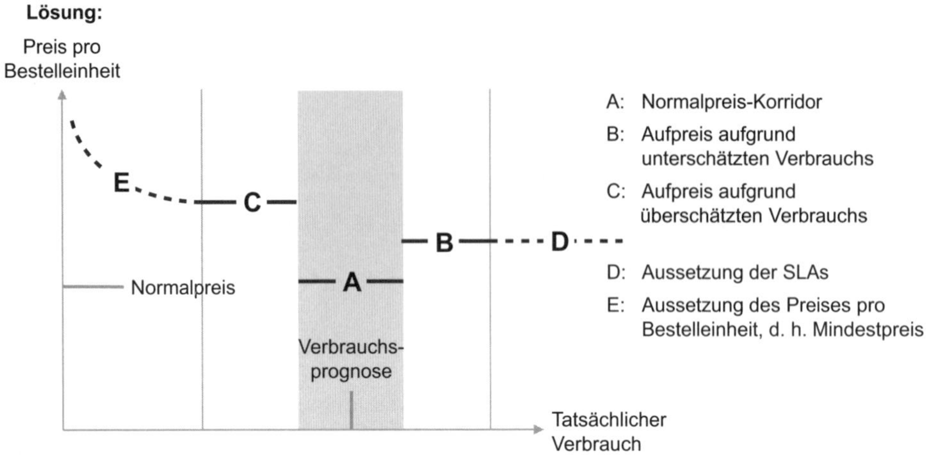

Abb. 13.2 „Capacity-on-Demand"-Modell. (Vgl. Detecon et al. 2009)

ware-Ausbaus (z. B. Kauf einer oder mehrerer zusätzlicher Einheiten einer VMware-Linux- oder AIX-Multicore-Hardware) minimiert werden können, erfordert dies allerdings eine gute Kapazitätsauslastungsplanung und ein entsprechendes Vertrauensverhältnis zwischen Kunde und Lieferant. Eine kritische Grundmasse ist schon erforderlich, denn ohne gewisse Größeneffekte via Shared-Plattforms (Economies of Scale) lässt sich eine solche moderne Produktion nicht realisieren.

In einem definierten Planungsprozess sollte ein gemeinsamer Forecast von Kunde und Lieferant abgestimmt werden. Gibt es unvorhergesehene Abweichungen vom Forecast, so sind diese nur innerhalb einer bestimmten Bandbreite unproblematisch, ansonsten können entweder SLA oder eine zeitnahe Bereitstellung nicht mehr garantiert werden und es werden Mehrkosten weitergereicht. Solange der Kunde jedoch die Kapazitätsanpassungen in dem Kanal vernünftig forecasted, ist das Modell voll flexibel und ohne Fixkosten realisierbar. Diese Modelle lassen sich auch in Form von Outsourcing-Verträgen mit sogenannten Capacity-on-Demand-Forcasting-Frameworks gut regeln und abbilden (Beispiel siehe Abb. 13.2).

SAP-Systeme, Datenbanksysteme und der zugehörige Infrastrukturbetrieb (Server/OS, Speicher, Backup) sind vergleichsweise gut standardisierbar bzw. harmonisierbar, so dass sich einige der oben genannten Prinzipien auch im herkömmlichen IT-Betrieb schrittweise realisieren lassen und so eine erste Cloud-Readiness des SAP-Betriebes ohne Kulturschock ermöglicht werden kann. Dabei sind die eigentliche Virtualisierungsplattform sowie Administrations- und Automationslösungen meist nicht das entscheidende Problem. Vielmehr müssen Produkte, Organisation, Prozesse und ERP-Systeme oft deutlich angepasst und verändert werden. Daher kann man schon fast von einem grundsätzlichen Kulturwandel sprechen. Insbesondere die Genehmigungsprozesse sollten stark verschlankt werden, um Durchlaufzeiten reduzieren zu können. Häufig ist dies aber gar nicht so einfach, da viele IT-Abteilungen sehr arbeitsteilig agiert haben und so nicht selten Genehmigungen mehrerer Abteilungen durchlaufen. Dadurch werden die Freigabeprozesse einer Serverbestellung oft so verlangsamt, dass die Bereitstellung mehr als 100 Tage erfordern kann. Ein Redesign dieser Prozesse trifft nicht selten auf Widerstände. Die Automatisierung und die daraus resultierenden Ratiopotenziale führen immer wieder zu Jobverlust-Ängsten, die flankierende Change-Management-Maßnahmen erforderlich machen.

Entscheidend voran kommt das Thema besonders dann, wenn ein standardisiertes Cloud-Offering schnell und günstig realisierbar ist, während klassische Offerings teuer sind und länger dauern. Entsprechende Anreize müssen über eine Differenzierung für den Kunden sichtbar gemacht werden. Dafür müssen das neue Cloud- und Classic-Offering im Preismodell und im SLA (Durchlaufzeit) deutlich differenziert werden. Die Folge ist in der Regel ein wohltuender und erzieherischer Effekt auf Seiten des Kunden, der dann erfahrungsgemäß schneller auf das Standardangebot umschwenkt und Non-Standards eher links liegen lässt. So lässt sich die Standardisierungsquote (z. B. Anteil Standardserver zu Non-Standardserver) optimieren und aktiv steuern.

Die Standardisierung ist ein wichtiger Stellhebel und beeinflusst keineswegs nur die Bereitstellungskosten. Vielmehr wirkt die Standardisierung auf eine Vielzahl von Kostentreibern. Beispielsweise lassen sich so oft erst besonders schlanke Betriebsvarianten durch solche neuen Service-Offerings „quasi durch die Hintertür" und unbemerkt einführen. Zum Beispiel verschlingt nicht selten die Übertragung der aufwändigen Backup-Verfahren von Produktionssystemen auf Qualitätssicherungs- und Entwicklungssysteme horrende Kosten im Bereich Speicher. Bietet man dem Kunden kostengünstigere Backup-Verfahren als standardisierte SLA-Klassen im Rahmen des Cloud-Offerings an, so gelingt es besser, das gesamte RZ-Portfolio spätestens bei Aktualisierungen auf den günstigen Standard umzustellen. Ähnliches gilt für Datenbankkompression oder neue, günstigere Technologien, die sich schneller durchsetzen, sobald sie im attraktiveren Cloud-Offering positioniert werden.

Häufig sind dedizierte Server unter 20 % ihrer Kapazität ausgelastet. Durch Virtualisierung lässt sich die Auslastung drastisch erhöhen. Starke Lastspitzen in kurzen Zeitintervallen induzierten früher enorme Kapitalkosten, da die Leistungskraft von Ressourcen und Hardware auf die Obergrenze ausgelegt werden musste. Durch Virtualisierung lässt sich heute zu einem Bruchteil der ursprünglichen Kosten problemlos punktuell eine höhere Leistung bereitstellen. Bei Performance-Engpässen, z. B. aufgrund großer Nachfrage auf einer Bestellwebsite, lässt sich flexibel Kapazität dazuschalten, ohne dass Geschäftschancen durch eine schlechte Performance und verärgerte Anwender gefährdet werden (siehe Abb. 13.3).

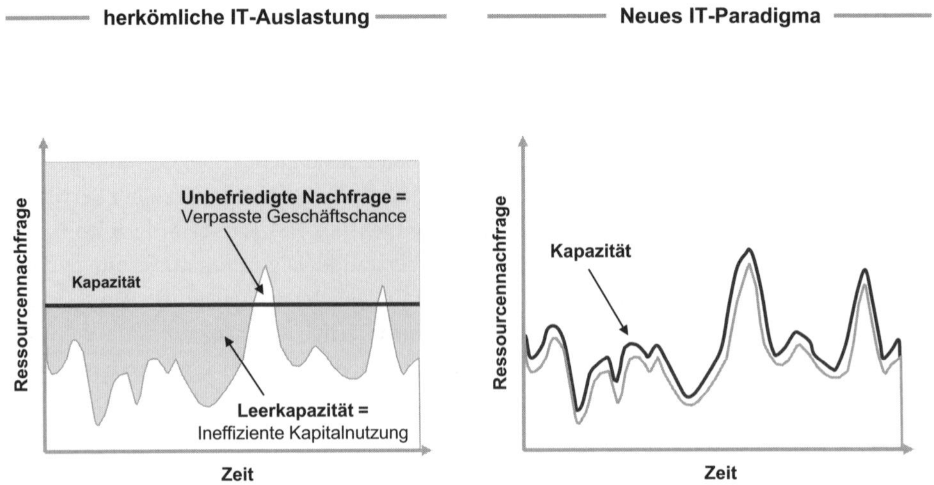

Abb. 13.3 Flexible Bereitstellung von Rechenleistung durch Virtualisierung. (Vgl. T-Systems und Detecon 2010)

13.2 Vision und Aufbau eines Software-Defined-Datacenters

Die Motivation und der Nutzen der oben beschriebenen Ansätze für Cloud Computing sind unbestritten. Immer dann, wenn es sich um flexible und dynamische „Workloads" handelt, wird das Wort „Cloud" zum schlagkräftigsten Argument überhaupt. Leider haben sich viele Rechenzentren im Laufe der Jahre zu weitgehend fragmentierten Umgebungen entwickelt, in denen verschiedenste proprietäre Softwareanwendungen isoliert auf speziellen Hardware-Komponenten ausgeführt werden. Darüber hinaus haben sich mehr oder weniger abgeschottete technologische Silos gebildet (Netzwerk, Storage, Windows-Server, Linux-Server etc.), die einem immer stärker aufkommenden Denken in Services mitunter dramatisch im Wege stehen. Wenn wir also von Standardisierung und Automatisierung reden, darf sich dies nicht auf Silo-basierte Ansätze beschränken, was sich in der Realität als eine der schwierigsten Aufgaben erweist.

Weiterhin ist es für die Unternehmens-IT wichtig, sich vorausschauend für die Zukunft aufzustellen, was den Mix an Private- vs. Public-Cloud-Nutzung angeht. So unterschiedlich die IT-Strategie von Unternehmen sein mag, so wird kein Unternehmen, dessen IT nicht im kompletten Outsourcing ist, um diese wichtige Fragestellung herumkommen. Unter anderem lassen sich im eigenen Design der RZ-Architektur und des RZ-Betriebs bereits die Wurzeln für den Start in ein erfolgreiches Cloud-Zeitalter legen.

Die Vision muss im Endeffekt ein komplett softwaregesteuertes Rechenzentrum sein, das zusätzlich auch in der Lage ist, Workloads dynamisch in weiteren Unternehmenslokationen oder extern bei Serviceprovidern zu handhaben. Ein Software-Defined-Datacenter ist in diesem Sinne (vgl. Herrod 2012) ein Rechenzentrum, in dem die gesamte Infrastruk-

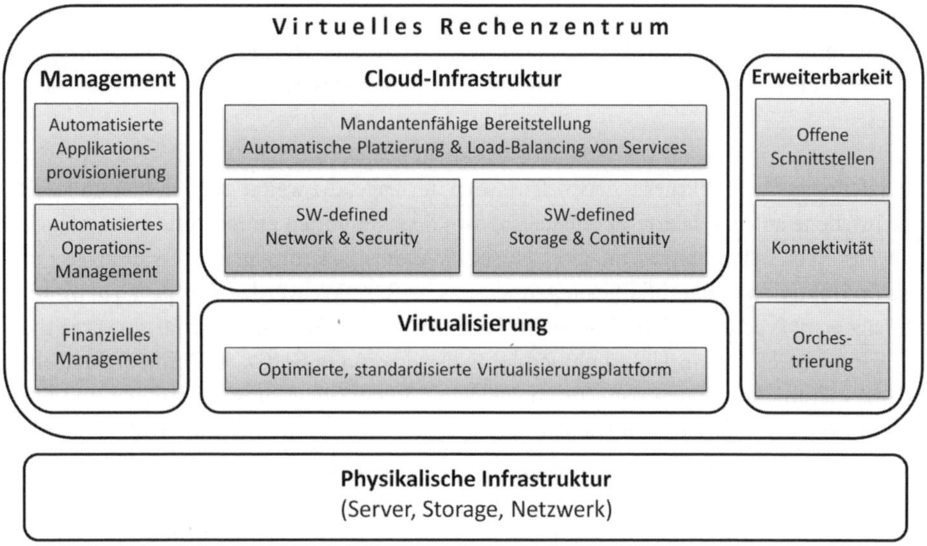

Abb. 13.4 Building Blocks des Software-Defined-Datacenter. (Quelle: VMware)

tur virtualisiert als Service abstrahiert zur Verfügung gestellt wird. Das Management wird komplett durch Software erledigt.

Eine flächendeckende Virtualisierung von Servern, wie sie beispielsweise mit VMware vSphere in vielen Unternehmen vorangeschritten ist, stellt in einem solchen Szenario nur einen ersten Ansatzpunkt dar. Die Abb. 13.4 zeigt schematisch die „Building Blocks" einer zielführenden Architektur, wie sie seitens VMware beispielsweise mit der vCloud Suite beschritten wird.

Die wesentlichen Charakteristika einer solchen Architektur umfassen:

- **Virtualisierung:** Standardisierung des Technologiedesigns und der betrieblichen Prozesse als Basis-Dienste.
- **Cloud-Infrastruktur:** Ausrichtung auf eine serviceorientierte Leistungserbringung mit den Aspekten Mandantenfähigkeit, optimierte Ressourcenverwendung und Lastverteilung. Softwaregestütztes Management von Netzwerkkonnektivität inklusive relevanter Sicherheitsmerkmale. Sicherstellung der Verfügbarkeit von Services auch im Katastrophen-Fall (Stichwort: Business Continuity). Self-Service für die Generierung komplexer Services (über mehrere virtuelle Server) aus Vorlagen.
- **Management:** Während die Cloud-Infrastruktur vor allem den Infrastructure-as-a-Service-Gedanken in den Vordergrund stellt, wird zusätzlich eine Komponente benötigt, die Platform-as-a-Service als nächsten Evolutionsschritt ermöglicht. Die Verfügbarkeit von Services wird weitestgehend automatisiert und proaktiv erfolgen. Die Bepreisung sowie Abrechnung von Diensten runden den Managementblock entsprechend ab.

- **Erweiterbarkeit:** Bereitstellung offener Schnittstellen zur Automatisierung der gesamten Umgebung. Standardisierte Form der Verbindung von virtuellen Rechenzentren (intern und extern). Orchestrierung von Abläufen zur Bereitstellung von Cloud-Services.

Eine derartige Architektur ist beispielsweise in der Lage, die weiter oben in diesem Kapitel beschriebene automatisierte Bereitstellung von SAP-Systemen einfach und hochintegriert zu realisieren. SAP arbeitet strategisch eng mit VMware zusammen, um beispielsweise weitere produktivitätssteigernde Lösungen wie das SAP NetWeaver Landscape Virtualization Management (vgl. Cappell und Bernhoff 2012) mit der VMware-Landschaft zu verzahnen.

Warum ist es für ein Unternehmen lohnenswert, in ein Software-Defined-Datacenter zu investieren? Abgesehen von Kostenvorteilen und der Steigerung der Agilität und Qualität in der Bereitstellung von Dienstleistungen geht es vor allem darum, frühzeitig Wettbewerbsvorteile für aufkommende neue Anwendungsarchitekturen und die Verarbeitung großer Datenmengen (Stichwort: „Big Data") zu sichern. Unternehmen schaffen u. a. die Grundlagen für eine echte Transformation der IT zur Unterstützung neuer Geschäftsmodelle, wie sie mit Cloud heutzutage propagiert, aber selten realisiert werden, wie z. B. die dynamische Auslagerung von Workloads. Neben technischen Hürden (fehlende Standardisierung, drohender „Provider-Lock-in" durch *proprietäre Architekturen* und damit die komplette Abhängigkeit von einem Serviceanbieter) stehen Fragen nach SLAs, Compliance und Security ganz oben auf der Agenda von IT-Leitern auf der Suche nach Cloud-Providern.

Firmen wie VMware haben in den letzten Jahren einen großen Beitrag geleistet, Dienstleistungen in der Cloud mit seinem Serviceprovider-Programm voranzubringen. Der Ansatz besteht im Wesentlichen darin, Marktteilnehmern einen standardisierten Zugriff auf virtuelle Rechenzentren zu geben. Der Anwender bekommt zugesicherte Eigenschaften (abhängig vom Level des Serviceanbieters) in einer Umgebung, die er idealerweise als Blueprint auch aus seinem eigenen Rechenzentrum kennt. Das erhöht einerseits das subjektive Vertrauen in eine Cloud-Lösung, andererseits gibt es Provider wie z. B. T-Systems, die von VMware zertifiziert und von unabhängigen Dritten auditiert werden (vgl. T-Systems 2012). Dies bedeutet, dass Themen wie Sicherheit und Compliance in einem solchen Fall auch tatsächlich objektiviert werden. Dem berüchtigten Thema „Provider-Lock-in" wird durch die Standardisierung ebenso begegnet wie lokalen Restriktionen und Regularien hinsichtlich der geografischen Ablage von Daten durch freie Auswahl aus einem Provider-Ökosystem.

Die Flexibilität eines standardisierten Serviceprovider-Programms konnte in 2012 die Star Alliance beispielsweise sehr gut nutzen, um ein kurzfristig ins Leben gerufenes Online-Gewinnspiel anlässlich des 15-jährigen Bestehens der Luftfahrtallianz erfolgreich umzusetzen (vgl. Ostler 2012). Die Herausforderung: in nur sechs Wochen eine Sonder-Website bereitstellen, die in Spitzenzeiten 21.000 User zulässt und ein Datenvolumen von 150 Terabyte verursacht – und das für einen Zeitraum von nur fünf Wochen. Hierfür eine komplette eigene Infrastruktur aufzubauen ist sicherlich nicht verhältnismäßig, also hat man zusammen mit dem vCloud-Powered Partner Wusys das Ganze auf Basis standardisierter VMware-Technologie gehostet und das Management, Monitoring und den Betrieb durch die Firma IPsoft realisiert. Aufgrund des hohen Standardisierungsgrades konnte das Projekt in der angepeilten Zeit und innerhalb des geplanten Kostenrahmens erfolgreich realisiert werden.

Ein anderes Beispiel ist die AutoScout24 GmbH, die ein hybrides Cloud-Konzept verfolgt (vgl. Srocke und Ostler 2012). Die eigene IT wird ressourcenmäßig nach Bedarf extern aufgestockt, um zusätzliche und rechenintensive Prozesse (z. B. Importvorgänge im Werkstattportal) auszulagern. Der Serviceprovider ist in diesem Fall T-Systems mit ihrem zertifizierten vCloud Data Center Service. Zusätzlich ist der Provider hier auch fester Bestandteil in der Business-Continuity-Betrachtung: Die vCloud sichert den Ausfall der hausinternen IT von AutoScout24 ab.

Diese zwei unterschiedlichen Beispiele zeigen die Varianz in der Möglichkeit, warum Unternehmen standardisierte Cloud-Angebote in der Realität schon heute nutzen, und sollen den Leser ermutigen, weitere kreative und innovative Geschäftsansätze zu finden sowie ihr eigenes Rechenzentrum auf Cloud-Kurs zu bringen, um den Notwendigkeiten von morgen schon heute zu begegnen. Dazu gehört sicherlich auch die kontinuierliche Einführung neuer, innovativer Technologien, die neue Möglichkeiten in der Wertschöpfung ermöglichen.

Der Weg zum Software-Defined-Datacenter ist von vielen bereits beschritten. Nach der Virtualisierung von Servern und Storage werden im Netzwerkumfeld die nächsten signifikanten Schritte zu beobachten sein, die neue Möglichkeiten im lokationsübergreifenden Management von Rechenzentren (oder vielleicht besser: Services) schaffen. Eine der großen Herausforderungen ist heute nach wie vor, dass IP-Adressen genutzt werden, um sowohl die Identität eines Servers als auch seine Lokation/Position zu bestimmen. Virtuelle Switches waren ein erster Schritt zu mehr Effizienz in der Vernetzung virtueller Systeme. Trotzdem gibt es auch heute noch signifikante Technologiehürden. Ein weiterer Baustein in Richtung IT-Fabrik und ein softwaregemanagtes Rechenzentrum ist ohne Zweifel die Trennung der IP-Adresse vom Ort und dem physischen Netzwerk. Bringt man heutzutage eine virtuelle Maschine aus dem eigenen Netzwerk in ein Provider-Netzwerk, muss man sich Konzepte überlegen, wie IP-Adressen entsprechend vergeben werden. In einem Software-Defined-Datacenter wird dies von Software gesteuert (und nicht „nur" von Skripten aufgrund von Design-Richtlinien geändert).

Eine Realisierung für mehr Netzwerktransparenz stammt u. a. aus einer Allianz aus VMware, Cisco und anderen Unternehmen, die das sogenannte VXLAN-Konzept entworfen und zur Standardisierung eingereicht haben (vgl. Mahalingam 2011), das seine Analogie in der Telefonie findet. Früher waren Telefonnummern fest in einem Haus oder an einem Arbeitsplatz verdrahtet. Mit dem Aufkommen mobiler Telefonie ist die Ortsbindung aufgehoben. Bezogen auf das Rechenzentrum bedeutet dies, dass plötzlich die Möglichkeit besteht, virtuelle Systeme ausschließlich anhand ihrer IP zu identifizieren. Durch „MAC-in-UDP"-Kapselung stellt VXLAN eine Layer-2-Abstraktion zur Verfügung und „löst" somit das virtuelle System komplett vom physischen Netzwerk. Die Managementsoftware der jeweiligen Rechenzentren übernimmt das entsprechende Handling.

Weitere Innovationen im Konzept Software-Defined-Datacenter sind zu erwarten und werden zu weiteren Kostenreduktionen sowohl bezogen auf Investitionen als auch vor allem im Betrieb führen – ein weiterer Grund, mit dem eigenen Unternehmen den Weg in Richtung RZ-Redesign zu beschreiten.

13.3 Zusammenfassung: IT-Fabrik im Design und Betrieb

Das vorliegende Kapitel hat aus zwei unterschiedlichen Perspektiven den Begriff IT-Fabrik betrachtet: zum einen aus der betrieblichen Brille, also mit der Fragestellung, welche Eigenschaften, Prozesse und KPIs eine hochautomatisierte Lösung ausmachen, und zum anderen mit der Frage, warum und wie sich Kunden in ihrer RZ-Strategie auf Automatisierung und die Nutzung standardisierter Cloud-Angebote in der Zukunft ausrichten werden.

Für Provider wie T-Systems ist es vollkommen klar, dass eine moderne IT-Produktionsplattform vor allem automatisiert und standardisiert sein muss, um Kosteneffekte in sinnvoller Dimension zu erzielen. Bei der Standardisierung geht es dabei um Prozesse, Infrastruktur, Applikationen und Services, d. h. die Verschlankung, eine Besinnung auf das Wesentliche und eine Abkehr von der Manufaktur handgefertigter Services. Im Hinblick auf Automatisierung steht die möglichst lückenlose Möglichkeit im Vordergrund, einen Service letztlich End-to-End ohne manuelle Eingriffe auszurollen, wobei SAP-Instanzen aufgrund ihrer Komplexität (und damit verbundener Betriebskosten) nur ein beliebtes Praxisbeispiel sind. Neben politischen und organisatorischen Dimensionen ist es vor allem die zukünftige Architektur von Rechenzentren, die einen erheblichen Einfluss auf Flexibilität, Agilität und Produktivität haben wird.

Eines der Schlagworte des letzten Jahres ist dabei sicherlich das Software-Defined-Datacenter, das stark von VMware inspiriert, propagiert und mit Technologiepartnern vorangetrieben wird. In Summe geht es um zwei Aspekte: Rechenzentren (Provider oder hausintern) komplett durch Software zu steuern und so wie oben beschrieben (teure) manuelle Eingriffe zu eliminieren. Der zweite Aspekt bezieht sich auf die reibungslose Nutzung von Infrastruktur unabhängig von ihrem Ort, welche sowohl für Provider interessant ist (Lastverteilung zwischen Standorten) als auch für die hausinterne IT (Auslagerung bestimmter Services oder Ausgleich von Lastspitzen). Innovative Technologie wird somit auch zum Faktor, neue Anwendungsfälle und Geschäftsmöglichkeiten zu eröffnen.

Das automatisierte Ausrollen von Server-Infrastrukturen ist heute in den meisten Rechenzentren „State of the Art", das Deployment ganzer Services in Form virtueller Appliances und Bereitstellung in Form von Schablonen (Templates), die die Komplexität der tatsächlichen Implementierung verbergen, auf dem Vormarsch. Neue Technologien gerade im Netzwerkumfeld werden in den kommenden Jahren der IT und der durch sie generierten Werte (und eingesparten Kosten) neuen Schub geben.

Literatur

Cappell, C. -H., und P. Bernhoff. 2012. SAP & VMware – a strategic partnership. http://www.youtube.com/watch?v=vWxPKSN3BtI&feature=youtu.be. Zugegriffen: 2. Jan. 2013.

Detecon. 2013. Auszug aus einer Präsentation über die Beratungsmethodik zum Thema „Cloud Readiness" der Detecon.

Detecon, T-Systems, und DTAG. 2009. Beispiel für die Funktionsweise eines „Capacity-on-Demand"-Modells (schematische Darstellung eines real implementierten Kapazitätsplanungs- und Preismodells in der DTAG).

Herrod, S. 2012. The software-defined datacenter meets Vmworld. http://cto.vmware.com/the-software-defined-datacenter-meets-vmworld/. Zugegriffen: 2. Jan. 2013.

Mahalingam, M., et al. 2011. VXLAN: A framework for overlaying virtualized layer 2 networks over layer 3 networks. http://tools.ietf.org/html/draft-mahalingam-dutt-dcops-vxlan-00. Zugegriffen: 2. Jan. 2013.

T-Systems, und Detecon. 2010. Darstellung der optimierten Auslastungssteuerung von Cloudlösungen in Anlehnung an eine Sales-Präsentation zum Thema Cloud 7.0 der T-Systems.

Fokussierung auf Kernkompetenzfelder und Devestition 14

Marc Wilczek

Inhaltsverzeichnis

Um sich als Unternehmen erfolgreich von anderen Marktteilnehmern abzugrenzen, bedarf es strategischer Vorteile, also der Fähigkeit, Dinge besser oder günstiger tun zu können als andere. Die Ressourcentheorie besagt, dass diese Vorteile vor allem aus internen Potenzialen resultieren (Resource-based View of the Firm, vgl. u. a. Pfeffer und Salancik 1978; Porter 1980; Wernerfelt 1984; Barney 1991; Rumelt 1991; Peteraf 1993). Dieser Logik folgend skizziert Porter (1985) Unternehmen über das Konzept der Wertschöpfungskette (Value Chain). Tätigkeiten werden demzufolge in Primärfunktionen und Unterstützungsfunktionen unterschieden. Primärfunktionen leisten dabei einen direkten Beitrag zur Wertschöpfung (z. B. Produktionsbereich), Unterstützungsfunktionen leisten hingegen einen indirekten Beitrag und machen die Erbringung von Primärfunktionen überhaupt erst möglich (so z. B. die Bereiche Beschaffung, Personal oder Finanzen).

Ausgehend von der Wertschöpfungskette identifizieren Prahalad und Hamel (1990) wiederum die Kernkompetenz als Stärke, ausgeprägte Fähigkeiten über einzelne Produkte hinaus zu haben. Eine Kernkompetenz ist demnach nicht einfach seitens Wettbewerbern imitierbar, kann in mehrfacher Hinsicht auf eine Vielzahl von Produkten und Märkten angewendet werden und zahlt unmittelbar auf den vom Kunden empfundenen Nutzen des angebotenen Produkts bzw. der angebotenen Dienstleistung ein. Sie bildet somit das Fundament, um für Kunden entlang der Wertschöpfungskette Mehrwert zu generieren.

M. Wilczek (✉)
T-Systems International GmbH,
Heinrich-Hertz-Str. 1, 64295 Darmstadt, Deutschland
E-Mail: Marc.Wilczek@t-systems.com

F. Abolhassan (Hrsg.), *Der Weg zur modernen IT-Fabrik*,
DOI 10.1007/978-3-658-01483-4_14,

Kernkompetenzen sind das Ergebnis von Fähigkeiten und Produktionsverfahren, durch kollektives Sammeln von Erfahrungen und jahrelangen Aufbau von Expertise innerhalb einer Organisation, welche ein wichtiges Alleinstellungsmerkmal bilden und Mehrwert gegenüber dem Kunden generieren. Entscheidend dabei ist die funktionsübergreifende Kommunikation und Kollaboration durch Überwindung interner Siloeffekte über einzelne Produktbereiche hinweg. Aufgrund übergreifender Schlüsselfähigkeiten erzielt das Unternehmen – trotz einer Vielzahl vermeintlich heterogener Produkte und diversifizierter Geschäftsbereiche – Skaleneffekte (Economies of Scale) und Verbundeffekte (Economies of Scope), die letztendlich zu überdurchschnittlichem Erfolg und Wettbewerbsvorteilen gereichen (vgl. u. a. Panzar und Willig 1977; Teece 1980; Panzar und Willig 1981).

Im Zuge des Transformationsprozesses spielen Kernkompetenzen eine Schlüsselrolle. Aus Sicht einer IT-Serviceorganisation ist dies auf dem Weg zum „Effizienzchampion" ein maßgeblicher Faktor. Durch stringente Fokussierung auf das eigentliche Kerngeschäftsfeld wird das Ziel verfolgt, qualitativ besser und zugleich preisgünstiger als der Wettbewerb anbieten zu können. Ausgehend von der Portfolioüberprüfung (siehe Kap. 16) konzentriert sich das Unternehmen nur noch auf solche Geschäftsfelder, die strategisch wichtig sind und in denen ein Wettbewerbsvorteil vorliegt. Von einer rein quantitativen Betrachtung abgesehen, nämlich wenn das Geschäftsfeld entweder absolut oder relativ einen hohen Erlös- oder Deckungsbeitrag erwirtschaftet, kann es u. a. auch dann strategisch wichtig sein, wenn dadurch erst der Zugang zu einem anderen Geschäftsfeld ermöglicht wird und Verbundeffekte entstehen (Economies of Scope). Häufig kommt es im Beziehungsgeflecht zu Abhängigkeiten in Form von Wirkungsübertragungen. Wenn sich beispielsweise Maßnahmen für Produkt A unmittelbar auf den Absatz von Produkt B auswirken, wird von sog. *Spill-over-Effekten* gesprochen. Sollte der Absatz hingegen mit zeitlichem Verzug beeinflusst sein, ist von sog. *Carry-over-Effekten* die Rede. Aufgrund dieser wechselseitigen Abhängigkeiten sind Geschäftsfelder nicht isoliert, sondern ganzheitlich zu betrachten. Die strategisch wichtigen Geschäftsfelder werden anschließend wiederum einer Make-or-Buy-Prüfung unterzogen (siehe hierzu Kap. 19), in der die Frage beantwortet wird, ob Leistungen durch eigene Wertschöpfung gewinnbringender erzielt werden können als durch Fremdbeauftragung.[1]

Aus denjenigen Geschäftsfeldern, die wiederum nicht strategisch sind bzw. in denen kein Wettbewerbsvorteil herrscht, wird konsequent und ersatzlos devestiert. Vermögensgegenstände (Sachvermögen, immaterielle Vermögensgüter, Kapitalvermögen) werden demnach freigesetzt. Dem Unternehmen fließt Liquidität zu, die es im Umkehrschluss effizienter in neue Projekte und den Ausbau der Kerngeschäftsfelder reinvestieren kann.

[1] Hierzu eignen sich klassische Verfahren der Investitionsrechnung, speziell die sog. NPV-Betrachtung, d. h. die Ermittlung des Net Present Values bei gleichzeitiger Berücksichtigung von internen Mindestrenditen (Internal Rate of Return anhand einer IRR-Kalkulation). Die Ergebnisse werden zudem einer Sensibilitätsanalyse (Sensitivity Analysis) unterzogen, um die Implikation von Unsicherheitsfaktoren in Form einer möglichen Über- bzw. Untererreichung der Ziele anhand von Modellrechnungen (Best Case/Worst Case) zu kalkulieren.

Die Devestition bildet somit das Gegenstück zur Investition und findet insbesondere bei rückläufigen Absatzmärkten oder sinkender Fertigungstiefe Anwendung.

Bei den in-house verbleibenden Aktivitäten, die nicht durch Outsourcing oder Outtasking durch Dritte erbracht werden, lautet wiederum die Prämisse, diese möglichst effizient zu erbringen und interne Synergien zu nutzen. Aus der Perspektive einer global agierenden IT-Serviceorganisation gilt dies exemplarisch für das sogenannte „Vor-die-Klammer-Ziehen" von Aktivitäten. Nämlich all denjenigen Aktivitäten, die zentral gebündelt werden und zeitgleich für eine Vielzahl unterschiedlicher Prozesse oder Produktlinien Anwendung finden. Beispielsweise kann dies u. a. für einen zentralen Enduser-Helpdesk gelten, der produktübergreifend dem Kunden als Ansprechpartner zur Verfügung steht. Gleiches kann analog für andere übergreifende, operative Funktionen gelten, wie Kapazitäts- und Auslastungssteuerung, Qualitätssicherung, Incident Management oder das Supplier und Vendor Management, welches wiederum im Zusammenspiel mit dem Einkauf die Verhandlungsmasse gegenüber Lieferanten bündelt und spezifische SLAs aushandelt.

Bereits während der 1980er-Jahre gelangte insbesondere Jack Welch (CEO der General Electric Company von 1981–2001) mit der Devise zu großer Bekanntheit, entweder zur Nr. 1 oder Nr. 2 im jeweiligen Geschäftsfeld zu werden oder aber gänzlich aus dem Markt auszuscheiden und sich stattdessen auf andere Aktivitäten zu konzentrieren. Getreu dem Motto „Fix it, sell it or close it" wurde das Portfolio durch stringente Fokussierung innerhalb weniger Jahre bereinigt (vgl. Hostettler 2010). Resümierend attestiert Welch (2005) ferner, dass im Commodity-Geschäft ohnehin nur drei Faktoren maßgeblich sind: gute Qualität, niedrige Preise und guter Service. Unternehmen, die das verinnerlichen und zum obersten Credo machen, können wiederum selbst im Commodity-Geschäft enorm erfolgreich sein. Bekannte Beispiele hierfür sind u. a. Wal-Mart oder Dell. Gleichwohl legt Welch nahe, wo und wann immer möglich „De-Commoditization" voranzutreiben, d. h. sich beispielsweise durch Innovation, bessere Prozesse oder zusätzliche Dienstleistungen klar vom Wettbewerb zu differenzieren, um der negativen Preisspirale auszuweichen und langfristig am Markt erfolgreich agieren zu können. Die Notwendigkeit hierfür sollte keinesfalls unterschätzt werden. In einer aktuellen Studie der Universität Mannheim räumen 40 % der befragten Manager von Industriegüter-Unternehmen ein, ihren relativen Preis im Verhältnis zum relativen Kundennutzen falsch einzuschätzen. Der subjektiv empfundene Preisdruck führt im Ergebnis zu unnötigem Margenverlust, vermeidbarem Preiswettbewerb und längerfristig dem Zerfall von Geschäftsmodellen (vgl. Homburg und Totzek 2012).

Im Kontext der ITK-Branche zeigen Prahalad und Hamel (1990) im Vergleich zwischen GTE und NEC auf, wie es NEC durch Fokussierung auf Schlüsselfähigkeiten innerhalb weniger Jahre gelang, GTE zu überholen und im Bereich Telefonie, Semi-Conductor und Mainframe zeitgleich jeweils zu einem der Top-5-Marktführer zu werden. In ihrem Artikel attestieren Prahalad/Hamel, dass dies NEC schlussendlich vor allem dadurch gelang, frühzeitig die Konvergenz zwischen Computer- und Kommunikationstechnologie zu erkennen und daraus Nutzen zu schlagen. Die Kombination aus Konzentration auf wenige Tätigkeiten und Exzellenz in genau eben diesen Tätigkeiten war daher erfolgsmaßgeblich.

Eine weitere Analogie lässt sich beispielsweise anhand der Automobilbranche verdeutlichen. Getrieben von der Idee, aufgrund zunehmenden Wettbewerbs im Fahrzeugmarkt anderweitig zu expandieren, verfolgte Edzard Reuter (Vorstandsvorsitzender der Daimler-Benz AG von 1987–1995) die im Nachhinein medial als „Größenwahn" bezeichnete Vision des „integrierten Technologiekonzerns". Geprägt durch die Ölkrise und die aufstrebende Umweltbewegung in den 1970er-Jahren sollte Wachstum durch Diversifikation in andere Geschäftsfelder generiert werden. Binnen weniger Jahre folgte eine Vielzahl von Akquisitionen. So wurden mitunter AEG, MTU, Dornier und Kässbohrer übernommen (vgl. u. a. Bea und Haas 1995; Freitag et al. 2007; Hank und Meck 2010).

Ein radikaler Paradigmenwechsel folgte nach Amtsübernahme durch Jürgen Schrempp (Vorstandsvorsitzender der Daimler-Benz AG von 1995-1998 bzw. DaimlerChrysler AG von 1998–2005). Dieser wiederum sah den Aktionär im Mittelpunkt aller Aktivitäten (Shareholder-Value-Prinzip) und richtete den Konzern mit harten Bandagen neu aus. In Anlehnung an die zuvor ausgeführte Welch' sche Logik war nun die Maßgabe, zur Nr. 1 im Automobilsektor zu werden. Demnach galt es, sich auf das Kerngeschäft zu konzentrieren und unrentable Geschäftsfelder zu devestieren.[2] Rendite und Marktkapitalisierung wurden zum Maß aller Dinge. So sehr das Unternehmen bis Ende der 1990er zunächst von der Neuausrichtung und dem Turnaround profitierte, so wurden in den Folgejahren die Erfolge und das Leitbild der „Welt AG" zunichte gemacht. Nach Erhöhung der Kapitalbeteiligung bei Mitsubishi und Hyundai wurden zunehmend die Nachwirkungen der Fusion mit Chrysler spürbar. Der Absatz war rückläufig, die Verluste stiegen rasant. Schrempp durchlief eine Metamorphose. Den anfänglichen Lobeshymnen folgte harsche Kritik. Während ihn das US-Wirtschaftsmagazin BusinessWeek noch für das Jahr 1998 zu einem der besten Manager auserkor, kürte es ihn nur fünf Jahre später zum schlechtesten Manager des Jahres 2003.[3] Dieter Zetsche trat 2006 die Nachfolge an, bereinigte das Portfolio, reduzierte schrittweise die Beteiligungen und führte Konzern und Marke erfolgreich wieder auf seine eigentlichen Wurzeln zurück. 2007 folgte schließlich die Umfirmierung in Daimler AG.[4]

[2] Vgl. Bea und Haas (1995), S. 68.

[3] Vgl. o.V., http://www.businessweek.com/magazine/toc/04_02/B38650402best.htm; http://www.businessweek.com/1999/02/b3611001.htm sowie http://www.manager-magazin.de/unternehmen/karriere/0,2828,280715,00.html, jeweils eingesehen am 27.12.2012; Hillenbrand (2005), http://www.spiegel.de/wirtschaft/analyse-der-verheerer-von-moehringen-a-367178.html, eingesehen am 18.12.2012; o.V.; http://www.sueddeutsche.de/wirtschaft/daimler-und-chrysler-hochzeit-des-grauens-1.464777, eingesehen am 18.12.2012.

[4] Vgl. Daimler, http://www.daimler.com/dccom/0-5-1324891-49-1324904-1-0-0-1345593-0-0-135-0-0-0-0-0-0-0-0.html, eingesehen am 28.12.2012.

Literatur

Barney, J. 1991. Firm resources and sustained competitive advantage. *Journal of Management* 17 (1): 99–120.

Bea, F. X., und J. Haas. 1995. *Strategisches management*. Stuttgart: Springer.

Daimler. http://www.daimler.com/dccom/0-5-1324891-49-1324904-1-0-0-1345593-0-0-135-0-0-0-0-0-0-0-0.html. Zugegriffen: 28. Dez. 2012.

Freitag, M., P. Brors, et al. 2007. Daimler Chrysler: Die Quittung. *Manager Magazin*. Ausgabe April 2007: 34-45.

Hank, R., und G. Meck. 2010. Wer heucheln kann, ist schon ein gemachter Mann. Frankfurter Allgemeine Zeitung (FAZ). http://www.faz.net/aktuell/wirtschaft/unternehmen/edzard-reuter-wer-heucheln-kann-ist-schon-ein-gemachter-mann-11055622.html#Drucken. Zugegriffen: 18. Dez. 2012.

Hillenbrand, T. 2005. Der Verheerer von Möhringen. Spiegel Online. http://www.spiegel.de/wirtschaft/analyse-der-verheerer-von-moehringen-a-367178.html. Zugegriffen: 18. Dez. 2012.

Homburg, C., und D. Totzek. 2012. Rules for successful competitive pricing in business markets. *IMU Research Insights* 2.

Hostettler, S. 1999. The best & worst managers of the year. BusinessWeek. http://www.businessweek.com/1999/02/b3611001.htm. Zugegriffen: 27. Dez. 2012.

Hostettler, S. 2004a. The 25 top executives of the year. BusinessWeek. http://www.businessweek.com/magazine/toc/04_02/B38650402best.htm. Zugegriffen: 27. Dez. 2012.

Hostettler, S. 2004b. Jürgen Schrempp: Schlechtester Manager des Jahres. Manager Magazin. http://www.manager-magazin.de/unternehmen/karriere/0,2828,280715,00.html. Zugegriffen: 27. Dez. 2012.

Hostettler, S. 2010a. Ex-General-Electric-Chef Jack Welch im Interview: Politiker sind bloß neidisch auf Manager [erstmals erschienen in SZ vom 29.05.2008]. Süddeutsche Zeitung. http://www.sueddeutsche.de/wirtschaft/ex-general-electric-chef-jack-welch-im-interview-politiker-sind-bloss-neidisch-auf-manager–1.195889. Zugegriffen: 27. Dez. 2012.

Hostettler, S. 2010b. Hochzeit des Grauens. Süddeutsche Zeitung. http://www.sueddeutsche.de/wirtschaft/daimler-und-chrysler-hochzeit-des-grauens-1.464777. Zugegriffen: 18. Dez. 2012.

Panzar, J. C., und R. D. Willig. 1977. Economies of scale in multi-output production. *Quarterly Journal of Economics* 91 (3): 481–493.

Panzar, J. C., und R. D. Willig. 1981. Economies of scope. *The American Economic Review* 71 (2): 268–272.

Peteraf, M. A. 1993. The cornerstones of competitive advantage: a resource-based view. *Strategic Management Journal* 14 (3): 179–191.

Pfeffer, J., und G. Salancik. 1978. *The external control of organizations: A resource dependence perspective*. New York.

Porter, M. E. 1985. *Competitive advantage*. New York.

Prahalad, C. K., und G. Hamel. 1990. The core competence of the corporation. *Harvard Business Review* 3 (68): 79–91.

Rumelt, R. P. 1991. How much does industry matter? *Strategic Management Journal* 12 (3): 167–185.

Stadler, C. 2004. *Unternehmenskultur von Royal Dutch/Shell, Siemens und DaimlerChrysler*. München.

Teece, D. 1980. Economies of scope and the scope of the enterprise. *Journal of Economic Behavior and Organization* 1 (3): 223–247.

Welch, J. 2005. *Winning*. New York.

Wernerfelt, B. 1984. A resource-based view of the firm. *Strategic Management Journal* 5 (2): 171–180.

Utilization 15

Thomas In der Rieden

Inhaltsverzeichnis

Der Beitrag befasst sich mit der Auslastung vorhandener Ressourcen und damit, wie man diese misst und erhöht. Denn eine höhere Auslastung ist der kostengünstigste Weg, mittelfristig die Effizienz der IT mit überschaubaren Investitionen zu vergrößern. Der Schwerpunkt liegt vor allem auf sachlichen Ressourcen, also Räumen, Maschinen und Anlagen, IT-Hardware und -Software.

15.1 Ressourcen erfassen und optimalen Auslastungsgrad definieren

Zunächst ist zu ermitteln, mit Hilfe welcher sachlichen Ressourcen die Leistungen des Unternehmens respektive des internen IT-Dienstleisters erbracht werden. Eine naheliegende Informationsquelle könnte dafür eine Configuration Management Database (CMDB), so vorhanden, sein. Doch diese ist für die hier angepeilten Zwecke zu feingranular und enthält zudem keine Auslastungsangaben für einzelne Ressourcen.

T. In der Rieden (✉)
T-Systems International GmbH,
Mecklenburgring 25, 66121 Saarbrücken, Deutschland
E-Mail: Thomas.In-der-Rieden@t-systems.com

F. Abolhassan (Hrsg.), *Der Weg zur modernen IT-Fabrik*,
DOI 10.1007/978-3-658-01483-4_15, © Springer Fachmedien Wiesbaden 2013

Stattdessen empfiehlt es sich, zunächst nach Produktionsstandorten (in der Regel Rechenzentren) und innerhalb dieser nach Ressourcenarten zu differenzieren, also beispielsweise Fläche, Klima, Raum, Stromversorgung, Netzwerkinfrastruktur, Storage, Serverbetrieb, Cloud-Ressourcen etc.

Sodann muss die vorhandene Auslastung gemessen werden und es gilt zu bestimmen, welche Auslastung optimal wäre. Man könnte denken, dass der Wert im Idealfall bei 100 % liegt – das spiegelt die Realität jedoch nicht wider. Eine vollständige Auslastung der Stromversorgung im Normalbetrieb könnte dazu führen, dass die üblichen Leistungsspitzen beim Anfahren von Ressourcen zum Kollaps der Stromversorgung führen würden. Auch die Fläche, beispielsweise ein Serverraum, lässt sich nicht zu 100 % mit Maschinen füllen – man braucht beispielsweise Gänge, um diese zu erreichen.

Daher muss eine operative Bestauslastung definiert werden, für die es keine einheitlichen Maßstäbe gibt. Hier gilt es vielmehr, sich an Benchmarks zu orientieren. Um relevante Vergleichsdaten zu erhalten, zieht man entweder vertrauenswürdige externe Experten zu Rate, oder man beauftragt eine Benchmarking-Agentur, entsprechende Richtwerte zu erarbeiten.

Die Investition in solche Benchmarks ist in der Regel empfehlenswert. Denn sie erspart möglicherweise kostspielige und zeitaufwändige Irrtümer hinsichtlich dessen, was unter den konkreten Umständen des Einzelfalls in Teilbereichen möglich oder üblich ist. Diese Erkenntnisse helfen, die nötigen Maßnahmen oder auch Investitionen da zu konzentrieren, wo mit großer Wahrscheinlichkeit Verbesserungen realisierbar sind. Liegt beispielsweise die eigene Flächenauslastung in den RZ bei 75 %, muss das kein schlechter Wert sein, wenn der Wert der Benchmark-Gruppe im Schnitt bei 70 % liegt. Schaffen es dagegen die meisten Vergleichsfirmen, ihre Serverinfrastruktur zu 80 % auszulasten, das eigene Unternehmen liegt aber nur bei 70 %, sollte man hier handeln.

Liegen Vergleichsdaten vor, definiert man für jede vorher festgelegte Ressource den für das eigene Unternehmen erwünschten optimalen Auslastungsgrad. Dieser gilt von nun an für die nächste Zeit an als 100-Prozent-Marke und bildet die Basis für alle weiteren Bemühungen zur Verbesserung.

Weil neue Technologien ständig Verbesserungen auslösen, müssen Benchmarks in größeren Abständen (zum Beispiel alle zwei bis drei Jahre) wiederholt werden, denn die Vergleichswerte können sich in dieser Zeit verändert haben, beispielsweise weil Server mit weniger Abwärme oder kompaktere Geräte eine bessere Flächenausnutzung im Rechenzentrum erlauben. Anschließend sollte man die eigene 100-Prozent-Marke, falls sinnvoll, an die neuen Ergebnisse anpassen.

15.2 Die existierende Auslastung feststellen

Sodann wird die tatsächliche Auslastung der eigenen Ressourcen gemessen. In der Regel berechnet man das Verhältnis genutzter zu den vorhandenen Ressourcen. Bei der Definition des Begriffes „genutzt" hat es sich bewährt, auf Verrechenbarkeit zu achten: Ist eine

Ressource verrechnet, das heißt, es steht den Produktionskosten eine Entlastung gegenüber, so gilt diese Ressource als genutzt.

Auch hier ist es wieder wichtig, geeignete Benchmarks einzubeziehen, um festzustellen, ob die eigenen Werte durchschnittlich, besser oder schlechter sind.

Bei Netzwerk-Ports setzt man beispielsweise die Zahl der genutzten physischen LAN-Ports ins Verhältnis zur Zahl der vorhandenen. Das ist heute insofern nicht mehr zeitgemäß, als in virtualisierten Infrastrukturen meist virtuelle Ports/VLANs (virtuelle LANs) gefahren werden, deren Zahl wiederum den limitierenden Faktor bei der Ausnutzung der Infrastruktur darstellt. Zudem gibt es oft mehrere (V)LANs pro Kunde, beispielsweise eines für die Verwaltung der Kunden-Infrastruktur beim Dienstleister, eines für die Daten des Kunden und eines für die Sicherung seiner Daten. Allerdings hat sich bei Auslastungsberechnungen die Verwendung von VLANs in der Praxis noch nicht durchgesetzt. Bei Speicher setzt man die genutzte ins Verhältnis zur vorhandenen Kapazität. Bei Servern in Dienstleistungsrechenzentren, die in der Regel vom Kunden bestellt werden, gilt eine Ausnahme: Hier teilt man die Zahl der abgerechneten Server durch die Zahl der vorhandenen, wobei die für eigene Zwecke genutzten Test- oder Managementserver miteinbezogen werden (diese gilt es ja zu minimieren). Bei Mainframe-Ressourcen ist das Verhältnis der verwendeten MIPS (Million Instructions per Second) zu den vorhandenen ausschlaggebend.

Besondere Regeln gelten für Cloud-Systeme. Hier benötigt man andere Benchmarks für die unterschiedlichen Parameter, in die möglicherweise jeweils andere Firmen einbezogen werden müssen. Denn wer eine Storage-Cloud für externe Kunden vorhält, kann sich logischerweise nicht mit Anbietern einer Server-Cloud vergleichen. Zum anderen braucht man teils andere Berechnungseinheiten. Bei Servern wird beispielsweise die bezahlte Rechenleistung (Computer Power) ins Verhältnis zur vorhandenen gesetzt. Die Zahl der Server spielt keine Rolle, da diese Server auch teilweise an Kunden vergeben werden können.

15.3 Ziele definieren und Zielerreichung messen

Liegen ausreichend Messungen und Benchmarks vor, setzt man die Leistungen der betroffenen Einheiten (zum Beispiel Netzwerkbereich eines bestimmten Rechenzentrums) des eigenen Unternehmens in Bezug zu den betreffenden Werten der Vergleichsfirmen (siehe Tab. 15.1). Je nachdem, wie das eigene Unternehmen hinsichtlich der diversen Messparameter positioniert ist, definiert man das nächste zu erreichende Ziel.

- Ist die Leistung eines eigenen RZs/einer eigenen Lokation in einem Bereich (zum Beispiel Nutzung der LAN-Ports) unterdurchschnittlich, strebt man zunächst das Erreichen des Durchschnittswerts an. Bereiche, die unterdurchschnittliche Werte liefern, haben in der Regel den dringendsten Sanierungsbedarf.
- Erreicht die Lokation/das RZ durchschnittliche Leistungen, heißt die nächste Zielmarke, ins obere Viertel der Vergleichspartner vorzustoßen.

Tab. 15.1 Auslastungsmessung mit unternehmensweit gleichen Parametern

Ressourcenart	Bsp. für Auslastungsmessung
Netzwerk	Genutzte LAN-Ports/installierte LAN-Ports
Mainframe	Genutzte MIPS/installierte MIPS
Server	Genutzte Server/installierte Server
Storage	Genutzte TByte/nutzbare TByte
Cloud-Storage	Genutzte TByte/nutzbare TByte
RZ-Infrastruktur	Genutzte kW/installierte kW

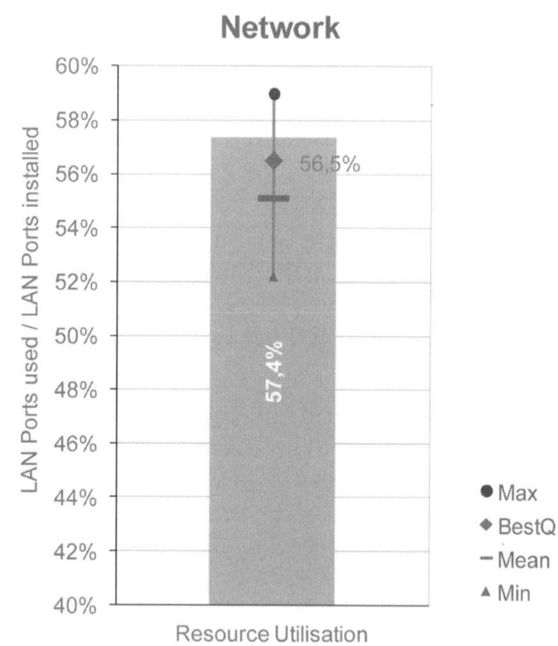

Abb. 15.1 Trotz eines auf den ersten Blick niedrigen Auslastungsgrades bei LAN-Ports ist dieser im Vergleich zur Benchmark-Gruppe überdurchschnittlich, hier sollte also im Moment nicht der Fokus von Verbesserungsmaßnahmen liegen, wenn es Bereiche gibt, die schlechter abschneiden. (Quelle: Thomas In der Rieden 2012).

- Befindet sich die Lokation/das RZ im oberen Viertel, gilt es, nach der Spitzenposition im Vergleichsfeld zu streben.
- Und hat das RZ/die Lokation die Spitzenposition, ist das zwar erfreulich, Ziel ist es dann jedoch, diese Spitzenposition zu halten (Abb. 15.1).

Die Leistungsmessung wird monatlich wiederholt. Der gesamte Messprozess und die dazugehörigen Messkriterien müssen sauber und unternehmensweit einheitlich definiert sein, unter anderem, damit auch die RZs/Lokationen des eigenen Unternehmens untereinander verglichen werden können.

Ideal ist dabei die Nutzung weitgehend automatisierter Tools. Aber auch hier gilt: Wo Tools fehlen und ihre Erstellung oder Beschaffung wertvolle Ressourcen und Zeit verschlingen würden, die im Sanierungsprozess anderweitig dringend benötigt werden, tut es auch ein Excel-Sheet. Technologische Eitelkeiten sind hier unangebracht und schädlich. Priorität hat, so schnell wie möglich relevante Messergebnisse zu liefern.

15.4 Handlungsfelder bestimmen, Maßnahmen definieren, umsetzen

Dort, wo Vergleiche mit Benchmarks unterdurchschnittlich ausfallen, liegen die wichtigsten Handlungsfelder. Während aber die in Kap. 3 dargestellten Handlungsoptionen eher kurzfristig im Sinne einer „Ersten Hilfe" wirken, geht es nun um mittelfristige Lösungen mit einem Wirkungshorizont von Monaten bis zu zwei Jahren. Deshalb können jetzt auch durchgreifende Handlungsoptionen, die eine mittelfristige Planung und eventuell Investitionen benötigen, verfolgt werden. Für jede Maßnahme sollte man mit einem Prozentwert die angestrebte Verbesserung bis zur nächsten Messung (zum Beispiel Verbesserung der Flächenauslastung im RZ um monatlich 10 %) festlegen und monatlich überprüfen.

Lassen sich die angestrebten Ziele nicht erreichen, sucht der Verantwortliche die Hindernisse und hilft, sie zu beseitigen. Ist dies nicht innerhalb der betroffenen Ebene möglich, wird der Prozess eskaliert.

Sinnvoll ist es, mit Verbesserungsmaßnahmen stets an den am schlechtesten ausgelasteten Lokationen/Rechenzentren anzusetzen. Sehr oft zeigen sich nämlich in einzelnen Lokationen ausgeprägte Schwächen, die die Durchschnittsleistung der Unternehmens-IT empfindlich drücken können. Ein typisches Beispiel ist hier der Mix aus alten und neuen Rechenzentren: Während die neuen Rechenzentren in aller Regel hinsichtlich der diversen Benchmarks eher im grünen Bereich rangieren dürften, schneiden RZs mit alter Infrastruktur häufig schlecht ab – oft schon deshalb, weil sie so klein dimensioniert sind, dass sich keine großen Effizienzspielräume eröffnen. Hier kann es sich lohnen, über eine Konsolidierung der RZ-Infrastruktur nachzudenken: alte, teure, schlecht ausgelastete RZs zu Gunsten von wenigen, aber großen und energieeffizienten RZs zu schließen.

Im Rahmen dieser Überlegungen ist es zielführend, die Angebotsstruktur zu überdenken: Muss wirklich jeder Kunde eines IT-Dienstleisters jede Leistung von jedem Standort des Dienstleisters aus beziehen können? Oder ist es letztlich ökonomisch sinnvoller, eine globale oder überregionale Lieferstruktur zu entwickeln, Rechenzentren auf bestimmte Aufgaben zu spezialisieren, die diesbezüglichen Ressourcen dort zu konzentrieren und dann besser auszulasten? Ersteres bedeutet nämlich, dass so gut wie jede Ressource an jeder Lokation vorgehalten werden muss. Ob eine solche Konzentrationsstrategie sich für einen IT-Dienstleister eignet, kann man nur individuell entscheiden, erwogen werden sollte sie aber bei IT-Organisationen mit mehreren Lokationen auf jeden Fall.

So betrachtet, wird die Auslastung auch zum Steuerungsinstrument für knappe Investitionsmittel: Liegt die Auslastung einer Lokation unter ihrem Zielwert, kann dort nicht investiert werden, bis das Auslastungsziel erreicht ist. Ist ein RZ dagegen stark ausgelastet, kann man es erweitern, wenn zu erwarten ist, dass die neuen Kapazitäten schnell wieder ausgelastet werden, oder um eine noch höhere Auslastung technologisch erst zu ermöglichen.

Ein Weg, mit relativ geringem Aufwand Verbesserungen zu erreichen, ist die Übertragung von Best Practices aus gut ausgelasteten Infrastrukturen auf die weniger guten, sofern das technisch möglich ist. Das gilt beispielsweise für die Verkabelungsinfrastruktur, für den Rackaufbau oder für die Architektur von Clouds. Wichtig ist die allmähliche weitgehende Standardisierung genutzter Produkte und Prozesse in allen Lokationen. Das senkt den Wartungs-, Support- und Administrationsaufwand oft erheblich.

15.5 Die Optimierung von Personalressourcen

Zum Abschluss des Kapitels noch einige Bemerkungen zur Optimierung von Personalressourcen. Der oben erwähnte Einsatz von Best Practices bietet neben Kostenvorteilen auch Vorteile im Bereich Personal: Er erhöht die Mobilität der IT-Mitarbeiter im eigenen Unternehmen, denn wenn sich die Architekturen und Tools der einzelnen IT-Lokationen weitgehend gleichen, können Mitarbeiter praktisch an jedem Standort Aufgaben lösen. Das erspart es der IT-Organisation, sich möglicherweise aus finanziellen Gründen von qualifizierten Kräften trennen zu müssen, die in späteren Wachstumsphasen wieder dringend benötigt werden, dann aber auf dem Markt unter Umständen nicht zu finden sind. Zudem steigt die Mitarbeiterzufriedenheit und damit die Mitarbeiterbindung qualifizierter Kräfte an den Betrieb, wenn sie mit optimalen Prozessen und Werkzeugen in derselben Zeit mehr bewältigen können und deshalb Ressourcen für wertschöpfende Aufgaben außerhalb der Routine gewinnen.

Grundsätzlich sollte man, um die Personalauslastung zuverlässig zu messen und womöglich zu erhöhen, eine aktivitätsbezogene Zeiterfassung einführen. Aktivitätsbezogene Auslastungsmessungen erlauben nämlich, Teams mit ähnlichen Aufgaben hinsichtlich ihrer Auslastung und ihrer Leistungen zu vergleichen oder festzustellen, wie viel Arbeit sich eigentlich hinter bestimmten IT-Produkten verbirgt.

Teams, die sehr viel Arbeit bewältigen müssen, lassen sich ohne Personalaufbau entlasten, indem man Mitglieder aus Teams mit geringerer Auslastung in die hoch belasteten Teams eingliedert – bei mittelfristigen Prozessen nach einer erforderlichen fachlichen Weiterbildung. Das sorgt dafür, dass nicht nur die Auslastung, sondern auch die Zufriedenheit der Mitarbeiter steigt.

Schließlich kann auch die Struktur der Honorierung dazu beitragen, Unternehmensziele zu erreichen. Sinnvoll ist es beispielsweise, die angestrebten Auslastungswerte der sachlichen Ressourcen als Leistungsziele in Leistungsvereinbarungen der verantwortlichen Mitarbeiter zu übernehmen. Diese haben dann einen finanziell unterlegten und sehr gut messbaren Leistungsanreiz, sich für die Zielerreichung einzusetzen.

Portfoliostandardisierung: Ende-zu-Ende-Herausforderungen moderner IT-Produktion – Vom Produktionsportfolio zum Produktionsprozess

16

Henryk Biesiada und Bernd Debus

Inhaltsverzeichnis

16.1 Standardisierung des Offerings durch Definition des Marktportfolios

Aktuell prägt ein starker Preisdruck den IT-Servicemarkt. Individualwünsche der Kunden ziehen höhere Herstellkosten nach sich und lassen sich daher kaum noch zu marktfähigen Kosten produzieren. Das drängt die IT-Serviceorganisationen mehr und mehr dazu, primär standardisierte Services zum Bestpreis anzubieten und zu verkaufen. Dem steht sehr oft eine Portfoliostruktur entgegen, die noch klassisch auf das Bereitstellen kundenspezifischer Einzellösungen ausgerichtet ist. Das hat den Nachteil, dass wesentliche Elemente einer industrialisierten Produktion nicht zum Einsatz kommen können. Der Herstellprozess erfolgt somit weiterhin stark nach Prinzipien einer Manufaktur-Fertigung – mit den damit verbundenen Kostennachteilen.

H. Biesiada (✉)
T-Systems International GmbH, Mecklenburgring 25, 66121 Saarbrücken, Deutschland
E-Mail: Henryk.Biesiada@t-systems.com

B. Debus
T-Systems International GmbH, Fasanenweg 9, 70771 Leinfelden-Echterdingen, Deutschland
E-Mail: Bernd.Debus@t-systems.com

F. Abolhassan (Hrsg.), *Der Weg zur modernen IT-Fabrik*,
DOI 10.1007/978-3-658-01483-4_16, © Springer Fachmedien Wiesbaden 2013

Eine große Herausforderung für eine moderne IT-Serviceorganisation: Sie muss ihr Portfolio so gestalten, dass sie eine kundenübergreifende, industrialisierte Serienfertigung erzielt. Damit verliert die traditionelle Einzelfertigung zusehends an Bedeutung. Gleichzeitig muss die IT-Serviceorganisation jedoch die Anforderungen des Marktes erfüllen und darf die Individualität des Auftraggebers nicht gänzlich aus dem Auge verlieren.

Ein Widerspruch? Auf den ersten Blick sicher, allerdings lässt er sich auflösen. Das hat insbesondere die Automobilindustrie gezeigt. In den letzten Jahrzehnten hat die Variantenvielfalt der Fahrzeuge deutlich zugenommen, während gleichzeitig auch die Zahl der verbauten kundenunspezifischen „Gleichteile" stark angestiegen ist.

Berücksichtigt man diese Entwicklung bei der Ausgestaltung eines IT-Serviceportfolios, so ergeben sich aus Produktionssicht folgende wesentliche Teilaufgaben:

Zunächst sind die grundlegenden Dienstleistungen durch ein Ausrichten des Portfolios an den Marktanforderungen zu ermitteln. Die sich aus den immer kürzer werdenden Innovationszyklen von Hard- und Software ergebenden technischen Möglichkeiten spielen dabei eine mehr und mehr nachrangige Rolle.

Anschließend sind die vom Markt geforderten kundenindividuellen Leistungen zu identifizieren und im Rahmen des Gesamtportfolios exakt zu definieren. Aus dem Ergebnis der Analyse lassen sich die grundlegenden – unabhängig vom Kunden stets gleich bleibenden – Servicekomponenten und ihre zugehörigen kostenoptimalen Herstellprozesse ableiten.

Die Fertigung der Basisdienstleistungen erweitert um die individuellen Komponenten ergibt den gesamten, kostenminimalen Herstellprozess. Diesen gilt es zum Abschluss auf seine Ende-zu-Ende-Fähigkeit sowie auf seine Flexibilität hinsichtlich marktgetriebener Änderungswünsche zu überprüfen.

Als Beispiel für die Strukturierung eines ICT-Marktportfolios aus Kundensicht ist nachfolgendes Schaubild (Abb. 16.1) eingefügt. Die aufgeführten Lösungsbausteine sind in zwei Gruppen strukturiert.

Die **Applikationsdienstleistungen** umfassen die branchenspezifische Softwareentwicklung und -implementierung inklusive Release Management sowie Optimierung und Tests der Anwendungen als horizontale Servicedienstleistung.

Die **Infrastruktur-Services** beinhalten den Applikationsbetrieb, die Rechenzentrumsbasisdienstleistungen einschließlich der Netzwerk-Services sowie die Endgeräteleistungen.

Ein Kunde kann hierdurch sehr zielgenau auf die für ihn relevanten Leistungsbausteine zugreifen und somit eine auf seine Anforderungen ausgerichtete individuelle Servicebereitstellung beauftragen. Er kann schnell und einfach durch das Gesamtportfolio navigieren und die von ihm aktuell benötigten Dienstleistungen flexibel zusammenstellen. Er kann den Leistungsumfang jederzeit verändern. Braucht der Kunde zum Beispiel zunächst einen stationären Endgeräteservice, wählt er das Modul „Managed Workplace Services". Will er diesen zu einem späteren Zeitpunkt um mobile Leistungen ergänzen, ermöglicht dies der Baustein „Mobile Enterprise Services". Da die Interoperabilität der Leistungsbausteine untereinander produktionsseitig sichergestellt ist, lässt sich dieses zweite Modul schnell und einfach hinzufügen.

Ein gut definiertes Marktportfolio bietet Kunden somit neben Kostenvorteilen eine zügige Servicebereitstellung und Flexibilität bei Leistungsänderungen.

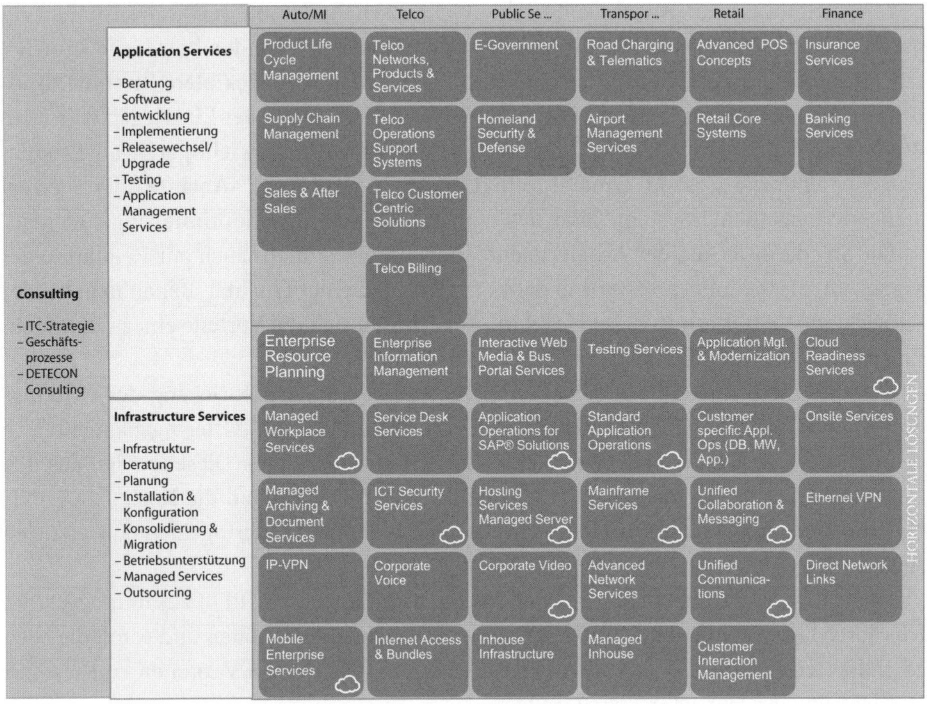

Abb. 16.1 ICT-Marktportfolio ausgerichtet an der Kundensicht. (Quelle: T-Systems)

Durch die stringente Trennung von kundenspezifischer Servicebereitstellung und technischer Leistungserbringung erschließt sich der IT-Serviceorganisation der Weg zur industrialisierten IT-Produktion. Daraus ergeben sich weitere, im Folgenden dargestellte Optimierungspotenziale.

16.2 Standardisierte interne Struktur des Portfolios

Der vorangegangene Abschnitt erläuterte die Notwendigkeit, das Marktportfolio entlang der Kundenanforderungen aufzubauen. Genauso wichtig ist es aber, die Auswirkungen der Portfoliogestaltung auf den Herstellungsprozess und damit die -kosten zu berücksichtigen.

Durch das Steuern der technischen Varianten und die Reduktion der Zahl der Lieferanten lassen sich Skaleneffekte erschließen. Das führt im Allgemeinen zu größeren Einkaufsvolumina nach Herstellern und damit zu höheren Rabattstaffeln im Einkauf. In der Produktion lässt sich hierdurch oft noch zusätzlich die Auslastung des vorhandenen technischen Equipments erhöhen.

Durch die Sicherstellung eines Zwei- bzw. Mehrlieferantenprinzips bei Zulieferteilen lässt sich eine Wettbewerbssituation im Einkaufsprozess erzeugen, die günstigere Einkaufspreise ermöglicht.

Eine Reduktion der Anzahl unterschiedlicher Arbeitsabläufe und -anweisungen resultiert direkt in geringeren Trainingsaufwänden. Zusätzlich werden hierdurch zum Teil erhebliche Automatisierungspotenziale erschlossen. So ist eine flexiblere Personaldisposition (Flexible Staffing Systems) nun sehr viel leichter möglich, der Einstieg in eine Lean Production ist damit geschaffen. Durch Erschließen weiterer wichtiger Lean-Production-Elemente wie „Just-in-Time"-Produktion, „Standard-Work"-Abläufe oder „Performance-Management"-Systeme lässt sich eine nachhaltige Kostenoptimierung einleiten.

Die Standardisierung der Arbeitsabläufe führt darüber hinaus auch zur Reduktion der Varianz im Herstellungsprozess und damit zur Erhöhung der Qualität. Behält man bei der Entwicklung des Offerings diese Hebel im Auge, lassen sich die Vorteile einer industrialisierten IT-Produktion konsequent erschließen.

Um dies möglichst einfach sicherzustellen, werden zur Strukturierung des Offerings drei Klassen von Elementen unterschieden. Zunächst sind die „Offering-Elemente" zu nennen, die dem Kunden als Lösungen verkauft werden können. Diese werden aus den „Standard-Delivery-Elementen" (SDEs) gebildet. Für die SDEs sind die Kosten zu ermitteln und die Qualität zu beschreiben, um die oben genannten Offering-Elemente erstellen zu können.

Die SDEs wiederum werden aus den Production-Elementen (PEs) zusammengesetzt. Hierdurch lässt sich die Zahl der Gleichteile zum Teil deutlich erhöhen und somit die oben geschilderten Effekte, die sich aus der Reduktion der technischen Varianten ergeben, zur Optimierung des Herstellprozesses nutzen.

Das Zusammenwirken ist in nachfolgender Grafik (Abb. 16.2) schematisch dargestellt.

Durch eine solche Strukturierung lassen sich die Objekte des Portfolios mit den zugehörigen Verantwortlichkeiten leicht den Prozessen und Organisationseinheiten einer IT-Serviceorganisation zuordnen. Der Kunde wird auf der Ebene der Offering-Elemente adressiert. Die SDEs stellen das reibungslose Zusammenspiel zwischen Herstellung und Vertrieb sicher. Mittels der Production-Elemente lassen sich die Potenziale einer industrialisierten Produktion durch Erhöhen der Gleichteile bei gleichzeitiger Reduktion der technischen Variantenvielfalt konsequent adressieren. Sind diese strukturellen Voraussetzungen im Portfolio geschaffen, lässt sich der Weg zu einer industrialisierten IT-Produktion weiter beschreiten.

16.3 Vom Produktionsportfolio zum Produktionsprozess

Parallel zur fortschreitenden Standardisierung des Produktionsportfolios gilt es auch, die betrieblichen Leistungsprozesse von der Manufaktur- hin zur Industrieorientierung zu transformieren, um die Kostenpotenziale vollständig ausschöpfen zu können. Die Wandlung manufakturorientierter Abläufe in industrialisierte Herstellprozesse in einem Dienstleistungsunternehmen unterliegt jedoch branchenspezifischen Herausforderungen.

Zunächst steht hier die Abkehr von der Entwicklung aller technisch möglichen hin zum kostenoptimalen Design der für die Dienstleistungen benötigten Lösungen. Dem folgt die stärkere Ausrichtung der Technikbereiche auf betriebswirtschaftliche Fragestellungen, um

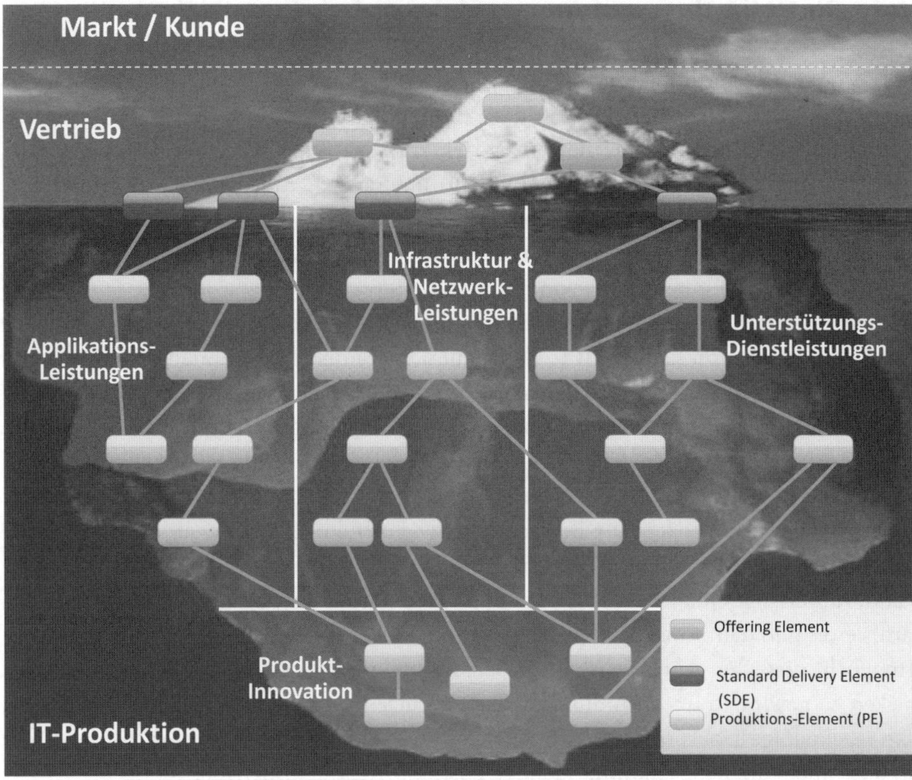

Abb. 16.2 Die Offering-Elemente sind für die IT-Produktion lediglich die Spitze des Eisbergs. (Quelle: T-Systems)

den Betrieb kontinuierlich zu optimieren. Und nicht zuletzt gilt es, moderne Operations-Research-Methoden auch in eine industrialisierte IT-Produktion zu übertragen bzw. sie für diese zu erschließen.

Kritisch für den Erfolg ist jedoch die oft zu beobachtende Ablehnung von Veränderungen, die die Ablösung ganzheitlicher, hochgradig technischer Abläufe durch einfachere, im Allgemeinen automatisierte Verfahren bei den betroffenen Technikern und Ingenieuren hervorruft. Schließlich gehen hierbei wesentliche Inhalte ihres Aufgabenumfelds verloren.

Fazit: Ein leistungsfähiges Marktportfolio unter Berücksichtigung oben genannter Faktoren ermöglicht industrialisierte Produktionsprozesse, die gegenüber traditionellen Methoden und Verfahren zur Serviceerbringung zu deutlichen Kostenvorteilen führen. Der Abgleich mit Produktionsprozessen reiferer Industrien gibt hierbei sehr oft Anregungen und Hinweise auf weitere Optimierungspotenziale.

16.4 Portfolio-Überprüfung auf Make-or-Buy-Potenziale

Die Portfolio-Überprüfung verfolgt das Ziel, dass sich eine IT-Serviceorganisation nur noch auf die Geschäftsfelder selbst in der Produktion konzentriert, die strategisch wichtig sind und in denen ein Wettbewerbsvorteil vorliegt (Kap. 14). Diese Geschäftsfelder werden einer Make-or-Buy-Prüfung (Kap. 19) unterzogen. Auf deren Basis erfolgt eine strukturierte Entscheidungsfindung, ob Teile des Portfolios eingestellt werden („Stop") oder die betroffenen Offering-Elemente zu optimieren sind („Erhalten"). Dabei kann die Optimierung unter Einbeziehung von Partnern bis hin zur Übergabe der Aktivitäten an sie erfolgen („Buy"). Alternativ wird das betroffene Offering-Element weiter durch die eigene IT-Serviceorganisation hergestellt („Make") und es werden ggf. Maßnahmen eingeleitet, die es wieder wirtschaftlich attraktiv machen. In jedem Fall resultiert aus dieser Methode eine strukturierte Entscheidungsfindung, ob ein Make-or-Buy-Projekt für bestimmte Offering-Elemente gestartet wird. Und falls ja, welcher Entwicklungsweg eingeschlagen wird: „Stop", „Make" oder „Buy" – jeweils inklusive der zugehörigen Maßnahmenpakete.

Der vorgelagerte Prozess zur Betrachtung der Portfolio-Elemente einer IT-Serviceorganisation für Make-or-Buy-Prüfungen erfolgt insbesondere unter den Gesichtspunkten Markt, Kosten und Qualität. Insgesamt soll ein marktorientiertes, kostenoptimiertes, standardisiertes und damit wettbewerbsfähiges Produkt-Portfolio definiert werden. Einerseits ermöglicht diese Vorgehensweise die Überprüfung aller Serviceelemente, Klarheit über Risiken zu gewinnen und Handlungsbedarfe rechtzeitig zu erkennen. Andererseits zeigt eine regelmäßige Überprüfung auch Chancen und Möglichkeiten wie Wachstumsfelder auf und unterstützt eine zukunftsträchtige Portfolio-Ausrichtung (Abb. 16.3).

Ein Make-or-Buy-Prüfungsprozess besteht aus zwei Möglichkeiten: Die erste ist eine systematische Prüfung der Elemente eines Portfolios (**Offering Review**). Ziel ist hier, eine erste Handlungsempfehlung in Form einer **Make-or-Buy-Roadmap** auszuarbeiten. Diese ist eine Liste der Portfolio-Elemente zur weiteren, vertieften Analyse. Ein wichtiges Kriterium dieser Handlungsempfehlung ist die strategische Bedeutung des Offering-Elementes. Ist das Element entscheidend für die IT-Serviceorganisation, sollte es – in erster Linie – im eigenen Haus produziert werden. Weiterhin ist die Marktrelevanz ein dominantes Kriterium. Stark kundenrelevante Offerings dürfen in der Regel nur in Abstimmung mit den Kunden von Partnern übernommen werden. Weitere zu beachtende Punkte sind die Anforderungsspezifikationen und die technischen Voraussetzungen. Kann ein Partner die funktionalen und technischen Anforderungen mit hoher Qualität erfüllen? Daneben bietet ein hoher Standardisierungsgrad meist eine gute Basis für eine Auslagerung an Partner, da das Offering leichter modularisierbar ist. Zudem gilt es, bestehende Verträge daraufhin zu prüfen, ob diese einer potenziellen Auslagerung widersprechen und zusätzlichen Aufwand bzw. Kosten verursachen würden. Schließlich spielen zeitliche Abhängigkeiten eine Rolle. Eine lange Umsetzungsdauer der Methode könnte hinderlich und unwirtschaftlich sein.

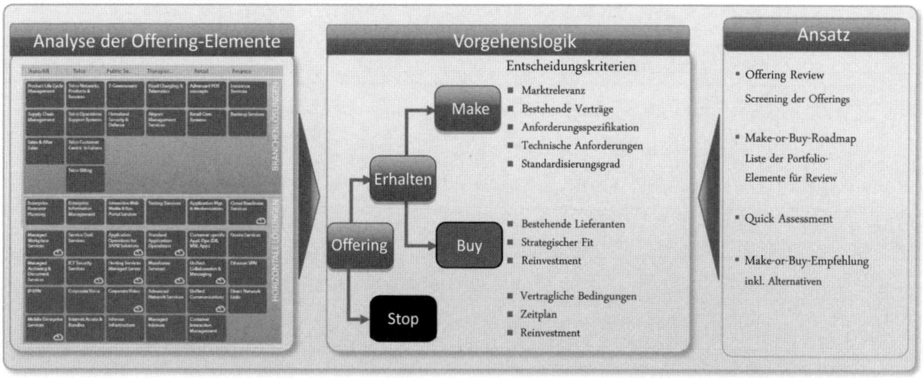

Abb. 16.3 Grobschema: Make-or-Buy-Analyse der Offering-Elemente. (Quelle: T-Systems)

Die zweite Möglichkeit ist ein sogenanntes **Quick Assessment.** Hier werden Offering-Elemente selektiert, die sich durch dringenden Optimierungsbedarf auszeichnen. Auch hier ist das Ziel, eine klare Handlungsempfehlung hinsichtlich Make-or-Buy oder auch potenzieller Alternativen auszusprechen.

RZ 2.0 – Energieeffiziente Rechenzentren und Nachhaltigkeit

17

Rainer Weidmann und Hans-Rüdiger Vogel

Inhaltsverzeichnis

17.1 Nachhaltigkeit und Unternehmensverantwortung

Der ursprünglich in der Forstwirtschaft im 18. Jahrhundert (vgl. von Carlowitz 1713) geprägte Begriff der Nachhaltigkeit hat im Laufe der Zeit immer neue Definitionen und Interpretationen hervorgebracht. Sehr gut nachzulesen ist dies in „Geschichte der Nachhaltigkeit" von Edmund A. Spindler.

Am häufigsten findet sich in der Literatur eine Beschreibung, die sich an die Definition von nachhaltiger Entwicklung des Brundtland-Berichtes der Vereinten Nationen von 1987 anlehnt. Sinngemäß wird eine Wirtschaftsweise dann als nachhaltig bezeichnet, wenn sie dauerhaft funktioniert, ohne ihre eigenen Grundlagen zu schädigen. (vgl. Lexikon der Nachhaltigkeit; Aachener Stiftung Kathy Beys).

R. Weidmann (✉)
Detecon International GmbH,
Dingolfinger Straße 1–15, 81673 München, Deutschland
E-Mail: Rainer.Weidmann@detecon.com

H.-R. Vogel
Detecon International GmbH,
Frankfurter Straße 27, 65760 Eschborn, Deutschland
E-Mail: Hans-Ruediger-Vogel@detecon.com

F. Abolhassan (Hrsg.), *Der Weg zur modernen IT-Fabrik*,
DOI 10.1007/978-3-658-01483-4_17, © Springer Fachmedien Wiesbaden 2013

Der Begriff „Nachhaltigkeit in der IT“ wurde durch das „Corporate Social Responsibility“ (CSR-)Paradigma geprägt und geht über den reinen Energieeffizienz-Gedanken (Green IT) hinaus. Er beschreibt vielmehr das Zusammenspiel zwischen der (Unternehmens-)IT und der Gesellschaft als Ganzes (Ökonomie, Ökologie und Soziales).

- **Ökonomie**
  Auch ohne Berücksichtigung des Nachhaltigkeitsgedankens unterliegt die IT-Produktion einem permanenten Kostendruck, der durch die Globalisierung zusätzlich verschärft wird. Standortentscheidungen für IT-Produktionsstandorte basieren auf immer mehr Faktoren, die bei der Planung der Bestands-RZ noch keine Rolle gespielt haben. Die Energiekosten haben sich in den letzten 15 Jahren von einem eher unbedeutenden Posten zu einem der Kernfaktoren entwickelt. Getrieben wird diese Entwicklung auch vom wachsenden Anteil an politisch veranlassten Abgaben am Gesamtstrompreis, da diese nicht mit langfristigen Lieferverträgen umgangen werden können. Bestehende IT-Produktionsstandorte sind daher gezwungen, ihre Effizienz im Zusammenhang mit Energie- und Flächenverbrauch regelmäßig anzupassen, um im Wettbewerb standhalten zu können.
- **Ökologie**
  Während auf der einen Seite die IT das Verständnis von globalen ökologischen Zusammenhängen und Veränderungen in Form von Simulationsrechnungen erst ermöglicht, ist sie auf der anderen Seite aber auch Teil der Einflussfaktoren. Stichworte wie globale Erwärmung oder Flächenversiegelung und sparsamer Ressourceneinsatz haben einen direkten Bezug zur IT-Produktion. Hier Transparenz zu schaffen, durch Veröffentlichung von CO_2-Bilanzen oder ökologischen Ausgleichsmaßnahmen, dokumentiert das Bekenntnis zur Nachhaltigkeit gegenüber der Öffentlichkeit und beugt so „Image-Schäden“ vor. Gleichzeitig erzwingen der technische Fortschritt und gegebenenfalls auch gesetzgeberische Maßnahmen eine kontinuierliche Verbesserung der entsprechenden KPIs über die gesamte Lebensdauer eines Rechenzentrums.
- **Soziales**
  Soziale Verantwortung und gesellschaftliche Akzeptanz sind hier die Kernelemente. Welche Folgen beispielsweise eine mangelnde gesellschaftliche Akzeptanz einer Technologie haben kann, wenn sie von der Politik aufgegriffen wird, zeigt sich gerade in der Energiewirtschaft am Beispiel der Atomkraft. Die durch die Politik eingeleitete Energiewende stellt die darauf nicht vorbereiteten Energieversorger vor große Herausforderungen und zwingt sie zu teilweise radikalen Veränderungen des Business-Modells.

Die IT, in der Form von großen Rechenzentren der Provider und Co-Location-Anbieter, operierte in diesem Spannungs-Dreieck bisher relativ „unsichtbar“. Sie wird aber unter anderem durch die Greenpeace Studie „How dirty is your data?“, aber auch durch eigenes, aktives Marketing (Stichwort „Green Data Center“) zunehmend in den Blickpunkt der Öffentlichkeit gerückt. Damit verändert sich auch die Wahrnehmung durch die Politik, und der Ruf nach direkter Einbeziehung in gesetzgeberische Maßnahmen zum Klimaschutz wird lauter.

Neben den gesellschaftlichen Aspekten der IT-Produktion des 21. Jahrhunderts (Digital Life, Consumerization der IT etc.) ergeben sich aus dem Nachhaltigkeitsprinzip auch ökonomische Aspekte, die großen Einfluss auf die Ausgestaltung der IT-Produktion haben werden.

Zu nennen sind hier:

- **Steigende Energiekosten**
  Während die Erzeugungskosten regenerativer Energie durch fortschreitende Technik und stetig wachsenden Wettbewerb kontinuierlich fallen, führt der Umbau der Energieversorgung zu Mehrbelastungen im Bereich Energieverteilung und bei den staatlichen Sonderabgaben. Dies verteuert den Faktor Energie direkt und zumindest mittelfristig gesehen auch stetig. Langfristige Lieferverträge für elektrische Energie können den Anstieg nur schlecht abpuffern, da staatliche Sonderabgaben davon ausgenommen sind. Gegensteuern lässt sich nur durch den konsequenten Einsatz energieeffizienter Komponenten und ganzheitlicher Planung unter Effizienzgesichtspunkten. Darüber hinaus werden auch der direkte Einsatz von regenerativen Energiequellen und die sinnvolle Weiterverwendung von Abwärme als Teil der Rechenzentrums-Infrastruktur an Bedeutung gewinnen.
- **Wertewandel in der Gesellschaft**
  Mit zunehmender Sichtbarkeit der IT-Produktion in der Gesellschaft wachsen auch kritische Fragen zu ihrer Nachhaltigkeit. Gerade in der modernen vernetzten Gesellschaft kann ein negatives Image, etwa durch eine schlechte Positionierung im Bereich Nachhaltigkeit oder auch nur durch eine ungenügende Transparenz auf diesem Gebiet, sehr schnell zu einem Kundenschwund und damit zu einem wirtschaftlichen Einbruch führen. Diese indirekten Kosten eines Negativ-Images sind in der Praxis schwer zu quantifizieren und werden daher häufig bei der Planung zu wenig berücksichtigt. Hilfreich wäre es, analog zu einer Business-Impact-Analyse im Zusammenhang mit einer Business-Continuity-Planung, standardmäßig eine solche Impact-Analyse auch für das Thema „Nachhaltigkeit der IT-Produktion“ durchzuführen.

Die folgende Aufzählung von Gesetzen, Verordnungen, Leitlinien und Organisationen stellt nur einen Ausschnitt aus der Vielzahl der Faktoren dar, die unter dem Gesichtspunkt der Nachhaltigkeit Einfluss auf die IT-Produktion haben:

- **EU Code of Conduct for Data Center Efficiency (2008)**
  Dieses Papier ist von der Europäischen Kommission als eine Art Verhaltenskodex im Zusammenhang mit Verbesserungen der Energieeffizienz von Rechenzentren veröffentlicht worden. Grundgedanke war die Schaffung eines gemeinsamen Standards für Rechenzentren in der EU. 2010 wurde ein Best-Practices-Papier zum ursprünglichen Code of Conduct veröffentlicht.

- **Erneuerbare-Energien-Gesetz (EEG)** (ab 01.01.2012 geltende Fassung)
  Ziel für 2020 ist ein Anteil der erneuerbaren Energie von 35 %, welcher bis 2050 auf mindestens 80 % anwachsen soll. Die Einzelfördermaßnahmen des EEG werden durch Umlagen auf den Strompreis finanziert. Gegenwärtig arbeitet die Politik an einer Verschärfung des Gesetzes.
- **Kyoto-Protokoll (UNFCCC)** – Rahmenübereinkommen der Vereinten Nationen über Klimaänderungen (2005)
  In der ursprünglichen Form des Übereinkommens haben sich unter anderem die Länder der Europäischen Union verbindlich dazu verpflichtet, ihren CO_2-Ausstoß im Zeitraum von 2008 bis 2012 um 8 % gegenüber dem Stand von 1990 zu senken. Innerhalb der EU hat Deutschland dabei einen Wert von 21 % zugesagt. 2012 wurde das Abkommen in Doha auch von der Europäischen Union bis 2020 verlängert, vorerst jedoch ohne konkrete Zahlen zu nennen, was aber bis 2015 erfolgen soll.
  Um die sich aus der Vereinbarung ergebenden Verpflichtungen zur CO_2-Reduktion erfüllen zu können, werden die Europäische Union und ihre Nationalstaaten nicht umhinkommen, bestehende Verordnungen und Gesetze zu verschärfen und neue Verordnungen zu erlassen.
- **EU-Emissionshandel (European Union Emission Trading System, EU ETS)** (seit 01.01.2005); Emissionshandelsrichtlinie (Richtlinie 2003/87/EG)
  Dieses System ist als ein Instrument der EU geschaffen worden, um die Ziele der Selbstverpflichtung nach dem Kyoto-Protokoll zu erreichen. Das ursprünglich für Kraftwerksbetreiber und andere CO_2-Großemittenten verbindliche Rahmenwerk wird angesichts der fortschreitenden Klimadiskussion auf immer weitere Bereiche der Wirtschaft ausgedehnt.
- **Renewable Energy Certificate System (RECS)** (2002)
  RECS war das erste internationale System zum Handel mit Herkunftszertifikaten von Strom aus erneuerbaren Energiequellen. Gehandelt wurden zwischen den 15 europäischen Mitgliedsländern die Zertifikate unabhängig vom erzeugten Ökostrom selbst. Der letztlich an die Kunden verkaufte Strom muss dabei nicht aus erneuerbaren Energiequellen stammen, solange die entsprechende Strommenge innerhalb des RECS-Geltungsbereiches aus erneuerbaren Energiequellen erzeugt und dies über Zertifikate nachgewiesen wurde.
- **European Energy Certificate System (EECS)** (2009)
  Das europäische EECS ist ein weiteres System zur Überwachung und Zertifizierung von Herkunftsnachweisen von Strom aus erneuerbaren Energiequellen. Es baut im Wesentlichen auf dem Herkunftsnachweisregister (HKNR) des RECS auf und setzt die EU-Richtlinie 2009/28/EG um. Ab 2013 löst das EECS, welches in Deutschland über das Umweltbundesamt verwaltet wird, das RECS verbindlich ab.
  Weder RECS noch EECS sind echte Ökostrom-Label, da durch Zukauf von Zertifikaten der Strom entsprechend umgelabelt werden kann.

- **Rat für Nachhaltige Entwicklung (RNE)** (seit 2001)
  Der 15-köpfige RNE wurde im Jahr 2001 von der deutschen Bundesregierung ins Leben gerufen. Die Mitglieder sind Personen des öffentlichen Lebens und werden für drei Jahre in den Rat berufen, um sich mit Themen der Nachhaltigkeit zu beschäftigen. Ein Ergebnis dieser Arbeit ist Folgendes:
  – **Deutscher Nachhaltigkeitskodex (DNK)** (vierter Entwurf, 2011)
    Ein rein nationales Leitlinienwerk zur Definition von 20 KPIs für eine nachhaltige Unternehmensführung.
    Im internationalen Umfeld existieren weitere Standards und Leitlinien wie die der **Global Reporting Initiative (GRI) oder der European Federation of Financial Analysts Societies (EFFAS).**

Chancen Häufig wird in einer ersten Reaktion der zunehmende Druck aus Politik und Gesellschaft als Bedrohung für das eigene Business-Modell wahrgenommen, und es wird nach Möglichkeiten zum Gegensteuern gesucht. Dies verschärft aber in der Regel die Situation, führt zu Frontenbildung und erschwert den Blick für die Chancen, die sich aus den Rahmenbedingungen ergeben.

Insbesondere die IT-Industrie hat hier noch Potenzial, wie die folgenden Beispiele verdeutlichen:

- Nicht nur die Effizienzsteigerungsmöglichkeiten der eigenen IT-Systeme sind noch nicht ausgeschöpft, sondern auch die entsprechenden Effizienzsteigerungen bei der Energieerzeugung und Verteilung sowie im produzierenden Gewerbe bieten der IT-Industrie neue Geschäftsfelder.
- Gerade vor dem Hintergrund der Energiewende in Deutschland und der damit verbundenen Diskussion über Energieverteilung und Versorgungssicherheit eröffnet sich der IT-Produktion in Deutschland ein neues Geschäftsfeld. Rechenzentren werden in Zukunft vermehrt nicht mehr nur Energieverbraucher, sondern auch Energieproduzenten sein, die sowohl Strom als auch Wärme in lokale Netze einspeisen. Sei es in Form von Kooperationen mit lokalen Energieerzeugern zum Betrieb von Blockheizkraftwerken und Nahwärmenetzen oder als eigenes Geschäftsfeld bei der Vermarktung von Wind- oder Solarenergie, deren Aufgabe primär die Aufladung der Batteriebänke der unterbrechungsfreien Stromversorgung (USV) wäre.

Im Zuge dieser Überlegungen hat T-Systems im Rechenzentrum München 2007 begonnen, mit innovativen Ideen den Gedanken der Nachhaltigkeit im Rechenzentrum auf eine neue Ebene zu heben. So wurde 2007 die erste Brennstoffzelle im Rechenzentrum in Betrieb genommen. Die mit Biogas betriebene Hochtemperaturbrennstoffzelle (MCFC, Molten-Carbonate-Fuel-Cell) des Herstellers MTU CFC Solutions lieferte 250 kW elektrische Leistung und die entstehende Prozesswärme wurde mittels einer zweistufigen Absorptionskältemaschine in Kälte zur Klimatisierung umgewandelt. Durch diese Technik konnte ein Serverraum (ca. 250 m^2) vollkommen autark mittels der Brennstoffzelle CO_2-neutral versorgt werden. Der Gesamtwirkungsgrad der Anlage lag bei über 90 %, ein sehr guter Wert. Nachdem dieses Kapitel der nachhaltigen Energieerzeugung erforscht war, ging das DC2020-Projekt ab dem Jahr 2009 in Kooperation mit Intel, ebenfalls im Münchener Rechenzentrum, den eingeschlagenen Weg konsequent weiter und untersuchte unter Laborbedingungen, wie auf Verbraucherseite im Rechenzentrum die Energieeffizienz nachhaltig optimiert werden und somit die Kette von der Energieerzeugung bis zum Verbraucher geschlossen werden kann – das System Rechenzentrum.

17.2 DC2020 – Ergebnisse aus dem T-Systems Testlabor

Schon heute wachsen die Server- und Speicherbestände weltweit enorm und neue Netzwerk- und Kommunikationskonzepte erfordern ihrerseits ebenfalls immer mehr Rechenkapazität aus den Rechenzentren. Dieser Trend wird sich auch in Zukunft fortsetzen (vgl. Lange et al. 2011). Neben dem reinen Stromverbrauch der IT-Komponenten muss in einem Rechenzentrum zusätzlich der Stromverbrauch für Klimatisierung, Kälteerzeugung, Lüftung, Beleuchtung, Sicherheitstechnik etc. berücksichtigt werden. Ein wichtiger Hebel gegen den hohen Energieverbrauch der Rechenzentren und den damit verbundenen CO_2-Emissionen ist, eine höhere Energieeffizienz im Betrieb zu erreichen. Eine Optimierung sowohl auf Seite der IT-Hardware als auch im Infrastrukturbereich des Rechenzentrums. Als eine wichtige Kenngröße für die Energieeffizienz der Infrastruktur gilt der sogenannte PUE-Wert (Power Usage Effectiveness) (vgl. The Green Grid 2007). Der PUE-Wert wird als der Quotient des Gesamtenergieverbrauchs zum Energieverbrauch der IT-Komponenten verstanden und spiegelt dadurch den Anteil der zum Rechenzentrumsbetrieb benötigten zusätzlichen elektrischen Verbraucher wider. Je größer der PUE-Wert ist, desto mehr Energie wird nicht für die IT-Hardware aufgewendet, sondern etwa für die Klimatisierung und weitere Betriebsprozesse des Rechenzentrums. Aktuelle Werte bestehender Rechenzentren bewegen sich im Vergleich um 2,0. Die Vergleichbarkeit der Werte ist jedoch nicht trivial, da die Komponenten des Gesamtenergiebedarfs, die Messstellen und die Messperiode unterschiedlich interpretiert werden. Wichtig bei dieser PUE-Betrachtung ist, dass alle Verbraucher, die zum Betrieb des Rechenzentrums gehören, in diesen Wert einfließen und eine Mittelung über einen längeren Zeitraum (Jahresverlauf) erfolgt. Der PUE-Wert alleine sagt jedoch wenig über die Energieeffizienz des gesamten Rechenzentrums aus, da sich z. B. eine Verbesserung in der Energieeffizienz der IT-Hardware sogar negativ auf den PUE-Wert auswirkt. Der Gesamtenergiebedarf darf daher nie aus den Augen verloren werden.

Das Projektziel des „DC2020 – Datacenter2020" war eine systematische Untersuchung, welche Stellhebel insbesondere bei der Klimatisierung vorhanden sind, um die Energieeffizienz der Rechenzentren zu optimieren. Die Erkenntnisse des Projektes DC2020 lassen sich kurz zusammenfassen (vgl. DC2020 2009–2011; Patterson et al. 2011). Grundsätzlich ist eine strikte Trennung von Kaltluft und Warmluft (Rechnerzuluft bzw. -abluft) in den IT-Räumen sicherzustellen. Dies erfolgt durch eine konsequente Abdichtung des

Doppelbodens und durch sogenannte Einhausungen kombiniert mit einer intelligenten Luftmengenregulierung, welche den Luftmengenüberschuss auf der Zuluftseite so gering wie möglich hält. Aus energetischer Sicht ist es dabei unerheblich, ob eine Kaltgang- oder eine Warmgangeinhausung installiert wird. Wichtig ist jedoch, eine möglichst hohe Temperaturspreizung von mehr als 12 K zwischen Kalt- und Warmluft zu erreichen. Einsparungen resultieren dann daraus, dass der Wirkungsgrad der Wärmetauscher bei diesem Arbeitspunkt erhöht wird. Gelingt es noch, die Anzahl der Server und IT-Komponenten in den Racks zu erhöhen und dadurch die Energiedichte zu vergrößern, werden sich auch höhere Temperaturen in der Abluft im IT-Raum einstellen. Eine abgestimmte Vorgehensweise zwischen IT- und RZ-Infrastruktur kann somit zu signifikanten Einsparungen führen. Die Kunst liegt ohnehin darin, die Auslastung der Server richtig zu wählen. Dabei gilt eine permanente CPU-Auslastung von deutlich mehr als 60 % als vorteilhaft, um das erforderliche Temperaturniveau der Abluft erreichen zu können. Geht man mit den Überlegungen dann noch einen Schritt weiter und hebt die Rechnerzulufttemperatur von derzeit ca. 22 °C auf 27 °C an und folgt damit der Empfehlung von ASHRAE (vgl. ASHRAE 2008), sind in Summe aller Maßnahmen Einsparungen im Energieverbrauch und in den CO_2-Emissionen von 25 bis 30 % zu erwarten. Dies wird infolge obiger Maßnahmen u. a. durch den Einsatz der sogenannten freien Kühlung möglich, welche ohne erzwungene Kälte (Kältemaschinen) die Klimatisierung des Rechenzentrums übernehmen kann. Voraussetzung hierfür ist jedoch, dass die Außentemperatur unter der IT-Raumtemperatur liegt. Durch die Lage des gewählten Temperaturniveaus im Systemraum bestimmt man somit die Zeitspanne, in der freie Kühlung möglich ist. Je höher das Temperaturniveau gewählt wird, desto länger ist der Betriebsmodus mit freier Kühlung möglich und desto größer sind die Energieeinsparungen. Setzt man weitere Techniken wie beispielsweise adiabate Kühlung ein, bedeutet dies, dass pro Jahr möglicherweise weniger als 100 Betriebsstunden der Kältemaschinen an Orten wie München zu Buche schlagen, was eine immense Energieeinsparung bedeutet. Bei dieser Auslegung stellt sich beim zukunftsorientierten Rechenzentrumsdesign generell die Frage, ob noch konventionelle Kältemaschinen zum Einsatz kommen müssen oder ob auf alternative CO_2-freie Kühlkonzepte mit natürlichen Ressourcen wie Grundwasser oder Oberflächenwasser zurückgegriffen werden kann. Dies ist jedoch bereits bei der Standortauswahl zu berücksichtigen, da nicht jeder Standort die dafür geeigneten Voraussetzungen mitbringt.

17.3 Ausblick Blueprint DC2020

Wie wird also ein Rechenzentrum der Zukunft betrieben werden? Welche Maßnahmen müssen ergriffen werden, um Nachhaltigkeit und Green IT tatsächlich zu realisieren? Aufgrund der Energieeffizienz muss ein PUE-Wert im Jahresmittel und unter Berücksichtigung sämtlicher elektrischer Verbraucher von 1,3 oder besser angestrebt werden. Dies ist bereits bei der Planung eines Rechenzentrums durch geeignete Maßnahmen sicherzustellen. Hierbei spielen insbesondere die Verwendung natürlicher Ressourcen und die

Erkenntnisse aus dem DC2020-Projekt eine wesentliche Rolle. Ein Temperaturniveau von 27 °C als Rechneransaugtemperatur und ein Betrieb von mehr als 90 % des Jahres mittels freier Kühlung werden grundlegende Kriterien der künftigen Rechenzentren sein. Durch das höhere Temperaturniveau mit großer Temperaturspreizung sind auch günstige Voraussetzungen geschaffen, die Abwärme des Rechenzentrums zu nutzen, um beispielsweise mittels Wärmepumpen benachbarte Bürogebäude, Schwimmbäder etc. zu beheizen. Ein künftiges Rechenzentrum sollte auch nicht starr an feste Designvorgaben gebunden, sondern in der Lage sein, möglichst flexibel auf sich ändernde Rahmenbedingungen zu reagieren. Im Angesicht dessen, dass mittlerweile auch IT-Hardware erhältlich ist, die 40 °C als Ansaugtemperatur zulässt, und auch solche, die auf die Größe eines Zuckerwürfels eine elektrische Leistung von 5 kW projiziert, sind die Flexibilitätsanforderungen, aber auch die Möglichkeiten der Kühlung weit gestreut und müssen bei jedem Rechenzentrum neu berücksichtigt werden. Insbesondere sollten Möglichkeiten und Konzepte der direkten CPU-Kühlung mit Flüssigkeiten (nicht zwingend Wasser) offengehalten und in der Auslegung der RZ-Infrastruktur berücksichtigt werden. Mit dieser neuen modularen und flexiblen Struktur können im Rechenzentrum Anforderungen sowohl nach High-Density-Flächen als auch nach Low-Density-Flächen, z. B. für Archive und Bandverarbeitung, abgedeckt werden. Das bedeutet, für jede Anwendungsklasse existieren unterschiedliche Infrastrukturanforderungen und -lösungen unter einem Dach.

Immer mehr wird das Rechenzentrum zum Mittelpunkt der Informationsbeschaffung und obliegt somit auch speziellen Anforderungen, was dessen Verfügbarkeit betrifft. Sogenannte Twin-Core-Rechenzentren mit redundanter Datenspiegelung machen spürbare Auswirkungen von IT-Ausfällen extrem unwahrscheinlich, und die Daten sind rund um die Uhr hochverfügbar. Um bei diesem Aufwand die Kosten nicht aus den Augen zu verlieren, werden künftige Rechenzentren größtes Augenmerk auf Modularität und Flexibilität legen. Das bedeutet im Detail, dass begonnen bei der Stromeinspeisung, der unterbrechungsfreien Stromversorgung (USV), der Klimatisierung, dem Raumkonzept und der Raumnutzung im Rechenzentrum von der Planung an alle veränderlichen Installationen zu berücksichtigen sind. Die Basisversorgung und zentrale Komponenten sind hingegen so zu gestalten, dass diese Flexibilität von Beginn an gegeben ist und ohne späteren grundlegenden Eingriff in die RZ-Infrastruktur auch realisiert werden kann. Diese vorausschauende Planung und Flexibilität bedeutet insbesondere, unterschiedliche Kühlungsmethoden (direkte CPU-Kühlung) als auch unterschiedliche Energieversorgungsmethoden (Nutzung von Gleichspannung zum Betrieb der IT-Komponenten, da hierdurch Wandlerprozesse und damit auch deren Verluste vermieden werden) von Beginn an ins RZ-Konzept mit aufzunehmen.

Die Klammer um diese Architekturvorgaben bildet ein intelligentes und automatisiertes Powermanagement, welches abhängig vom (Energie-)Zustand der IT als führendes System die RZ-Infrastrukturkomponenten in den optimalen und energieeffizientesten Betriebspunkt bringt. Diese Klammer gilt es zu gestalten, um damit mittels eines intelligenten Datacenter Infrastructure Management (DCIM) den Energiebedarf und die möglichst effiziente Verwendung derselben sicherzustellen. In diesem DCIM sind alle Ebenen von der Versorgungstechnik bis hin auf das CPU- und Memory-Niveau integriert. Durch diese Prozesse ist es möglich, ein intelligentes Lastmanagement auch über verschiedene Standorte hinweg zu gewährleisten.

17.4 T-Systems RZ-Neubau in Magdeburg/Biere

Viele dieser Ideen und Anforderungen werden derzeit in einem RZ-Neubau in Magdeburg umgesetzt. In Magdeburg/Biere entsteht auf einer Grundfläche von 150.000 Quadratmetern derzeit ein neues Rechenzentrum, welches 2014 den operativen Betrieb aufnehmen soll. Insbesondere wurde in Zusammenspiel mit dem bereits bestehenden Rechenzentrum im Magdeburg das Twin-Core-Konzept verwirklicht und der Anforderung nach Flexibilität und Modularität Rechnung getragen.

Das Konzept sieht vor, dass im ersten Bauabschnitt 5.400 Quadratmeter Brutto-IT-Fläche entstehen, welche dann in der letzten Ausbaustufe in Summe 34.200 Quadratmeter erreichen wird. Die künftigen Bauabschnitte sind jeweils nahezu identisch und eine Kopie des ersten Bauabschnittes. Das neue Rechenzentrum ist mit Blick auf Energieeffizienz entworfen worden und der Gesamtenergiebedarf wird gegenüber konventionellen Rechenzentren um ca. 27 % verringert. Erwartet wird ein PUE-Wert zwischen 1,2 und 1,3.

Das Rechenzentrum wird konzeptionell speziell auf Cloud-Anforderungen zugeschnitten sein, was sich im Raumdesign und in der Anordnung der Produktionsanlagen (Server) widerspiegelt. Das Twin-Core-Konzept sieht eine eigene leistungsfähige Netzanbindung und Infrastruktur vor, welche schnellen und zuverlässigen Zugriff auf die Daten und Anwendungen für das Cloud Computing sicherstellt. Das Rechenzentrum wird somit mit redundant ausgelegten Glasfaserstrecken direkt mit dem bundesweiten Telekom-Gigabit-Backbone angebunden. Die beiden Rechenzentren in Magdeburg sind zusätzlich redundant verbunden und das gesamte Twin-Core-Rechenzentrum besitzt somit eine 4-fach redundante Anbindung an den Telekom Backbone – eine neue Dimension der Verfügbarkeit für Cloud-Services.

Literatur

Aachener Stiftung Kathy Beys: Lexikon der Nachhaltigkeit. http://www.nachhaltigkeit.info/artikel/erste_verwendung_durch_die_vereinten_nationen_1728.htm. Zugegriffen: 14. Dez. 2012.

ASHRAE. 2008. White paper: Environmental guidelines for datacom equipment. The American Society of Heating, Refrigerating and Air-Conditioning Engineers, Inc. (AHRAE), 2008.

Bassen, A. 2011. DNK – Deutscher Nachhaltigkeitskodex des Rates für Nachhaltige Entwicklung.

Carlowitz von, H. C. 1713. Sylvicultura Oeconomica.

Cook, G., J. Van Horn, und Greenpeace International. 2011. How dirty is your data?

DC2020. 2009–2011. Whitepaper DC2020 No. 1–3. T-Systems International GmbH und Intel GmbH. http://www.datacenter2020.de.

Eberhard-Harribey, L. 2006. Corporate social responsibility as a new paradigm in the European policy: How CSR comes to legitimate the European regulation process. *Corporate Governance* 6 (4): 358–368.

Lange, C., et al. 2011. Energy consumption of telecommunication networks and related improvement options. *IEEE Journal of Selected Topics in Quantum Electronics* 17 (2): 285.

Patterson, M., et al. 2011. *An investigation into cooling system control strategies for data center airflow containment architectures.* In Proceedings of the ASME 2011 Pacific Rim technical conference & exposition on packaging and integration of electronic and photonic systems, InterPACK2011. July 6–8, 2011, Portland, Oregon, USA.

Rat für Nachhaltige Entwicklung. 2012. Der Deutsche Nachhaltigkeitskodex (DNK).

Spindler, E. A. 2012. Geschichte der Nachhaltigkeit – Vom Werden und Wirken eines beliebten Begriffes.

The Green Grid. 2007. WP#6 – The green grid data center power efficiency metrics: PUE and DCiE. http://www.thegreengrid.org/Global/Content/white-papers/The-Green-Grid-Data-Center-Power-Efficiency-Metrics_PUE-and-DCiE.

Zisler, S., und Vattenfall Europe Hamburg AG. 2007. European energy certificate system – Herkunftsnachweis für Grünstrom.

Sourcing-Strategien 18

Birgit Wahl und Carsten Glohr

Inhaltsverzeichnis

Insbesondere wenn Unternehmen an komparativen Kostenvorteilen anderer Lokationen partizipieren möchten, müssen neben der Standortentscheidung auch geeignete Sourcing-Strategien und -modelle gefunden werden.

Solche Modelle definieren die Basis, auf der Dienstleister und Auftraggeber zusammenarbeiten. Dies können Captive-Modelle wie Ausgründungen, Joint Ventures und Akquisitionen oder auch Non-Captive-Modelle wie ein Offshore-Ansatz mit einem externen Dienstleister in Asien sein. Zusätzliche Ausprägungsdimensionen wie „Nearshoring“ vs. „Offshoring“ oder „Single-Sourcing“ vs. „Multi-Sourcing“ erhöhen zusätzlich das Spektrum möglicher Modelle.

B. Wahl (✉)
T-Systems International GmbH,
Fasanenweg 5, 70771 Leinfelden-Echterdingen, Deutschland
E-Mail: Birgit.Wahl@t-systems.com

C. Glohr
Detecon International GmbH, Sternengasse 14–16, 50676 Köln, Deutschland
E-Mail: Carsten.Glohr@detecon.com

F. Abolhassan (Hrsg.), *Der Weg zur modernen IT-Fabrik*,
DOI 10.1007/978-3-658-01483-4_18, © Springer Fachmedien Wiesbaden 2013

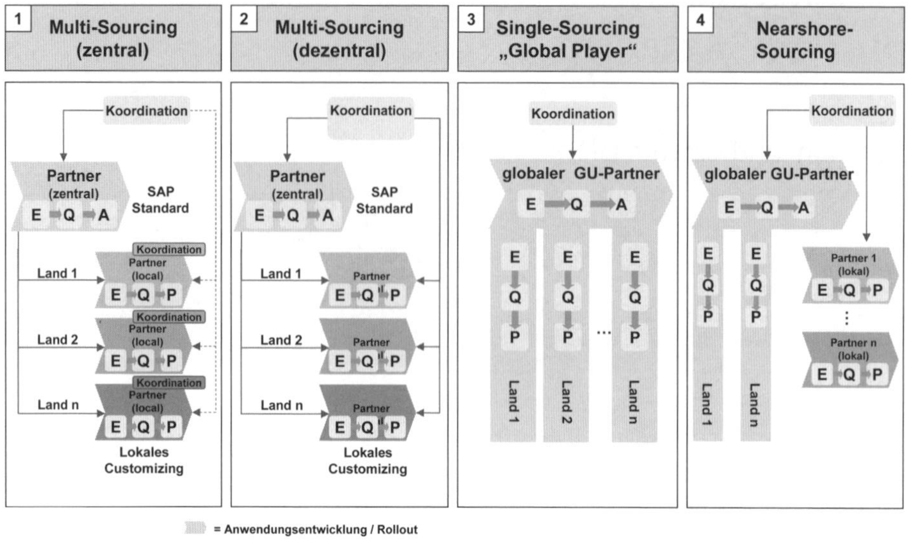

Abb. 18.1 Modelle mit konzernfremder Beteiligung, i. e. Non-Captive-Modelle. (Vgl. Detecon 2010, 2011)

Nur wenige Faktoren beeinflussen den Outsourcing-Erfolg so stark wie die Auswahl bzw. Definition des passenden Sourcing-Modells. Die Varianten an Sourcing-Modellen sind mannigfaltig und unterscheiden sich hinsichtlich der folgenden Kriterien:

- Kosten wie laufende Kosten, Setup- und Transitionskosten
- Flexibilität und Agilität wie Vorlaufzeit und Skalierbarkeit
- Steuerungsfähigkeit und Übereinstimmung mit strategischen Zielsetzungen
- Umsetzungsfähigkeit wie Zugriff auf Ressourcen und Stabilität des Skill-Pools
- Risiken wie Geschäfts-, Transitions-, Sicherheits- und Compliance- sowie Stabilitätsrisiken

Die Wahl eines unpassenden Sourcing-Modells kann weitreichende Folgen bis hin zum Misserfolg der gesamten Outsourcing-Initiative haben. Es lassen sich vier grundsätzliche Varianten, die in Abb. 18.1 grafisch dargestellt sind, unterscheiden.

Zentrales Multi-Sourcing-Modell Bei einem zentralen Multi-Sourcing-Modell arbeitet der Auftraggeber mit mehreren zentralen oder lokalen Partner zusammen. Das Partnering wird inhaltlich stark von der zentralen Service-Management-Organisation gesteuert und bestimmt. Lokale Partner werden daher von der Zentrale ausgewählt (in lockerer Abstimmung mit den lokalen, regionalen Einheiten). Vorteile einer Multi-Sourcing-Konstellation ist der starke Wettbewerb der Provider untereinander, eine geringe Abhängigkeit von einem Provider und die dadurch sichergestellte Kundenorientierung, die bei einem Single-Sourcing-Ansatz und der damit verbundenen hohen Abhängigkeit leicht verloren gehen kann.

Dezentrales Multi-Sourcing-Modell Bei einem dezentralen Multi-Sourcing-Modell wählt die Landesgesellschaft die lokalen Partner selbst aus und das zentrale Partnermanagement konzentriert sich lediglich auf die Beratung und Vermittlung von Best Practices. Zwar ist der dezentrale Multi-Sourcing-Ansatz teilweise flexibler und besitzt oft höhere lokale Akzeptanz. Dennoch lässt sich in einem zentralen Ansatz das Partnermanagement besser professionalisieren und es existiert eine höhere Gesamttransparenz über die Sourcing-Volumina, sodass sich auch bessere Skaleneffekte erzielen lassen. Allerdings ist der Koordinations- und Kommunikationsaufwand oft höher.

Single-Sourcing-Modell Beim Single-Sourcing-Modell wird ein großer global tätiger Provider als strategischer Partner gesucht. Hierunter wird die Beauftragung einer der Big-Player der IT-Branche als Generalunternehmer (GU) zur Erbringung definierter Dienstleistungen verstanden. Dieser hat zumeist seinen Stammsitz in den „Developed Markets“ und besitzt eine möglichst breite Abdeckung der lokalen Standorte des Kunden. Er hat neben der globalen Abdeckung oft auch günstige Near- und Offshore-Kompetenzen im Angebot. Sofern Lücken in der eigenen Organisation existieren, wird der strategische Partner sie als GU an sein Partnernetzwerk unterbeauftragen, sodass die Kundenorganisation nicht viel davon mitbekommt. Das gesamte lokale Partnermanagement übernimmt der strategische Partner. Die Hauptvorteile dieses Modells liegen:

- in der kurzen „Time-to-Target“-Umsetzung
- in den enormen Mitarbeiter-Kapazitäten
- in der Reputation des Dienstleisters sowie
- in den geringen internen Steuerungsaufwänden, bedingt durch die Rolle des Partners als Generalunternehmer.

Andererseits werden hierdurch auch die Einflussnahme-Möglichkeiten des Auftraggebers minimiert. Verstärkt wird dieser Effekt noch, wenn der Auftraggeber relativ klein im Vergleich zum Dienstleister ist und nicht hinreichend wahrgenommen wird. Die fehlende „Augenhöhe“ kann dann schnell zum Aus der Partnerschaft führen.

Infrastruktur-Sourcing Im Bereich des Infrastruktur-Outsourcings ist ein solches Modell ggf. am besten in der Lage, Skaleneffekte und Konsolidierungspotenziale zu realisieren. Ein reiner Near-/Offshore-Spezialist ist in dieser Variante der strategische Partner. Diese unterscheiden sich heutzutage noch oft stark von den globalen Full-Service-Anbietern, kommen nicht selten aus den „Emerging Markets“ und verfügen daher über signifikante komparative Kostenvorteile. Es existieren allerdings auch oft starke sprachliche und kulturelle Unterschiede zwischen Provider und Kunde.

Im Folgenden wird im Single-Sourcing die Steuerung von Near-/Offshore als Bestandteil eines globalen Liefermodells betrachtet.

18.1 Near-/Offshore

Die Definition der Begriffe Near-/Offshore ist eine Frage der Betrachtung. Aus der europäischen Sicht sind die Niedriglohnländer in Zentral- und Osteuropa im Nearshoring führend, auch wenn die Türkei dazwischen immer mal wieder genannt wird. Wesentliche Offshore-Standorte sind die asiatischen Staaten, hauptsächlich Indien und China.

Aus Sicht des amerikanischen Marktes sind die Staaten Mexiko und Brasilien in der Vergangenheit die wesentlichen Nearshore-Standorte gewesen. Chile unternimmt sehr viel, um in die Liga einzutreten. Im US-Markt haben sich die indischen Top-IT-Unternehmen sehr schnell einen Namen gemacht, da die Sprache keine wesentliche Barriere darstellte. Allerdings lässt sich ohne wesentlichen Onsite-Anteil hier kein Offshore-Liefermodell aufzeigen, da die Zeitzonen kaum Überlappung zur Zusammenarbeit bieten.

Im asiatischen Markt gibt es nur Nearshore-Modelle, da sowohl Sprache, Kosten als auch Zeitzone zutreffen. Allerdings ist gerade in dieser Region die Preissensitivität extrem hoch, und nicht mehr alle Länder in Asien können hier wettbewerbsfähig anbieten.

Im Zusammenhang mit Near-/Offshore müssen die Begriffe Onshore und Onsite geklärt werden. Onshore bezeichnet Leistungen, die von Near-/Offshore-Mitarbeitern vor Ort erbracht werden. Onsite dagegen sind ebenfalls Vor-Ort-Leistungen. Doch im Unterschied zu Onshore kommen hier lokale Mitarbeiter zum Einsatz.

In den letzten Jahren haben sich Onshoring-Ansätze (fly-in) bei den Consulting- und Projektmanagement-Aufgaben herausgebildet. Mitarbeiter werden in Nearshore-Lokationen ausgebildet und dann onshore in Hochpreisländern vor Ort beim Kunden eingesetzt. Die Arbitrage von Lohnkosten ist signifikant, sodass zusätzliche Aufschläge für Reiseaufwände kompensiert werden können.

Ein weiterer erkennbarer Trend ist die Erhöhung von Nearshore-Anteilen im Liefermodell. Der kulturelle Fit, Sprache und Zeitzone minimieren Aufwände für Integration und Zusammenarbeit. Außerdem sind die Anteile standardisierbarer Leistungen, die im Offshore ohne Einbuße von Effizienz erbracht werden können, in vielen Aufträgen noch zu gering.

Der Offshore-Anteil im Rechenzentrumsbetrieb ist heute noch sehr viel geringer als in der Applikationsentwicklung oder dem -betrieb. Dies hat sicherlich als Ursache, dass nicht alle IT-Dienstleister Rechenzentrumskapazitäten (kapitalintensive Leistungen) anbieten.

18.2 Delivery-Modell

Die Wertschöpfungskette eines Services wird in die unterschiedlichen Komponenten zerlegt und einem Liefermodell zugeordnet:

- Onsite/Onshore
- Nearshore
- Offshore

Dabei spielen folgende Kriterien eine Rolle:

- Kundennähe, Integration und Abstimmungsbedarf (Governance-Modell zwischen Kunden und Provider)
- Standardisierbarkeit
- Kosten
- Qualität

Im Sinne der Standardisierung muss jeder Service zerlegt, klar beschrieben und einem Liefermodell zugeordnet werden. Wesentlich ist, dass in der Lieferkette die Übergänge minimiert werden, das heißt, dass nicht mehr als 2–4 Übergänge der Lieferkette stattfinden sollen. Dabei ergibt sich in der Regel ein Anteil der Near-/Offshore-Fähigkeit von 60–80 %.

Während der Angebotsphase werden die so im Servicekatalog beschriebenen Services mit den Kundenanforderungen abgeglichen und modifiziert. Ziel muss es sein, das Standardliefermodell soweit wie möglich beizubehalten und damit auch den Near-/Offshore-Anteil.

Wesentliche Kundenrestriktionen sind Datenschutz- und Datensicherheitsvorgaben, notwendige Sprachen in der Kundeninteraktion/-kommunikation und Zeitzonen. Es hat sich als Nachteil erwiesen, in der Kundenkommunikation mit Übersetzungstools zu arbeiten. Deshalb werden die Sprache, Zeitzone und kultureller Fit immer mehr zu bestimmenden Faktoren im Auswahlprozess. Alle Top-Offshore-Unternehmen variieren heute im Delivery-Modell zwischen den Onsite-, Nearshore- und Offshore-Kapazitäten.

Nicht nur europäische IT-Firmen sind mit Lokationen in Zentral- und Osteuropa zu finden, sondern auch die großen Offshore-Player.

Im genannten Modell wird ein Standort vorgeschlagen. Durch die Kombination von unterschiedlichen Services zu einem Angebot können somit mehrere Standorte miteinander kombiniert werden. Jeder Standort bedeutet zusätzlichen Koordinationsaufwand und erhöht die Kosten des Liefermodells. Bei mehr als 7–8 unterschiedlichen Lokationen in einem Liefermodell potenzieren sich die Kosten für Kommunikation und Koordination. Im Kap. 18.5 „Defragmentierungsstrategie" wird aufzeigt, wie das Liefermodell aus Sicht des Kunden und aus Sicht des Service ausbalanciert wird.

18.3 Globales Liefernetzwerk von 1:1 zu n:m

Die Anfänge des Near-/Offshoring waren geprägt durch eine 1:1-Lieferbeziehung – eine Onsite-Lokation hat mit einem Nearshore- oder Offshore-Standort zusammengearbeitet.

Diese Lieferbeziehung wurde sehr schnell abgelöst durch die Kombination von Near- und Offshore-Liefermodellen zu einer Sourcing-Strategie. Auf diese Weise wurden die Vor- und Nachteile von „reinen" Near- und Offshore-Modellen kompensiert, mit dem

Nachteil, dass in der Lieferkette mehr Schnittstellen zu bedienen sind. Dies setzt eine starke Standardisierung von Prozessen, Tools und Steuerung voraus.

Die Themen Lean Production und Automatisierung, die von lokalem Wissen und Optimierung getrieben sind, werden hierbei nicht gefördert. Deshalb setzt die Entwicklung ein, dass es eine globale Vernetzung der Standorte und ein n:m-Liefermodell geben muss. Moderne Kommunikationsmethoden sowie globale Vernetzung und Standards machen dies möglich – die Erweiterung der wissensbasierten Ansätze zu vernetzten Organisationen basierend auf modernen Kommunikationsformen, die auch von den sozialen Netzwerken genutzt werden (Webex, Chats, Communicator, Telepresence …). Die Menge und die Geschwindigkeit an Information und Wissen machen es zudem notwendig, von einem datenbankgetriebenen Wissensaustausch zu interaktiven Formen überzugehen.

Zusätzlich sind Strukturen für Abstimmung, Planung und Vorgehen erforderlich – virtuelle Organisationsformen wie Center-of-Excellence und Communities bilden sich.

Das n:m-Netzwerk fordert auch ein gemeinsames Verständnis und Selbstverständnis bei Qualität, Verhalten (sog. Sense of Urgency), Eskalationsmechanismen im Tagesgeschäft und in Ausnahmefällen. Denn an der Schnittstelle zum Kunden sollte das globale Liefernetzwerk nicht oder kaum spürbar sein.

Durch ein Austauschprogramm wird das gemeinsame kulturelle Verständnis angegangen. Hier werden auf allen Ebenen Mitarbeiter global zwischen den Lokationen ausgetauscht. Als wichtig hat sich erwiesen, dass in einem Austauschprogramm klare Ziele definiert werden. Das Austauschprogramm ist kein Incentive für Mitarbeiter, sondern ist darauf ausgelegt, Schnittstellen zwischen Standorten abzugleichen und spürbar effizienter zu gestalten. Eine Zusammenarbeit zwischen Budapest (Ungarn), Cyberjaya (Malaysia) und Puebla (Mexiko) wird genauso selbstverständlich wie zwischen München und Hamburg. In einem globalen n:m-Liefernetzwerk erfordert die organisatorische Steuerung die Bereitschaft, in einer zweidimensionalen Führungsstruktur zu agieren. Hiermit können die globalen und lokalen Notwendigkeiten berücksichtigt werden.

18.4 Optimierung von bestehenden Lokationen

Da der Treiber Nr. 1 die Kosteneinsparung ist, werden die bestehenden Lokationen im Sourcing-Verbund regelmäßig einem Benchmark unterzogen. Dabei werden

- Kosten
- Produktivität
- Auslastung
- Qualität und
- Skills

einander gegenübergestellt. Hier werden auch neue Lokationen betrachtet, eine Erweiterung des bestehenden Netzwerks in Betracht gezogen – ggf. auch bestehende Lokationen verkleinert oder geschlossen.

Dies bedeutet nicht immer, in neue Länder zu gehen, sondern auch in bestehenden Ländern in günstigere Regionen. Pro Jahr wird sich auf diese Weise das globale Near-/Offshore-Netzwerk verändern. Am Beispiel CEE lässt sich dies gut verdeutlichen. Gestartet sind sehr viele IT-Firmen in den Hauptstädten der Länder Tschechien, Slowakei, Ungarn und Rumänien. Heute finden sich die meisten dort nur noch mit Office-Standorten, die Produktionsbereiche wurden jedoch in andere Regionen dieser Länder verlagert – in Rumänien von Bukarest nach Iaşi oder in Tschechien von Prag nach Brünn.

Von der Untersuchung bis zur ersten Produktionsaufnahme vergehen ca. 6–9 Monate. Eine wesentliche Voraussetzung ist die Fähigkeit, vernetzt und in virtuellen Strukturen zu arbeiten.

Bestehende Lokationen müssen sich dabei den Anspruch von 10–16 % Effizienzsteigerung pro Jahr stellen. Dies wird neben den klassischen Methoden durch die Steuerung der folgenden Maßnahmenpakete erreicht:

- Verringerung der benötigten Skill-Klassen pro Service durch Standardisierung und Automatisierung
- Reduktion von Trainings- und Einarbeitungskosten durch eine „Learning Organization"
- Bündelung von Services („Size Matters"); siehe Kap. 18.5 „Defragmentierungsstrategie".

18.5 Optimierung von Services durch Defragmentierungsstrategie

Die Defragmentierung von Services und Kunden entsteht durch organisches Wachstum von neuen und bestehenden Near-/Offshore-Lokationen und durch dedizierte Übernahmen von Mitarbeitern im Outsourcing.

Die Defragmentierung ist ein periodischer Prozess, der dazu führen soll, dass entweder das Volumen pro Service in Lokationen optimiert oder die Anzahl von beteiligten Liefereinheiten für einen Kunden reduziert wird. Wesentliche Faktoren in der Defragmentierung sind:

- Skaleneffekte durch Volumenbündelung
- Schnittstellenminimierung durch Reduktion von Lokationen

Der Widerspruch zwischen möglichst viel Volumen pro Standort und möglichst wenig Lokationen pro Kundenvertrag kann nicht pauschal beantwortet werden. Deshalb wird eine kontinuierliche Wiederholung der Defragmentierungsmethoden empfohlen, da sich Volumen und Optimum durch Automatisierung und Standardisierung verschieben.

Folgende Vorgehensmodelle lassen sich unterscheiden:

- True Up (Analysephase)
- See&Proof (Quick-Wins & Assessment für die zukünftige Verteilung und Zielwerte für „Size Matters")

- Way Forward (Implementierung und Modifikation der Sourcing-Matrix für zukünftige Vorhaben)

Mit der Neuverteilung der Services auf die Lokationen werden auch klare Zielvorgaben für die Effizienzsteigerung erstellt.

18.6 Transition und Transformation nach Near-/Offshore

Der Kunde sieht die erfolgreiche Transition als wesentlichen Schritt. Für das Erreichen der betriebswirtschaftlichen Kennzahlen ist der Transformationsprozess ebenso wichtig.

Mit der Transition von Services nach Near-/Offshore wird der erste Einsparungseffekt in den People-driven-Services erzielt. Nach der Stabilisierungsphase beginnt dann der Transformationsprozess, der entweder in einem kontinuierlichen Verbesserungsprozess (Standardisierung, Automatisierung und Lean Management) beschrieben oder dediziert nach Kunde aufgesetzt wird.

Durch die Überlappung von unterschiedlichen Kunden in einem Service wird in vielen Fällen die kontinuierliche Verbesserung als Hebel gewählt. Entsprechende Effizienzprogramme:

- Kosteneinsparung
- Produktivitätssteigerung „more with less"

Hebelwirkung unterjähriger Vorjahreseffekte steuern die angestrebten Werte von 7–14 % je nach Reifegrad und Volumenzuwachs. Zielvorgaben, welche Effekte über welche Hebel erzielt werden, und klare Messvorgaben für den monatlichen Fortschritt sind wesentlich für den Erfolg. Dabei werden die Effizienzvorgaben in allen Bereichen kaskadiert.

In den „People-driven"-Geschäftsmodellen muss die substanzielle Verbesserung der Ziele relevant sein. Deshalb muss man auf tatsächliche Produktivitätssteigerung zielen: Sprich, ein Mitarbeiter muss mehr Output in der gleichen Zeit erreichen. Deshalb basiert die Messung von Produktivität auf messbaren log. Einheiten und Prozessschritten:

- Wie viele logische Einheiten wie Storage, Server, SAP-Systeme, Exchange-User, Datenbanksysteme werden pro Mitarbeiter im Monat betreut?
- Wie viele Incident- & Problem-Tickets, Aufträge werden pro Monat von einem Mitarbeiter bearbeitet?

Wesentlich – wie bei allen Messungen – ist die vollumfängliche Erfassung aller Mitarbeiter, um pro Monat aussagefähig zu sein. Benchmarkwerte zwischen Lokationen und Wertschöpfungsanteile zeigen darüber hinaus Optimierungspotenziale auf.

18.7 Demand- und Ressourcensteuerung

Near-/Offshore-Lokationen werden mit hoher Auslastung gefahren. Für diese Auslastung ist eine verlässliche Kapazitätsplanung notwendig. Bausteine der Kapazitätsplanung sind:

- jährliche Demand-Planung
- 6-monatliches Rolling Forecasting

1. Demand-Planung
In der Demand-Planung findet eine Mengenplanung auf Basis von Bestandsgeschäft, Transitionen und Effizienzsteigerung statt. Diese Mengenplanung wird im 6-monatigen Forecast auf Services und notwendige Skill-Klassen heruntergebrochen und in eine Ressourcenplanung übersetzt.

Anschließend werden in der integrierten Ressourcenplanung zwischen Produktion und HR (Human Ressource Management) die folgenden Mitarbeiterbewegungen geplant:

- Effizienzsteigerung
- Transition von neuen Services
- Defragmentierung
- Fluktuation
- Elternzeit (bei sehr jungen Organisationen ein nicht zu unterschätzender Anteil)

Daraus resultieren dann Einstellungsbedarfe, Skill-Shift-Programme und Kapazitätstransfer.

2. Monatliches Rolling Forecasting
Der Forecast wird monatlich zwischen den Near-/Offshore-Lokationen und den beauftragenden Geschäftseinheiten abgeglichen. Dabei ist es wichtig, die Forecast-Genauigkeit von nahezu 95 % zu erreichen, um daraus die Auslastung auf 90 % zu steigern. Diese Auslastung wird erreicht, da die Steuerfunktionen, Managementfunktionen und Querschnittaufgaben sehr schlank gehalten werden. Der sog. Overhead liegt bei unter 5 %.

Weitere 5 % werden für die Flexibilität – kurzfristige Projektierungen und Volumenschwankungen – Skill-Shift-Programme und Ressourcen-Transfer benötigt.

Die notwendigen Skill-Shifts und Ressourcen-Transfers zwischen den unterschiedlichen Einheiten werden über eine Kapazitäts- und Skill-Management-Umgebung gesteuert.

Bei einer Effizienzsteigerung von 7–14 % je nach Servicecluster muss der Ressourcen-Transfer systematisch angegangen werden und kann nicht durch eine Volumensteigerung ausgeglichen werden. Die freigesetzten Mitarbeiter werden durch Effizienzmaßnahmen zeitnah trainiert und in neuen Services eingesetzt.

Dies resultiert am Ende in einer Auslastungsmessung der fakturierbaren Einheiten von über 90 % als Zielgröße.

Skill-Shift findet ebenfalls serviceübergreifend statt, da innerhalb von Serviceclustern eine Verschiebung von eingesetzten Skills zu höherwertigen Skills den Service verteuert. Die Bedarfe werden über die Planung und den laufenden Forecast gesteuert und in Kap. 19 betrachtet.

Literatur

Detecon. 2010, 2011. „Schematisches Szenario aus verschiedenen Detecon Projekten zum Thema Sourcingstrategie", Projektleiter C. Glohr.

Wertschöpfung durch Make-or-Buy-Entscheidungen

19

Carsten Glohr und Henryk Biesiada

Inhaltsverzeichnis

Es gibt heutzutage kaum noch größere Unternehmen, die nicht signifikante Teile ihrer IT fremdverlagert haben. Daher kommt der Frage, welche IT-Leistungen intern produziert werden sollen und welche zugekauft werden sollen (engl. Make or Buy) eine hohe Bedeutung zu. Viele Unternehmen stützen sich in der Entscheidungsfindung auf etwas schwer greifbare Aussagen, beispielsweise bei der Fragestellung, was zu ihrer Kernkompetenz gehört und was nicht. Es empfiehlt sich, die Make-or-Buy-Entscheidungen jedoch nicht aus einer oft „oberflächlichen" Kernkompetenzbetrachtung heraus festzulegen. Vielmehr sind für eine fundierte Entscheidung klare Kriterien erforderlich.

C. Glohr (✉)
Detecon International GmbH, Sternengasse 14–16, 50676 Köln, Deutschland
E-Mail: Carsten.Glohr@detecon.com

H. Biesiada
T-Systems International GmbH, Mecklenburgring 25, 66121 Saarbrücken, Deutschland
E-Mail: Henryk.Biesiada@t-systems.com

F. Abolhassan (Hrsg.), *Der Weg zur modernen IT-Fabrik*,
DOI 10.1007/978-3-658-01483-4_19, © Springer Fachmedien Wiesbaden 2013

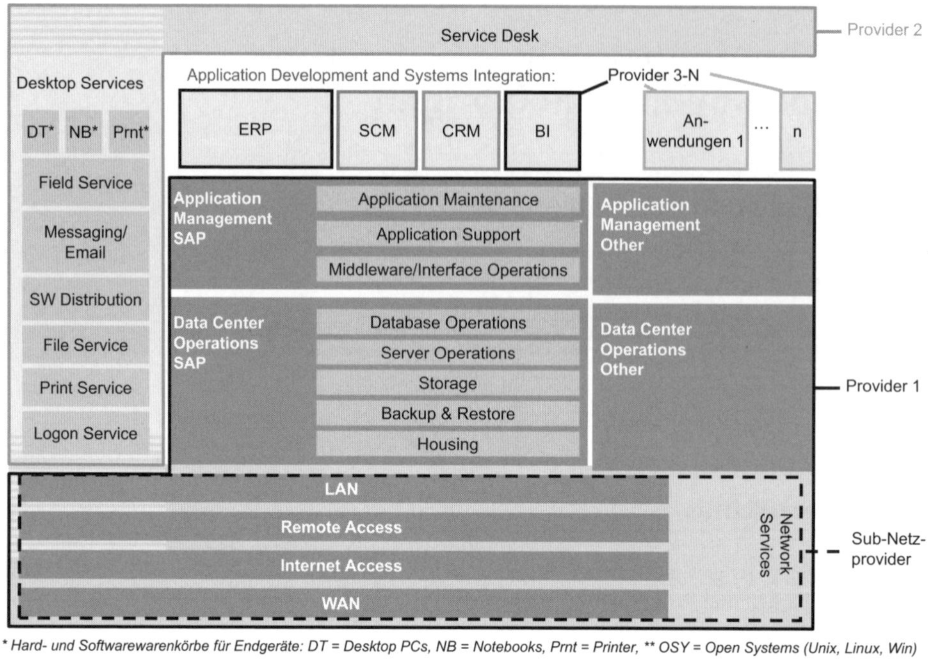

Abb. 19.1 Übliche Servicepaketierung in einem Multisourcing-Szenario. (Vgl. Detecon 2012)

19.1 Definition der geeigneten Wertschöpfungstiefe

Der Grundstein für ein erfolgreiches Outsourcing wird bereits in einer frühen Phase gelegt – im Rahmen der Selektion geeigneter Wertschöpfungsanteile. Hierbei steht die Klärung der Frage im Fokus, welche Objekte (z. B. Services, Prozesse, Dienstleistungen oder organisatorische Einheiten) sich für eine Auslagerung anbieten bzw. eignen. Empfehlenswert ist es zunächst, eine geeignete mögliche Paketierung der Wertschöpfungsanteile zu definieren. In der Praxis bewährt haben sich vor allem serviceorientierte Paketierungen (Beispiel siehe Abb. 19.1).

Die IT-Servicemodule sollten möglichst klar zueinander abgrenzbar sein und vergleichsweise geringe Abhängigkeiten zueinander besitzen, um Schnittstellenprobleme zu reduzieren. Für die zu verlagernden Services sollten zudem klar messbare Servicequalitäten (SLAs) und Bezugsgrößen (für Verrechnungsmodelle) existieren, damit die Fremdverlagerung des IT-Services beherrschbar ist.

Die Eignung ist dann gegeben, wenn eine Verlagerung ein hohes Potenzial (Kosteneinsparpotenzial, Qualitätsverbesserungspotenzial oder Gewinn an Flexibilität) bei moderatem Risiko oder guter Machbarkeit besitzt (Abb. 19.2).

Häufig wird dieser frühen Entscheidung nicht hinreichend Bedeutung beigemessen. So lassen sich havarierte Outsourcing-Initiativen neben einer fehlerhaften Provider-Aus-

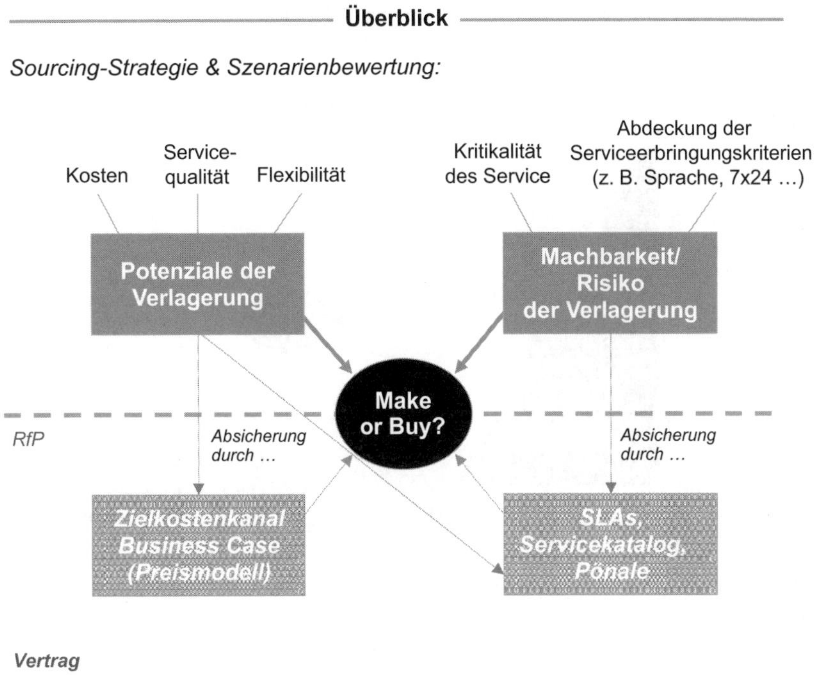

Abb. 19.2 Kriterien für die Festlegung einer geeigneten Wertschöpfungstiefe im Rahmen einer Sourcing-Strategie. (Vgl. Detecon 2012)

wahl auch teilweise auf eine subjektive, übereilte Entscheidung oder einen nicht fundierten Zuschnitt der Wertschöpfungstiefe zurückführen. Fehler in dieser frühen Phase sind im weiteren Verlauf eines Outsourcing-Prozesses meist nur sehr schwer korrigierbar. Daher erfordern gerade die Auswahl, sinnvolle Paketierung und Abgrenzung von Sourcing-Kandidaten ein Höchstmaß an Professionalität und Erfahrung.

Nachfolgend wird eine Standardmethodik zur Selektion geeigneter Sourcing-Kandidaten skizziert, welche bereits in zahlreichen Projekten verwendet und kontinuierlich weiterentwickelt wurde. Ergebnis ist sowohl eine geeignete Wertschöpfungstiefe als auch eine sinnvolle Paketierung von Servicemodulen, die auch selektiv fremdvergeben werden können und sich daher sehr gut für ein Multi-Sourcing an verschiedene Provider eignen.

19.2 Machbarkeit und Risiken einer Verlagerung

Kern dieser Standardmethodik bildet eine mehrstufige Entscheidungsfindung. So werden zunächst „Risiko/Kritikalität" und „Verlagerbarkeit" pro Servicemodul bewertet, um nachfolgend zu einer Gesamtbewertung im Hauptfaktor „Machbarkeit" aggregiert zu werden (siehe Abb. 19.3).

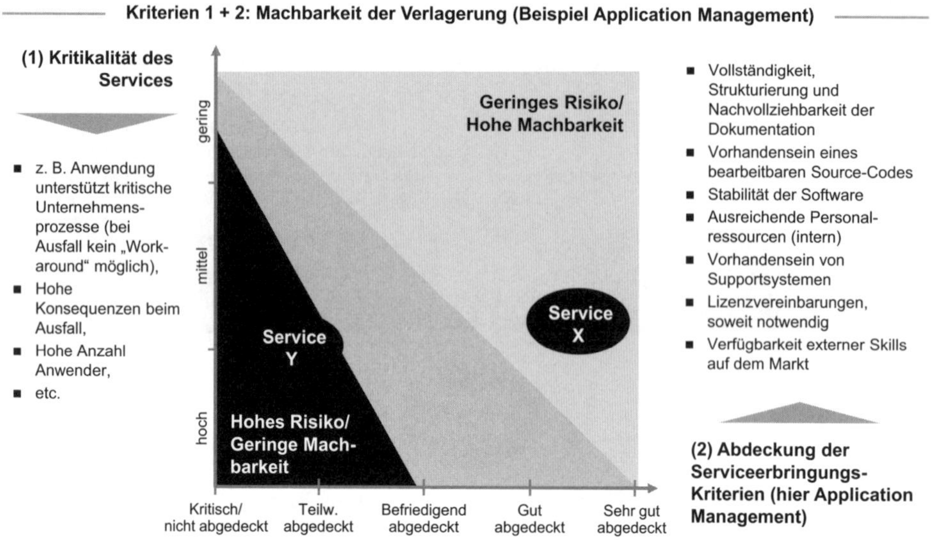

Abb. 19.3 Beispielhafte Kriterien für Machbarkeit einer Verlagerung – Application Services. (Vgl. Detecon 2012)

Mittels des Faktors „Risiko/Kritikalität" wird bewertet, wie kritisch die Anwendung oder der Service für das Unternehmen sind. Zu diesem Zweck wird analysiert, welche Unternehmensprozesse durch die Applikation oder den Service unterstützt werden, welche Konsequenzen ein Ausfall hätte und wie viele Anwender in diesem Fall nicht mehr arbeiten könnten. Bei der Bewertung der „Verlagerbarkeit" wird vor allem geprüft, ob fachliche Voraussetzungen für eine Verlagerung gegeben sind. Hierzu zählen z. B. die Vollständigkeit der Dokumentation, die Modularität und Paketierungsfähigkeit der Applikation, die breite Verfügbarkeit des benötigten Know-hows sowie die Steuerbarkeit eventueller Compliance-Restriktionen. Sind Kompetenzen im eigenen Unternehmen rar (z. B. keine Cobol-Programmierer mehr), aber am Markt noch gut verfügbar, so ist die Machbarkeit für eine Verlagerung positiv zu bewerten. Geprüft werden muss auch, ob die verbleibende Organisation ausreichend auf eine Fremdverlagerung vorbereitet ist. Dabei spielt es eine wichtige Rolle, inwieweit formalisierte Prozesse (z. B. Test-, Deployment-, Anwendungsentwicklung etc.) im Unternehmen gelebt werden und auf eine Arbeitsteiligkeit mit einem Provider adaptierbar sind.

Beide Einzelbewertungen werden zum Hauptfaktor „Machbarkeit" aggregiert. Die Ergebnisse ermöglichen eine separate Bewertung pro Servicemodul und können in dem dargestellten Portfolio visualisiert werden.

Insbesondere die Fremdvergabe von „Application Services" besitzt hohe Risiken (aber teilweise auch hohe Potenziale) und wird daher im Markt sehr kontrovers betrachtet. Im Gegensatz zu den eher austauschbaren Infrastrukturservices (Computing Services, Desk-

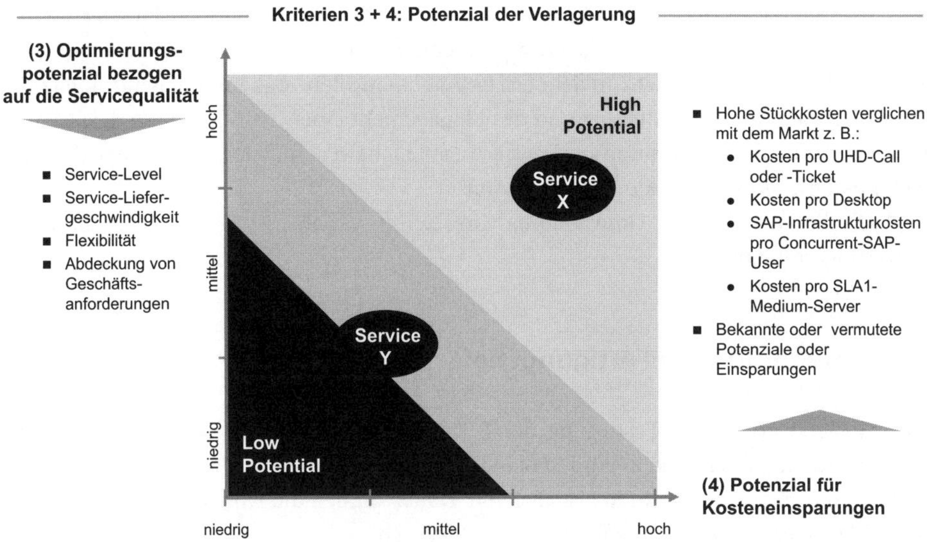

Abb. 19.4 Kriterien für das Potenzial einer Verlagerung. (Vgl. Detecon 2012)

top Services, Storage, Network Services) ist hier oft eine Einzelbetrachtung pro Anwendung erforderlich. Nicht selten müssen dabei 50 oder mehr Anwendungen bewertet werden.

19.3 Potenziale einer Verlagerung

Zudem erfolgt eine Bewertung der Optimierungspotenziale pro Servicemodul bezüglich „Servicequalität" und „Kosten". Die Ergebnisse dieser Bewertung aggregieren sich im Hauptkriterium „Potenzial der Verlagerung" (Abb. 19.4).

Das Hauptkriterium „Potenzial der Verlagerung" wird durch Analyse und Bewertung wichtiger Optimierungspotenziale in puncto Servicequalität und Kosten gebildet.

Beispiele für ein Potenzial im Bereich Servicequalität finden sich oft bei kleineren, aber global tätigen Unternehmen, welche nicht die Möglichkeiten besitzen, aus eigener Kraft einen 7 × 24 SLA zu gewährleisten, dies aber am Markt zu erschwinglichen Preisen einkaufen können.

Kostenoptimierungspotenziale können (a) nur grob abgeschätzt werden oder auch (b) sehr genau mittels eines Stückkosten-Benchmarkings berechnet werden. Ein echtes Benchmarking ist allerdings aufwendig. Beide Vorgehensweisen (a, b) besitzen ihre Berechtigung. Eine hohe Genauigkeit in einer frühen Phase gibt höhere Planungssicherheit und ermöglicht die genauere Quantifizierung der Potenziale in Form einer Wirtschaftlichkeitsrechnung. Dabei erfolgt ein Vergleich der Marktpreise mit den Ist-Kostenprognosen und dadurch lassen sich Finanz-KPIs wie z. B. der Net Present Value (NPV) oder Return on Investment (ROI) für die Verlagerung berechnen. Schätzt man die Potenziale nur grob ab, so ist das kein „Beinbruch". In dem Fall betreibt man allerdings anschließend einen größeren Aufwand für die Erstellung und das Management einer Ausschreibung. Die Gefahr ist dann, dass sich die Hoffnung auf Einsparungen nicht in den Bieterangeboten widerspiegelt und dieser Aufwand dann vergebens war.

Auch die Vorteile einer Umwandlung von fixen in variable Kosten etc. können in die Bewertung mit einfließen.

19.4 Definition der Fertigungstiefe

Abschließend erfolgt die Festlegung der Fertigungstiefe durch Aggregation der beiden Hauptfaktoren „Machbarkeit" und „Potenzial" pro Servicemodul. Das Ergebnis lässt sich in dem konsolidierten Portfolio visualisieren. Dabei können die Dimensionen „Potenzial" und „Machbarkeit" unterschiedlich gewichtet werden.

Services, die eine hohe Machbarkeit und ein hohes Potenzial aufweisen (in der Abb. 19.5 Zone „Go") werden im Rahmen der nächsten Phase ausgeschrieben. Services, die ein mittleres Risiko und Potenzial aufweisen (Zone „Check"), können probeweise als separates Los zunächst mit ausgeschrieben werden und dann abhängig von den Zugeständnissen der Bieter fremdvergeben werden. Hier bleibt die Entscheidung für eine Fremdverlagerung aber offen. Services mit niedrigem Potenzial und hohem Risiko verbleiben in-house (Zone „No Go").

Dieses Vorgehen ermöglicht eine fundierte, professionelle und nachvollziehbare Entscheidungsfindung und bildet auf diese Weise eine wichtige Basis für eine erfolgreiche Outsourcing-Strategie.

Die zuvor beschriebene Methodik bezieht sich auf die Untersuchung und Anpassung der Fertigungstiefe bei einem bereits bestehenden IT-Serviceportfolio. Ein Sonderfall ist die Entwicklung einer Make-or-Buy-Entscheidung in Bezug auf ein künftiges IT-Serviceportfolio. Dies kann erforderlich sein, wenn ein Unternehmen beispielsweise international expandieren will oder wenn ein Serviceprovider Partnerstrukturen aufbauen will, um mögliche neue Kunden bedienen zu können. Dies kann „aus eigener Kraft" geschehen oder aber es werden externe oder interne Partnerstrukturen für künftige Leistungsbeziehungen aufgebaut.

Oft ist es dann erforderlich, die oben beschriebene Servicepaketierung um eine regionale Dimension zu ergänzen und um die Eignung von Lieferantenmodellen, denn Liefermodelle von Offshore-Spezialisten, „Global Playern", Vendoren, Integratoren, technologischen Spezial-Providern oder lokalen Providern unterscheiden sich stark. Hier ist ein Abgleich der Strategien möglicher zukünftiger Partner wichtig, um einen Partner auf passender „Augenhöhe" zu finden. Pro Service und Region werden dann eine Fertigungstiefe und ein geeignetes Partnermodell festgelegt. Es folgen zwei Beispiele für externes und internes Partnering.

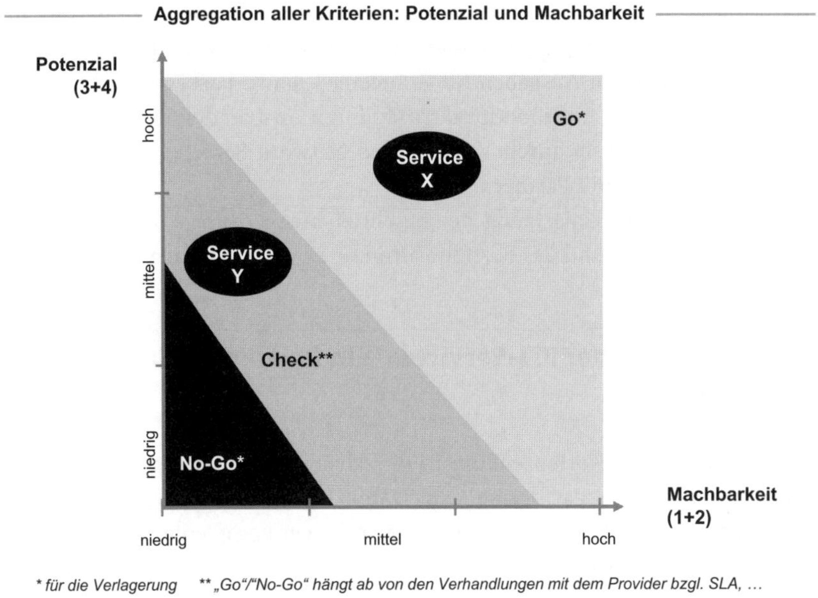

Abb. 19.5 Konsolidiertes Entscheidungsportfolio für selektives Make-or-Buy. (Vgl. Detecon 2012)

19.5 Internationale Netzwerkdienstleistungen – ein Beispiel für externes Partnering

Im Bereich der internationalen Netzwerkdienstleistungen setzen Unternehmen schon seit Jahren auf die Zusammenarbeit mit externen Partnern als Serviceprovider. Dieses Modell ist im Sinne von Make-or-Buy für die internationalen Telekommunikationsunternehmen interessant, die meist aufgrund der historischen Entwicklung über eine starke Position in einer Region verfügen und sich den wettbewerbsfähigen Marktzugang in anderen Regionen der Welt langfristig nur durch hohe Investitionen sichern könnten.

Im internationalen Geschäft mit Netzwerkdienstleistungen führen Preise über Marktniveau aufgrund zu hoher Gesamtkosten zunehmend zu Geschäftsverlusten. Zur Wiederherstellung der Wettbewerbsfähigkeit müssen die Kosten und folglich die Preise, bei zumindest gleicher Qualität, signifikant reduziert werden.

Liegt zumeist gerade im TK-Business ein vollständiges Outsourcing des Geschäfts nahe, muss dies aber nicht immer vorteilhaft sein. Ein Mix aus kurzfristigen Maßnahmen (z. B. Neuverhandlungen existierender Verträge, Wechsel zu einem günstigeren Access Provider) sowie die mittelfristige Ausrichtung als „Service Integrator", der Services und Infrastruktur von lokalen Partnern einkauft, kann die Kostenstruktur nachhaltig verbessern.

Damit lässt sich auch die Qualität auf hohem Niveau halten und somit die Wettbewerbsfähigkeit erreichen oder wiederherstellen.

Grundsätzliche, langfristige Verbesserungspotenziale liegen bei der Optimierung des Netzwerk-Designs, der Senkung der Kosten für die Netzzugänge, in der Etablierung einer konsequenten Prüfung von Ausgaben für Zulieferer („Third Party Spend Management") sowie einer Erhöhung der Angebotsattraktivität durch Ausbau des Serviceportfolios, z. B. die Erweiterung der Dienste durch Value Added Network Services – im „Buy"-Modus, d. h. in Zusammenarbeit mit Partnern.

Mit der erfolgreichen Umsetzung des beschriebenen Lösungskonzeptes können die Kosten deutlich reduziert und das Portfolio attraktiv erweitert werden.

19.6 Optimierung der ICT-Services – ein Beispiel für internes Partnering

Eine weitere Möglichkeit, Kostensenkungen zu realisieren und somit wettbewerbsfähig zu bleiben, kann ein internes Partnering sein. Damit ist die Bündelung von Einheiten gemeint, die in großen, global agierenden ICT-Konzernen komplementäre Märkte oft mit komplementären Portfolios bedienen.

Als Verlagerungsoption hebt das interne Partnering bedeutsame Synergien und weist wie eingangs in Abschn. 19.1 beschrieben hinsichtlich Kosteneinsparungen, Qualitätsverbesserungen und Gewinn an Flexibilität bei moderatem Risiko und relativ einfacher Machbarkeit eine gute Eignung auf.

Durch ideale Ergänzung von Portfolio und Kundengruppen kann es beim internen Partnering gelingen, sich als ein ICT-Komplettanbieter unter einer Dachmarke zu positionieren. Eine typische Ausgangssituation ist, dass eine Einheit einer IT-Serviceorganisation flächendeckend für ein bestimmtes Kundensegment IT-Services anbietet und eine andere Einheit für ein komplementäres Kundensegment TK-Services als Kerngeschäft hat. Solche Einheiten unter eine einheitliche Führung zu stellen, bietet die Vereinheitlichung des Marktauftritts mit dem Angebot integrierter ICT-Leistungen. Oftmals herrscht auch eine ungünstige, nicht wertschöpfende Wettbewerbssituation solcher Einheiten vor, die sich durch eine interne strategische Partnerschaft beenden lässt.

Typische Herausforderungen solcher Einheiten sind der Preisdruck im Service, eine ungünstige Preisstruktur, Lücken im Portfolio und dass zwingend notwendige Kostenoptimierungen nur durch Wachstum möglich sind. Um eine Wachstumsinitiative hin zu einem ICT-Full-Serviceprovider mit einem höherwertigen Serviceportfolio zu ermöglichen, ist eine Harmonisierung solcher Einheiten die Lösung. Die Vorteile interner strategischer Partnerschaften ergeben wie bereits skizziert eine Win-win-Situation für alle Beteiligten. Zum einen gelingt es, als Full-Serviceprovider konsolidiert den Markt zu adressieren. Andererseits erreicht man die notwendigen Kostensenkungen gleichzeitig durch Wachstum und Effizienzsteigerung. Potenzielle Auslastungsrisiken als einzelne Einheiten mit spezialisiertem Portfolio werden durch Bündelung beider Geschäfte und Stärken kompensiert. Gerade im ICT-Umfeld entsteht auch die Chance eines ganzheitlichen Zertifizierungs-

Know-hows einer IT-Serviceorganisation, was eine bessere Marktpositionierung ermöglicht.

Auch für die Mitarbeiter ist es eine zukunftsorientierte Lösung, da sie neue Perspektiven für ihre Skill-Entwicklung eröffnet.

Durch interne Bündelung von komplementären Einheiten entsteht eine markterprobte, umsetzungsstarke Einheit mit konsolidiertem und marktorientiertem Portfolio.

Literatur

Detecon, Glohr, C. 2012. Methodenpräsentation „IT-Outsourcing Advisory" (die skizzierte Methodik wurde in einer Vielzahl von Detecon Beratungsprojekten erarbeitet und angewendet).

Optimierung von Einkaufsportfolio und Supplier Management

20

Peter Schnitzenbaumer und Thomas Wind

Inhaltsverzeichnis

20.1 Supplier als Teil der Wertschöpfungskette

Kunden erwarten von einer IT-Serviceorganisation standardisierte und kosteneffiziente Lösungen, die gleichzeitig möglichst individuell sein sollen bei einem Höchstmaß an Qualität. Moderne, im internationalen Wettbewerb stehende IT-Lösungsanbieter sind mit zunehmender Konzentration auf ihre Kernkompetenzen und abnehmender Fertigungstiefe Teil einer komplexen weltweiten Wertschöpfungskette. Sie integrieren in ihre Leistungsgestellung eine Vielzahl von Produkten und Dienstleistungen, die sie von Lieferanten beziehen. Es liegt auf der Hand, dass Kundenanforderungen nur erfüllt werden können, wenn Qualität und Kosten über die gesamte Supply Chain hinweg konsequent Ende-zu-Ende gemanagt werden. Ein professionelles Supplier Management ist daher für IT-Serviceorga-

P. Schnitzenbaumer (✉)
T-Systems International GmbH,
Danziger Platz 12, 60314 Frankfurt, Deutschland
E-Mail: Peter.Schnitzenbaumer@t-systems.com

T. Wind
T-Systems International GmbH,
Mecklenburgring 25, 66121 Saarbrücken, Deutschland
E-Mail: Thomas.Wind@t-systems.com

F. Abolhassan (Hrsg.), *Der Weg zur modernen IT-Fabrik*,
DOI 10.1007/978-3-658-01483-4_20, © Springer Fachmedien Wiesbaden 2013

nisationen ein zentraler Baustein zur Optimierung der Service- und Produktqualität und kann – richtig eingesetzt – ein wertvolles Instrument zur Steigerung der Innovationskraft sein.

20.2 Herausforderungen im Supplier Management

Gibt es bei einem Auto Probleme mit den Bremsen, wird nicht der Hersteller der Bremsen von den Kunden dafür verantwortlich gemacht, sondern der Autohersteller. Neben Kosten durch eine erforderliche Rückrufaktion entstehen zusätzlich empfindliche Imageschäden bis hin zur Kundenabwanderung. In der industriellen IT ist dies nicht anders. Fällt ein Router aus, beklagt sich der Kunde nicht beim Hersteller des Routers, sondern bei seinem IT-Dienstleister. Schon ein vermeintlich kleiner Fehler kann in der IT-Industrie immense Folgen haben, wie der tagelange Ausfall der gesamten IT einer europäischen Großbank beweist.

Während in „reifen“ Branchen – wie beispielsweise der Automobilindustrie – der Anteil fremdbezogener Leistungen mittlerweile rund drei Viertel und mehr ausmacht, liegt die IT-Industrie hinsichtlich dieser geringen Fertigungstiefe noch zurück. Die Entwicklungsrichtung ist allerdings mit einer zunehmenden Industrialisierung der Branche hin zur modernen IT-Fabrik klar vorgezeichnet. In diesem Kontext führt die Strategie einer im internationalen Großkundengeschäft beheimateten IT-Serviceorganisation, sich auf ihre Kernkompetenzen zu konzentrieren und zunehmend Anteile ihrer Wertschöpfungskette an Lieferanten auszulagern, zwangsläufig zu einer wachsenden Bedeutung eines an den Unternehmenszielen ausgerichteten Supplier Managements. Dies geht über den reinen Einkauf hinaus und umfasst die systematische Steuerung und Betreuung aller Lieferanten einer IT-Serviceorganisation unter Berücksichtigung technisch-funktionaler, qualitativer, kommerzieller und rechtlicher Faktoren über den gesamten Lebenszyklus der Geschäftsbeziehung.

Aus diesem Verständnis heraus leiten sich eine Vielzahl an Herausforderungen im Supplier Management ab. Diese können – vereinfacht gesprochen – zum einen nach externen, in der Konstellation der Anbieterstrukturen und der jeweiligen Supplier begründeten, zum anderen nach internen, aus der eigenen Unternehmensstruktur resultierenden Faktoren unterschieden werden.

Extern stellt beispielsweise der Grad der Abhängigkeit von einzelnen Suppliern eine Herausforderung dar, was dazu führen kann, dass sich die IT-Serviceorganisation in einem hohen Abhängigkeitsverhältnis mit häufig einseitig formulierten Liefer- und Leistungsbeziehungen und suboptimalen Beschaffungskonditionen befindet. Ein weiteres Spannungsfeld kann sich daraus ergeben, dass Lieferanten in anderen Kundensituationen auch als Wettbewerber oder als Zulieferer eines Wettbewerbers auftreten können.

Die Zusammenarbeit mit einer Vielzahl von Suppliern – entweder historisch gewachsen oder unter Wettbewerbsgesichtspunkten bewusst gewählt – erhöht im Gegenzug den mit Auswahl, Steuerung und Betreuung verbundenen Aufwand für lieferantenorientierte Aktivitäten. Neben dem hohen Steuerungs- und Betreuungsaufwand kommt hinzu, dass die Bündelung von Einkaufvolumina – wenn überhaupt – nur mit erheblichem Aufwand realisiert werden kann und die Erhöhung des Standardisierungs- und Automatisierungsgrades schleppender vorankommt.

Intern sehen sich viele Unternehmen mit dem Problem konfrontiert, dass kein klares Verständnis über Umfang, Aufgaben und Inhalte eines Supplier Managements vorhanden ist und eine adäquate organisatorische Verankerung mit definierten Schnittstellen fehlt. Häufig ist der Einkauf als separate Beschaffungseinheit nur unzureichend in die Unternehmensprozesse (Plan-Build-Run) im Rahmen einer übergeordneten Sourcing-Strategie integriert. Fehlt diese zwingend erforderliche prozessuale und fachliche Verzahnung mit allen betroffenen Unternehmensbereichen, kommen keine effektiven Steuerungs- und Betreuungsstrukturen zustande. Eine der Ursachen hierfür sind unzureichend etablierte und umgesetzte Governance-Modelle, die die Beziehungen als auch das Rollenverständnis zwischen den involvierten Bereichen regeln müssen. Fehlende oder unzureichend geklärte Aufgabenbeschreibungen und Verantwortlichkeiten in den Sourcing-Prozessen sowie nicht aufeinander abgestimmte Ziele- und Anreizsysteme tragen dazu bei, dass das Supplier Management nicht „aus einem Guss" erfolgt. Dieses muss über „klassische" Einkaufsfunktionen hinausgehen und bereichs-, phasen- und technologieübergreifend erfolgen und dabei sämtliche lieferantenorientierte Aufgabenbereiche von Auswahl, Integration, Bewertung und Kollaboration umfassen.

Für komplex strukturierte IT-Serviceorganisationen bietet sich eine Gespannstruktur an, wobei das Supplier Management einerseits in einem Zentralbereich, andererseits aber auch in den jeweiligen Produktionslinien verankert ist. Während das zentrale Supplier Management die spartenübergreifende Koordination übernimmt, ist ein Verbleib von Supplier-Management-Funktionen in der Linienorganisation insbesondere deshalb erforderlich, um eine Nähe zum operativen Geschäft und zu den Suppliern in den jeweiligen Beschaffungskategorien sicherzustellen. In dieser Gespannstruktur werden die unterschiedlichen Sichtweisen und Bedürfnisse aller Stakeholder im Sinne eines „One Face to the Supplier" zusammengeführt.

20.3 Nachhaltige Verankerung einer „Null-Fehler-Kultur"

Mit dem Ziel einer Nullfehlerquote, die der Markt von industriell gefertigten IT-Services erwartet, besteht eine wesentliche Aufgabe des Supplier Management darin, dass auch die Leistungen der einzelnen Supplier als Bestandteil der Wertschöpfungskette diesem Qualitätsanspruch entsprechen. Die Unternehmensstrategie einer IT-Serviceorganisation muss daher zwingend eine „Null-Fehler-Kultur" auch bei allen Suppliern verankern. Vor diesem Hintergrund müssen in einem umfassenden Supplier-Qualitätsprogramm alle Maßnahmen zur Erreichung höchster Liefer- und Servicequalität gebündelt werden, um jede

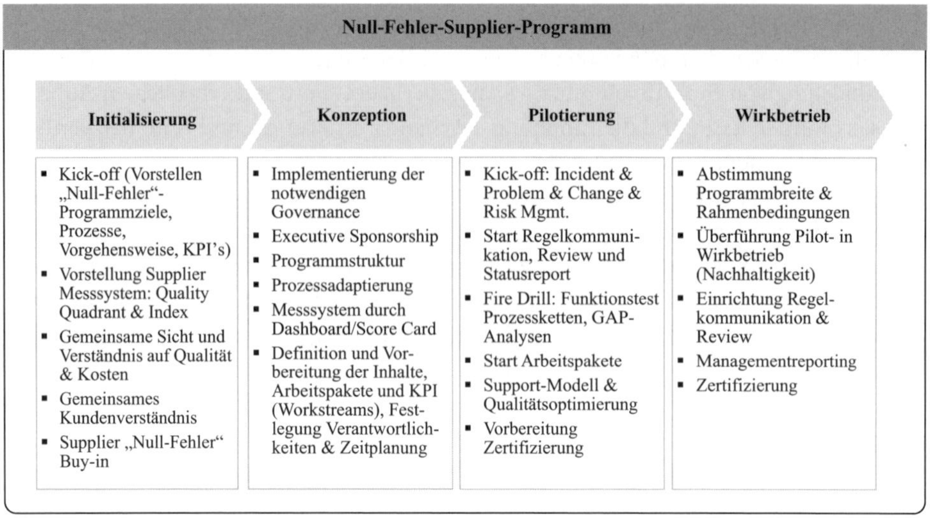

Abb. 20.1 Übersicht Vorgehensweise Null-Fehler-Supplier-Programm. (Quelle: Autoren)

mögliche und tatsächliche Schwachstelle präzise adressieren und nachhaltig ausmerzen zu können. Supplier müssen so in die weltweiten Prozessstandards eingebunden werden, dass Perfektion zum Leitgedanken der eigenen Arbeit wird.

Für diese Integration ist zunächst eine grundlegende Abstimmung auf Managementebene über ein gemeinsames Kunden- und Qualitätsverständnis sowie über Aufgaben, Inhalte und Vorgehensweise zur Zielerreichung erforderlich. Die operative Umsetzung startet mit einer Konzeptionsphase, in der ein detaillierter Kriterienkatalog abgearbeitet wird, der neben Prozessharmonisierung in den Bereichen Incident-, Problem-, Change- und Riskmanagement u. a. die Einrichtung eines 24/7-Supports, Reportingstrukturen sowie die gemeinsame Erarbeitung eines Support-Modells für eine nachhaltige Qualitätsoptimierung umfasst. Dieses Support-Modell umfasst sowohl reaktive als auch proaktive Services, da im Rahmen eines integrierten Qualitätsmanagements der Fehlervermeidungs- gegenüber der Fehlernachbesserungsstrategie der Vorzug zu geben ist. Wie die Praxiserfahrung zeigt, bildet die Ausarbeitung und Festlegung eines Governance-Modells die Grundlage für eine erfolgreiche Zusammenarbeit. Neben der Governance zeigt ein definiertes und abgestimmtes KPI-Set die einzelnen Qualitätsindikatoren, die jeder Lieferant zu erfüllen hat. Auf dieser Basis erfolgt die regelmäßige Bewertung, Darstellung und Gegenüberstellung der Qualitätsparameter wie beispielsweise „Mean-Time-to-Repair“ oder „Problem Management Solution Rate in Time“ für alle Lieferanten in einem umfangreichen Quality Dashboard (Abb. 20.1).

Die Überprüfung und Anpassung der Vertragsgrundlagen mit den jeweiligen Suppliern zur qualitätskonformen Harmonisierung der vereinbarten Servicelevel ist in der Pilotierungsphase für den Start des Wirkbetriebs durchzuführen.

Eine Supplier-Zertifizierung auf Grundlage dieses Kriterienkatalogs schafft einen für beide Seiten verbindlichen Qualitätsstandard, dessen Erfüllung neben dem technisch-funktionalen Leistungsumfang und kommerziellen Eckwerten ein wesentliches Bewertungskriterium für die Fortführung der Geschäftsbeziehung und das Neugeschäft ist.

20.4 „More for Less" auf Basis von Konsolidierung und neuen Kooperationsformen

Neben dem Primat höchster Liefer- und Servicequalität muss im Supplier Management auch das Ziel sinkender Einkaufskosten verfolgt werden. Kostensenkungspotenziale in der Beschaffung ergeben sich bei hoher relativer Nachfragemacht insbesondere durch Ausnutzung von Wettbewerb unter Lieferanten oder bei hoher relativer Anbietermacht durch Veränderung der Natur der Nachfrage. Bei gleichhohen Nachfrage-/Anbietermacht-konstellationen muss gemeinsam nach Win-win-Situationen gesucht werden. Die Festlegung von Einsparzielen setzt zunächst eine exzellente Datenbasis in den jeweiligen Beschaffungskategorien, über aktuelle und potenzielle Supplier, Marktentwicklungen und Wettbewerbskonditionen voraus. Nur auf dieser Basis ist es möglich, Einsparziele zu formulieren, die ambitioniert und gleichzeitig auch realistisch sind. Insbesondere für eine Kostenoptimierung ist im Supplier Management eine optimale Verzahnung zwischen Einkauf und der Fachseite erforderlich, die beispielsweise über eine Teambildung nach Beschaffungskategorien und einzelnen Suppliern bzw. Supplier-Gruppen erfolgen kann und das Capacity Management als einen zentralen Prozess einer IT-Serviceorganisation einschließen muss. Wenngleich der Einkauf für die Beschaffungsvorgänge im Lead ist, sollte auch hier das zentrale Supplier Management die spartenübergreifende Koordination übernehmen.

Die Zielsetzung einer permanenten Qualitätssteigerung bei gleichzeitig geringeren Kosten erscheint auf den ersten Blick als Quadratur des Kreises. Dieser Widerspruch löst sich jedoch auf, wenn die volle Wirkung der Transformation zur standardisierten und automatisierten IT-Fabrik berücksichtigt wird. Die Optimierung des Einkaufsportfolios fußt auf der Portfoliogestaltung der IT-Serviceorganisation, die bei ihrer Transformation zur IT-Fabrik ihre Fertigungstiefe weiter verringern und in ihrem Portfolio einen Standardisierungsgrad jenseits der 80-Prozent-Marke anstreben wird. Ein hoher Standardisierungsgrad und vordefinierte Lösungsbausteine erhöhen nicht nur die Qualität, sondern ermöglichen Kosteneinsparungen in der IT-Produktion und sorgen als modularisierte Delivery-Bausteine für die erforderliche Flexibilität. Unter Berücksichtigung von Markt- und Kundenbedürfnissen muss auf eine weitgehend herstellerneutrale, serviceorientierte und funktionale Definition der einzelnen Elemente geachtet werden. Mit der flexiblen Verbindung von Ressourcen und Produktionsmodulen inklusive Plattformen werden die standardisierten Offerings an die individuellen Kundenbedürfnisse angepasst. Grundlage bildet ein definiertes Set an Kenngrößen für die Liefer- und Leistungsfähigkeit der Produkte in Verbindung mit der Kopplung von Supportleistungen. Mit diesem kontinuierlichen Prozess wird wiederum die Basis für eine weitgehende Automation und Optimierung innerhalb der Produktionsmodule bis hin zum standardisierten Offering gelegt.

Zweihundert und mehr Lieferanten nur für die Kernbereiche des IT-Business stellen bei großen, international tätigen IT-Serviceorganisationen keine Seltenheit dar. Insofern ist eine Konsequenz aus der Optimierung des Einkaufsportfolios eine Konsolidierung der Supplier-Landschaft, die sich an den Kriterien Leistungsspektrum/technologischer Fit, Liefer- und Servicequalität sowie an Kosten und Konditionen orientiert. Die Verringerung der Anzahl der Lieferanten führt neben einer Senkung des Steuerungs- und Betreuungsaufwandes zu größeren Stückzahlen, was Größendegressionseffekte für die verbliebenen Supplier zur Folge hat. Gleichzeitig führen größere Abnahmemengen zu Stückkostensenkungen, womit wiederum die Bezugspreise optimiert werden können. Klares Ziel ist eine an den strategischen Leitlinien der IT-Fabrik ausgerichtete, konsolidierte Supplier-Landschaft bei gleichzeitiger Aufrechterhaltung von ausreichendem Wettbewerb unter den verbliebenen Suppliern zur Vermeidung zu großer Einzelabhängigkeiten. Eine wichtige Voraussetzung für diese Konsolidierung ist die Fähigkeit und die Bereitschaft, insbesondere existierende Supplier mit großen Bestellvolumina und langjährigen Geschäftsbeziehungen, die diesen Kriterien nicht genügen, durch alternative Supplier zu ersetzen.

20.5 Bedeutungsgewinn strategischer Allianzen

Die Transformation zur IT-Fabrik wird nicht nur die Anzahl der Supplier und die damit verbundenen Beschaffungsprozesse verändern, sondern auch die Kollaborationsformen. Standardisierte Endprodukte der IT-Fabrik erfordern standardisierte Produkte von den Suppliern, wobei es immer weniger um Einzelkomponenten, sondern mehr und mehr um vollständige Lösungspakete bzw. Systemkomponenten geht. Auch hier bilden andere „reife" Industrien mit mehrstufigen Zulieferstrukturen (Systemlieferant – Sublieferanten zu Systemlieferanten etc.) die Vorlage. Im Zuge dieser Entwicklung wird eine verstärkte Einbindung des „Tier 1"-Suppliers in die IT-Fabrik erfolgen, die bereits beim Anforderungsmanagement und Lösungsdesign beginnen wird. Zielsetzung der IT-Serviceorganisation ist es, einen auf ihr Angebotsportfolio und ihre Fertigungstiefe maßgeschneiderten Produkt- und Servicekatalog durch ausgewählte Supplier zu erhalten. Dadurch werden sich auch zusätzliche Beschaffungsvarianten ergeben, die beispielsweise in dedizierten Produkt-/Lösungsvarianten quasi als Eigenmarke für die IT-Fabrik münden.

Vor diesem Hintergrund ist davon auszugehen, dass strategische Allianzen für IT-Serviceorganisationen einen erheblichen Bedeutungsgewinn erfahren werden. Hierbei werden mit Suppliern ein oder mehrere Markt- und Kundensegmente oder F&E-Aktivitäten gemeinsam bearbeitet. Die Nachteile, die sich aus dem Rückzug aus Teilen der Wertschöpfungskette ergeben, werden durch langfristige Bindungen an einen Partner wieder aufgewogen, wenn dieser über komplementäre Kompetenzen verfügt. Wie in anderen Industrien auch werden die Motive für das verstärkte Eingehen von strategischen Allianzen im erweiterten bzw. zusätzlichen Marktzugang, in der Erzielung von Stückkostendegressionseffekten sowie einer Senkung von Fixkosten liegen. Darüber hinaus lassen sich steigende F&E-Kosten bei kürzer werdenden Produktlebenszyklen und hohen Verlustrisiken besser von mehreren als von einem Unternehmen tragen. Wesentliche Kriterien der strategischen Allianz sind die rechtliche Unabhängigkeit der Partner – im Gegensatz zum M&A-Ansatz – sowie die Teilung des wirtschaftlichen Erfolges. Auf Basis einer unternehmensstrategischen Entscheidung der IT-Serviceorganisation wird das Supplier Management zukünftig seinen Beitrag dazu leisten müssen, die in diesem Zusammenhang relevanten Erfolgsfaktoren – wie die klare Ausrichtung an transparent gemachten Kooperationszielen, die Partnerauswahl, den Zeitpunkt für die Bildung der Kooperation sowie das Design eines adäquaten Anreizsystems – zu meistern.

Traditionelle Einkaufsbeziehungen zwischen IT-Serviceorganiationen und Lieferanten gehören zwar noch nicht der Vergangenheit an, werden aber im Zuge der fortschreitenden Industrialisierung der IT-Branche zunehmend durch andere Kooperations- und Kollaborationsformen erweitert bzw. abgelöst. Diese werden sich an der Kernkompetenzstrategie der jeweiligen Player auf den verschiedenen Stufen der IT-Wertschöpfungskette orientieren. Das cross-funktionale Supplier Management einer IT-Serviceorganisation wird damit auf der Agenda des Topmanagements noch weiter nach oben rücken.

People Management während der Transformation

21

Petra Trost-Gürtner, Michael Rubas
und Peter Schnitzenbaumer

Inhaltsverzeichnis

21.1 Einflussfaktoren auf die IT-Produktion

Drei Faktoren determinieren die Arbeitswelt der Zukunft in der industrialisierten IT-Produktion: Globalisierung, Kosten- und Qualitätsdruck sowie Demographie. Die globale Produktions- und Absatzwelt der Kunden bedingt auch globalisierte Leistungen der IT-Fabrik. IT „aus der Steckdose" muss nicht nur in der Zentrale sondern auch in den weltweiten Niederlassungen in gleicher Qualität bezogen werden können. So erwarten Kunden nicht nur globale Lieferfähigkeit, sondern auch lokale Präsenz von Spezialisten.

Kostendruck und gleichzeitig steigende Qualitätsanforderungen an Infrastruktur und Betrieb bedingen als Erstes einmal die Klärung von Grundsatzfragen wie Make-or-Buy

P. Trost-Gürtner (✉) · M. Rubas
T-Systems International GmbH, Dachauer Straße 651, 80995 München, Deutschland
E-Mail: Petra.Trost-Guertner@t-systems.com

M. Rubas
E-Mail: Michael.Rubas@t-systems.com

P. Schnitzenbaumer
T-Systems International GmbH, Danziger Platz 12, 60314 Frankfurt, Deutschland
E-Mail: Peter.Schnitzenbaumer@t-systems.com

F. Abolhassan (Hrsg.), *Der Weg zur modernen IT-Fabrik*,
DOI 10.1007/978-3-658-01483-4_21, © Springer Fachmedien Wiesbaden 2013

oder Shoring. Eine weitgehende Automatisierung und Standardisierung der gesamten IT-Produktion bringt Konsequenzen für Arbeitsplätze und deren Organisation. Bisher bestehende Arbeitsplätze fallen weg und neue entstehen, die von den Mitarbeitern andere Qualifikationen als zuvor verlangen. Dies betrifft sowohl die Produktions- als auch die Managementebene. In den ersten Automobilfabriken von Henry Ford ging es ausschließlich darum, Teile so rationell wie möglich zu fertigen und in der kürzestmöglichen Zeit zusammenzuschrauben und -schweißen. Design, Verbrauch, Sicherheit oder gar interaktive Kommunikation zwischen Fahrzeugen waren damals noch kein Thema. Genauso wie die meisten manuellen Schraub- und Schweißtätigkeiten durch Roboter ersetzt wurden, werden auch in der industriellen IT immer weniger Arbeitsplätze in der eigentlichen Produktion benötigt und dafür mehr in der Entwicklung sowie in der Anpassung von Standardprodukten auf kundenspezifische Bedürfnisse.

Als dritter Faktor stehen die demographischen Veränderungen sowohl hinsichtlich des Rückganges der Bevölkerungszahlen in den westlichen Industrieländern als auch der altersmäßigen Zusammensetzung der Bevölkerung. In diesem Zusammenhang zu sehen ist auch die Tatsache, dass es in den westlichen Industrieländern im Bereich der universitären Ausbildung ein Defizit an Naturwissenschaftlern und ICT-Ingenieuren gibt, deren Qualifikationen für die neue IT-Industrie dringend gefordert sind. Dieser Mangel an Talenten muss mit Potentials aus und in anderen Ländern ausgeglichen werden, was für das People Management eine ganz neue Herausforderung darstellt.

21.2 Einfluss auf Organisation und Personal

Total Workforce Management (TWM) ist die zentrale Voraussetzung, um die Transformation aus HR-Perspektive zu steuern. Mit TWM wird absolute Transparenz über Anzahl, Kosten und Skills sowohl der eigenen Mitarbeiter als auch der Fremdleister geschaffen. Darauf aufbauend werden Zukunftsszenarien entwickelt, die den Einfluss von Globalisierung, Automatisierung, Demographie sowie Make-or-Buy auf die Belegschaft und die externen Dienstleister berücksichtigen. Diese Szenarien werden dann nach den Kriterien von Effizienz und Umsetzbarkeit optimiert. Daraus ergibt sich, welche Umschulungen eingeleitet und welche Hirings national und international gestaltet werden.

Eine Hauptrolle beim Change spielt der Skill-Level der Mitarbeiter. Gemäß Definition von ISCO (International Standard Classification of Occupations) wird der Skill-Level beschrieben als eine Funktion von Komplexität und Vielfalt der Aufgaben und Pflichten, die in einer Position anfallen. Skill-Level in der IT-Industrie werden meist auf einer Skala von 1–5 definiert. Auf Level 1 befinden sich einfache, nach Vorgabe zu erbringende Tätigkeiten in einem Call Center und auf Level 5 stehen Projektleiter bei hochkomplexen Transformationen. Die heutige Verteilung der Skill-Levels in der IT-Branche entspricht der Form einer Pyramide, sehr viele Positionen in Level 1 und sehr wenige in Level 5. Nach dem im Rahmen der Transformation durchgeführten Near- und Offshoring mutiert die Pyramide auf globaler Ebene zu einem Diamanten. In den Hochlohnländern wird der Schwerpunkt bei Skill-Level 3–5 und in den Shoring-Lokationen bei 1–3 liegen. Automatisierung, Standardisierung sowie Make-or-Buy führen zu einem rasanten Abbau der Low-Level-Tätigkeiten, während im High-Level mit ICT-Architektur, Produkt- und Projektmanagement neue Jobs entstehen. Die Steuerung dieses Umbaus und damit die Mitnahme der Mitarbeiter auf die Reise ist eine der sensibelsten Aufgaben von People Management.

Zur Implementierung des „Global Production Trainings", des Future Mode of Operation, steht ein breit gefächertes Instrumentarium zur Verfügung. Beginnend bei der Rekrutierung und der Bewerberauswahl werden von vornherein klare Kriterien definiert, an denen prospektive Mitarbeiter mit modernen Verfahren gemessen werden. Der „War for talents" erfordert innovative Rekrutierungsformen, um High-Potentials möglichst frühzeitig zu erkennen und an das Unternehmen zu binden. Junge Talente sind nicht nur als potenzielle Führungskräfte gesucht, sondern insbesondere in der IT bieten die „jungen Wilden" mit ihrer differenzierten und kreativen Sichtweise eine ständige Innovationsquelle, die zu lukrativen neuen Geschäftsmodellen führen kann.

Speziell in den Near- und Offshore-Ländern muss ein proaktives Unternehmensmarketing aufgezogen werden, das die IT-Fabrik als attraktiven Arbeitgeber darstellt und somit das „Onboarding" von neuen Mitarbeitern erleichtert. Die Verlagerung von Jobs erfordert an den neuen Standorten eine absolut stabile Organisation, die allen Qualitätsanforderungen einer globalen Produktion gerecht wird und trotzdem die geforderten Kostenvorteile von bis zu 80 % bietet. Kluge Standortselektion hinsichtlich Konkurrenz, Gehaltsniveau und Arbeitsmarkt wird ergänzt durch enge Ausbildungskooperation mit Universitäten, klaren Onboardingplänen und Festlegung von Kompensation und Benefits, die eng an Skills und Leistung gebunden sind.

Neben den Rahmenbedingungen des Arbeitsverhältnisses üben vor allem Kommunikation und Kollaboration als neue Motivationsfaktoren einen entscheidenden Einfluss auf die Mitarbeiterzufriedenheit aus. Für die Umsetzung braucht es einen klaren Plan, der jedem einzelnen Mitarbeiter zeigt, welches seine Rolle im „Big Picture" darstellt. Von ausführlichen Bewertungsgesprächen über Teamworking bis hin zu Management-Calls: Kommunikation muss immer gewährleisten, dass die Mitarbeiter die Transformation nicht nur verstehen, sondern auch Tag für Tag leben. Zahlreiche Studien belegen seit Jahren, dass Arbeitszufriedenheit und Performance von Mitarbeitern in direkter Korrelation zu übertragener Verantwortung stehen. Alleine durch die Erhöhung der Fähigkeiten und den Skill-Shift ergibt sich die Notwendigkeit, dem einzelnen Mitarbeiter mehr Verantwortung zu übertragen, damit gewährleistet ist, dass er seine erweiterten Fähigkeiten und Skills auch vollumfänglich für das Unternehmen nutzenbringend einsetzt. Eine besondere Rolle im Transformationsprozess spielt das Management, das den Change nicht nur in die Ebene kommunizieren, sondern mit Vorbildwirkung voranschreiten muss.

Veränderung kann aber auch für einen Teil der Mitarbeiter schmerzhaft sein, wenn bisherige Prozesse ausgelagert oder aus anderen Ländern erbracht werden. Ein erfolgreiches Change-Konzept zeichnet sich vor allem dadurch aus, dass derartige Entwicklungen frühzeitig vom Management kommuniziert und die Betroffenen von Anfang an eingebunden werden. Alternativen zu wegfallenden Tätigkeiten müssen angeboten und diskutiert werden. Requalifizierungsmaßnahmen sind genauso gefordert wie klare Programme für Externalisierung, Teilzeit, Vorruhestand und finanzielle Abfederung. People Management kann nicht Antworten und Lösungen für alle bringen, aber doch für viele, und für die, die übrig bleiben, müssen Optionen geschaffen und schonend realisiert werden.

Für den HR-Bereich und dessen Leitung stellt eine Transformation grundsätzlich eine außerordentliche Herausforderung und Belastung dar. Transformationsbudgets in Großunternehmen sind in x-facher Millionenhöhe angesetzt. Fehlgriffe sind kostspielig, sofort sichtbar und ihre Auswirkungen im gesamten Unternehmen spürbar. Der Erfolg von Changes steht in direkter Abhängigkeit von der Kooperationsbereitschaft der Mitarbeiter. Diese zu erlangen und zu erhalten ist eine der größten Herausforderungen für das HR-Management.

21.3 People in der IT-Produktion von morgen

An den heutigen Unternehmensstandorten verbleibt eine Fokussierung auf die Bereiche Produktentwicklung, ICT-Architektur und Portfoliomanagement. Von Mitarbeitern an diesen Standorten wird ein wesentlich höherer Skill-Level erwartet, was sich aber auch in einer entsprechenden finanziellen Kompensation ausdrückt. Besonders betroffen von diesem Change sind die Manager, deren Qualifikationen einem fundamentalen Wandel unterliegen. Was früher Prozessmanagement wie beispielsweise das Funktionieren einer Produktionsstraße war, ist heute Skillmanagement, das Menschen, Technologie und Kosten umfasst. Das Anforderungsprofil an junge Menschen, die sich für eine Karriere in der IT-Industrie, ganz egal ob an den alten oder neuen Standorten, entscheiden, umfasst ein breites Spektrum: Beginnend mit einer soliden universitären Ausbildung, bevorzugt in naturwissenschaftlich-technischer Richtung, über die Fähigkeit, neben der Muttersprache auch in der Konzernsprache – meist Englisch – fließend zu kommunizieren, bis hin zu ausgeprägter sozialer Kompetenz, die das Zusammenspiel von Menschen unterschiedlichster Kulturen überhaupt erst möglich macht.

21.4 Perfektion durch Change

„To improve is to change; to be perfect is to change often", sagte Winston Churchill[1]. Er sprach zwar nicht von der IT-Fabrik, meinte aber genau jenen Perfektionsanspruch, dem die zukünftige IT Genüge tun muss. Nachdem IT immer mehr Belange des täglichen Lebens von immer mehr Menschen nicht nur vereinfacht, sondern sogar bestimmt, entfalten Fehler katastrophale und im schlimmsten Fall sogar globale Folgewirkungen. Die Zielsetzung muss daher „null Fehler" lauten. Dafür müssen die Mitarbeiter Veränderung nicht

[1] Winston Churchill (1874–1965), britischer Premierminister und Nobelpreisträger für Literatur (1953).

als Bedrohung, sondern als Mittel zur Perfektionierung begreifen. Aufgabe von People Management ist es daher, die von Gail Sheehy[2] geprägte Devise, Tag für Tag zu kommunizieren und zu leben: „If we don't change, we don't grow. If we don't grow, we aren't really living."

[2] Gail Sheehy (*1937), amerikanische Schriftstellerin, schrieb Biographien u. a. über Hillary Clinton, Michael Gorbatschow, George W. Bush, George Bush und Anwar Sadat.

Teil V
Innovations-Ökosystem

Innovation als wesentliches Element des Geschäftserfolgs

22

Marcus Hacke, Stefan Diefenbach und Dirk Wellershaus

Inhaltsverzeichnis

Um über lange Zeit im Markt erfolgreich zu sein, müssen alle Unternehmen mit neuen Ideen entweder ihre Effizienz steigern (die Dinge richtig tun: für ihre Produkte und Dienstleistungen die Kosten bzw. Preise senken) oder ihre Effektivität steigern (die richtigen Dinge tun: mit neuen Produkten oder Dienstleistungen Märkte kontinuierlich entwickeln) (Rickmann et al. 2012). Folglich müssen immer wieder neue Ideen entwickelt und umgesetzt werden, um als Unternehmen langfristig Wachstum und Profitabilität sicher zu stellen (Liehr und Wolf 2009). Diese im Folgenden als Innovationen bezeichneten Ideen sind im umfassenden Sinne wichtig, d. h. eine Kostensenkungsidee kann per se genauso wertvoll sein wie ein neues Geschäftsmodell oder beispielsweise ein neuer Vertriebsweg (Hauschild 1997). So trivial diese akademische Erkenntnis erscheint, so schwierig ist es für die Unternehmen, die richtigen Ideen zu finden, auszuwählen und vor allem: zu kommerzialisieren.

M. Hacke (✉)
T-Systems International GmbH, Hahnstr. 43d, 60528 Frankfurt a. M., Deutschland
E-Mail: Marcus.Hacke@t-systems.com

S. Diefenbach · D. Wellershaus
T-Systems International GmbH, Am Propsthof 49, 53121 Bonn, Deutschland
E-Mail: Stefan.Diefenbach@t-systems.com

D. Wellershaus
E-Mail: Dirk.Wellershaus@t-systems.com

F. Abolhassan (Hrsg.), *Der Weg zur modernen IT-Fabrik*,
DOI 10.1007/978-3-658-01483-4_22, © Springer Fachmedien Wiesbaden 2013

Für diese Aufgaben haben die Unternehmen in der Regel ein eigenes Innovationsmanagement etabliert, mit dessen Hilfe die Ideenfindungs- sowie Priorisierungsprozesse bis hin zu den Entwicklungsprozessen bzw. Einzelmaßnahmen abgestimmt, budgetiert und entschieden werden. Dies beinhaltet z. B. interne themenspezifische Kampagnen, Aufbau von Demonstratoren, Pilotprojekte, Workshops mit Kunden und vieles mehr, mit denen neben dem reinen Know-how-Transfer auch die Außenwirkung als innovatives Unternehmen auf dem Markt auf- und ausgebaut werden soll (Specht et al. 2002).

Untersuchungen haben ergeben, dass Technologie-Entscheider aktuell jedoch nicht zufrieden sind mit der Innovationsfähigkeit des eigenen Unternehmens. Sie kritisieren, dass reproduzierbare Prozesse fehlten sowie die Ressourcen, diese Themen kontinuierlich voranzutreiben (Andersson et al. 2012).

In Bezug auf die konkrete Produkt-/Lösungsentwicklung ist es für das Innovationsmanagement als Organisationseinheit problematisch, dass der geleistete Beitrag zum Erfolg tatsächlich wahrgenommen wird: Die guten Ideen haben oft viele Väter (auch außerhalb des Innovationsmanagements), die diesen Erfolg für sich reklamieren, so dass regelmäßig in Frage gestellt wird, welchen Beitrag das interne Innovationsmanagement eigentlich leistet. Darüber hinaus lässt der allgemeine Kostendruck auch die Bereitschaft der Unternehmen sinken, sich auf ein längerfristiges Vorhaben mit ungewissem kommerziellen Markterfolg einzulassen, bei dem zunächst Investitionen die eigene Bilanz belasten (Hischke et al. 2009).

Deutlich offener sind Unternehmen bezüglich der Innovationen, die nicht nur neue Technologien in Produkte aufnehmen, sondern vor allem auch neue Wege ermöglichen, das Kerngeschäft zu treiben. Die Auswahl der richtigen Technologien für Produkte und Services ist in der Regel deutlich einfacher als z. B. die konkrete Anreicherung der unternehmenseigenen Services, die eine spezifische Kundennachfrage bedienen, entweder mit neuen Methoden oder durch das Bereitstellen skalierbarer Prozesse zur Provisionierung sowie zum Support dieser Services (Andersson et al. 2012).

Während also die Unternehmen zurückhaltender sind mit eigenen Mitteln risikoreiche Entwicklungen zu starten, wird andererseits verstärkter Druck auf die Wettbewerbsfähigkeit der Unternehmen durch den Markt ausgeübt, der immer kürzere Produktlebenszyklen erwartet und das bei steigender Komplexität der Produkte, Dienstleistungen und Prozesse (Dapp 2011; Velu et al. 2010).

Dieser Trend, der vor allem durch den verstärkten Eintritt der asiatischen Wettbewerber in die westlichen Märkte ausgelöst wurde, hat – ausgehend von einer durch den amerikanischen Kongress eingesetzten Kommission zur Stärkung der Wettbewerbsfähigkeit der amerikanischen Industrie – zum Konzept der Agilität (Agility) geführt (Goldman et al. 1995). Bei der Agilität geht es darum, dass Firmen in virtuellen Netzen zusammenarbeiten, um sich schnell an verändernde Rahmenbedingungen anzupassen. Solche Netze sind schnell rekonfigurierbar und dienen dazu, Technologien und Ideen schnell zur Kommerzialisierung am Markt zu führen (Kidd 2012).

22.1 Öffnung des Innovationsprozesses zur Steigerung der Agilität

Die Unternehmen haben nun eine Lösung gefunden, um bei vertretbarem Risiko an neuesten Entwicklungen teilhaben zu können: Aktuell entwickelt sich die Industrie-Ökonomie zu einer Wissens-Ökonomie, was vor allem dadurch beschleunigt wird, dass nun sehr viel mehr Menschen, Forscher und Organisationen auf Basis neuer Informations-, Kommunikations- und Wissenstechnologien weltweit intensiver miteinander zusammenarbeiten können (Velu et al. 2010). Dies basiert auf dem steigenden Bedürfnis der Menschen, freiwillig zu kollaborieren und zu interagieren, Bestandteil von Communities zu sein und eigene Arbeitsergebnisse zu teilen und mit anderen tauschen zu wollen (Dapp 2011).

Herkömmliche Vorgehensweisen und Organisationsstrukturen werden durch diese wachsenden Verbindungen über sämtliche geografischen, unternehmerischen etc. Grenzen hinweg immer weniger durchsetzungsfähig. Zudem bietet „Groupthink", die Konformität des Denkens in homogenen Gruppen, als Folge einer zentralistischen Organisationsstruktur (Janis 1972) sowie der Furcht, Informationen nach außen zu lassen, eine Erklärung, warum Innovationen bisher nicht immer den angestrebten ökonomischen Effekt hervorgebracht haben und der Gedanke der Agilität entstanden ist.

Um die Innovationskraft der Unternehmen auf Basis einer interaktiven Wertschöpfung (Reichwald und Piller 2009) zu erhöhen, müssen die internen innovationsrelevanten Prozesse auch die Mitwirkung Unternehmens-externer Ressourcen ermöglichen (Open Innovation). Die Multidisziplinarität steigt und diese Zusammenführung der Kompetenzen erhöht den Problemlösungsraum als Basis für Innovationen (Dapp 2011). Daneben ermöglichen sich immer weiter auflösende Industriegrenzen neue Optionen für gemeinsame Produkte oder auch gemeinsame Geschäftsmodelle (Velu et al. 2010) und in dem Zusammenhang eine Diversifikation von Risiken (beispielsweise in konkreten Entwicklungspartnerschaften mit Investitionsbeteiligung) sowie das Nutzen von Synergieeffekte durch Kooperationen (Dapp 2011).

Open Innovation stellt für die Unternehmen aber auch eine große Herausforderung dar, da Interaktion über die eigenen Unternehmensgrenzen hinweg ermöglicht werden muss. Unternehmen müssen lernen, mit den damit verbundenen Konsequenzen hinsichtlich Transparenz und Vertraulichkeit der entsprechenden Themenfelder umzugehen, was Anpassungen des traditionellen Innovationsmanagements innerhalb des Unternehmens notwendig macht (Liehr und Wolf 2009). Beispielsweise werden Anreiz- und Entlohnungssysteme für externe Wissensakteure notwendig in einer internen „offenen" Organisation mit hoher Interaktionskompetenz (Dapp 2011).

Neue Methoden, die diesen „Open Innovation"-Gedanken eines Ökosystems in konkreten Maßnahmen umsetzen, wie beispielweise das „Crowd Sourcing", das Integrieren konzeptionellen Inputs oder bearbeiteter Teilaufgaben der Ökosystempartner im Zuge des Innovations-Entwicklungsprozesses, müssen dazu organisatorisch, technisch (beispielsweise durch Web-2.0-Technologien) und prozessual innerhalb des Unternehmens ein- und umsetzbar sein (Liehr und Wolf 2009).

22.2 Ökosystem als Ordnungsrahmen der gemeinsamen Innovationsaktivitäten

Die Offenheit für „fremde" Ideen und Kooperationen wird vor allem aufgrund des globalen Wettbewerbs- und Innovationsdrucks rapide zunehmen (Dapp 2011). Daher formen sich verstärkt sogenannte Ökosysteme, themenbezogene Interessensgemeinschaften, mit denen die Verbindung des Unternehmens vor allem zu Lehr-/Forschungseinrichtungen, zu Technologiepartnern sowie zu Kundenunternehmen verstärkt und ein regelmäßiger Austausch in dieser Runde von in der Regel isoliert funktionierenden Elementen sichergestellt werden soll.

Innovations-Ökosysteme erlauben das zielgerichtete gemeinsame Ausgestalten von Ideen und deren Übersetzung in skalierbare, innovative und erfolgreiche Geschäftsideen (siehe ausführlich bei Arnold et al. 2012). Wesentlich dabei ist das gemeinsame Verständnis über das Ziel und die Motivation der einzelnen Systemelemente sowie deren spezieller Einfluss bzw. Beitrag (Gesamtsystem-Sicht) im Zuge der Wertschöpfung.

Ein solches Ökosystem besteht im Wesentlichen aus vier Komponenten bzw. vier Perspektiven, aus denen die Marktbedürfnisse betrachtet werden mit dem Ziel, einen gemeinsamen kommerziellen Erfolg am Markt zu erreichen (vgl. Abb. 22.1).

Kundenunternehmen (Weiter-)entwicklung, die sich aufgrund des Praxiseinsatzes der Technologie in Kundenprojekten in Kooperation einer IT-Serviceorganisation mit Technologieunternehmen ergibt (sei dies im Regelbetrieb mit Bestandskunden oder in Pilotphasen mit dem Einsatz neuer Technologien mit potenziell interessierten Kunden) sind eine wesentliche Quelle von Innovationen innerhalb des Ökosystems.

Ungefähr die Hälfte aller Technologie-Unternehmen managen Innovation im reaktiven Modus (Andersson et al. 2012). Ziel muss es sein, in einen aktiven Modus zu kommen, die Kundenbedürfnisse zu verstehen und Vorschläge für den Einsatz innovativer Lösungen für den Kunden zu machen. Damit soll erreicht werden, als innovatives Unternehmen wahrgenommen zu werden.

Den Balanceakt zwischen der Vertraulichkeit der internen Ideen („Closed Innovation") und der Offenheit gegenüber Kunden („Open Innovation") mit dem Ziel einer Win-Win-Situation wird in Kap. 23 beleuchtet.

Technologiepartner/Zulieferer Viele Technologien werden heute in hochspezialisierten Unternehmen entwickelt und schaffen es zum Teil von dort aus zum Industriestandard aufzusteigen. Wenn ein Unternehmen eine Zusammenarbeit von einer reinen Zulieferung auf eine strategische Ebene der Zusammenarbeit hebt, so kann der gegenseitige Einfluss auf die Entwicklungen von großem Nutzen für beide Partner sein. Beispielsweise in der Mobilfunkindustrie arbeiten Netzprovider, Endgeräteentwickler und Betriebssystemanbieter eng zusammen, um die Netz-Features in Applikationen zu bringen bzw. Betriebssystem-Features durch das Netz zu unterstützen. Solche Partnerschaften sind in der Regel nicht spannungsfrei, da die Teilnehmer gegebenenfalls unterschiedliche Interessen verfolgen.

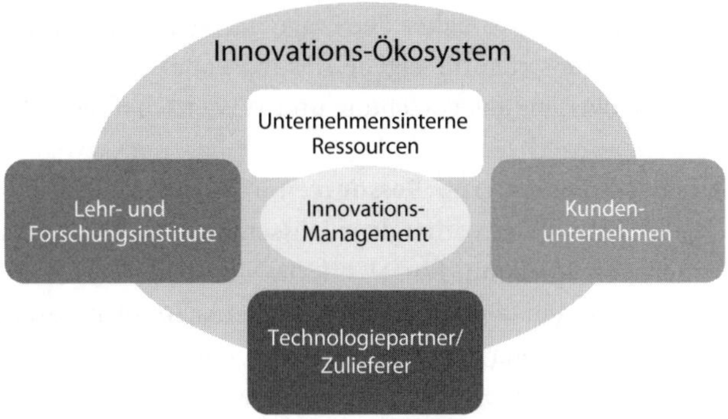

Abb. 22.1 Die vier Komponenten eines Innovations-Ökosystems. (Quelle: eigene Darstellung 2012)

Die Einflussnahme auf die Technologie-Roadmaps der Technologie-Provider mit dem Wissen über die Sorgen und Nöte der eigenen Kunden ist der Schlüssel zum Erfolg (Andersson et al. 2012). Dabei ist für die IT-Serviceorganisation wichtig, eine Vereinbarungen über die zeitnahe Verfügbarkeit neuer Entwicklungen bzw. den Einsatz von State-of-the-art-Technologie innerhalb des Ökosystems zu erzielen (sog. „Evergreening"), damit das längerfristig angelegte Ökosystem nicht überraschend durch eine andere Allianz eines Ökosystemmitglieds benachteiligt wird.

Einige Rahmenbedingungen stehen einer engen Kooperation innerhalb des Ökosystems aber auch entgegen, vor allem unternehmensinterne Bedingungen. So gibt es zum Beispiel einen Interessenkonflikt zwischen der kostenorientierten Beziehung zwischen dem Zulieferer und der IT-Serviceorganisation und einer strategischen Kooperation mit langem Zeithorizont über mehrere Jahre. Zudem fehlen nach Meinung der Technologie-Entscheider die Anreize für das Technologieunternehmen, ihre tatsächlichen Innovationen in die Verbindung einzubringen, solange kein klarer Geschäftsnutzen erkennbar ist (Andersson et al. 2012).

Welche Aspekte bei solide funktionierenden Innovations-Entwicklungspartnerschaften beachtet werden müssen, beschreibt das Kap. 24.

Lehr- und Forschungsinstitute Die Forschung agiert an der vordersten Front der Wissenschaft, das heißt der Blick auf die Technologien, Prozesse und Innovation von morgen oder übermorgen werden durch die Lehr- und Forschungsinstitute vertreten. Hier kann das Risiko einer kommerziell nicht erfolgreichen Entwicklung eingegangen werden, da der wissenschaftliche Bereich kein Gewinnziel anstreben muss. Die Unternehmen stehen der Wissenschaft eher begleitend gegenüber und können sich punktuell auf Themen fokussieren, von denen sie sich etwas versprechen. Außerdem profitieren sie von den Verbindungen zu den Wissenschaftlern, da sie sehr spezialisiertes Wissen bzw. Kompetenzen in die Produktionsprozesse integrieren und sich so Talente für das eigene Unternehmen anschauen und gegebenenfalls sichern können.

Im Kap. 25 wird daher der Frage nachgegangen, wie Unternehmen aus forschungsintensiven Industrien die eigene Lösungskapazität auf der Grundlage stark spezialisierten Expertenwissens aus Forschung und Wissenschaft erweitern können.

Unternehmensinterne Ressourcen Um die Mitarbeiter für Innovationsaktivitäten zu begeistern und das vorhandene Wissen und die Kreativität zu nutzen, muss innerhalb des Unternehmens Raum für talentierte Mitarbeiter geschaffen werden, die sich auf Innovation fokussieren können (Etablierung einer Innovationskultur (Specht et al. 2002)).

Vor dem Hintergrund zeichnet sich ein „War for Talent" neuer Generation ab, in dem es für Unternehmen wesentlich sein wird, die kreativsten und innovativsten Menschen als aktiven Bestandteil mindestens innerhalb des eigenen Ökosystems zu haben. Das bedeutet, dass diese nicht zwingend im eigenen Unternehmen sein müssen, sondern gegebenenfalls in anderen Organisationen innerhalb des Ökosystems agieren, um sich voll zu entfalten und bestmögliche Ergebnisse zu erzielen.

Das Attraktive für diese Menschen wird in Zukunft sein, welcher Community bzw. welchem Ökosystem sie angehören. Die Mitarbeit innerhalb eines speziellen Netzwerks als anerkannter und selbstbestimmt arbeitender Mensch ist der wesentliche Anreiz.

In Kap. 26 wird ausgeführt, dass die operative Herausforderung für den Moderator in einem Ökosystem darin besteht, die gemeinsame Governance, die Kommunikation, das Personal sowie die Prozesse so zu implementieren und orchestrieren, dass jeder Partner seinen Vorteil sieht und ziehen kann. Wie ein darauf basierendes, effektives internes Innovationsmanagement in der Praxis aussieht, wird dort beschrieben.

22.3 IT-Serviceorganisation als Integrator der Ökosystemergebnisse

Aktuell existiert die große Innovationsherausforderung, maximalen Nutzen für Kunden aus Trends wie Cloud Computing, Big Data, Unified Communications oder Mobility zu ziehen. Dazu muss die Technologie in neue Services und Prozesse integriert werden, damit konkrete Kundenherausforderungen bedient werden können und gleichzeitig eine möglichst gut abgesicherte Rendite des eingesetzten Kapitals erzielt wird. Dies ist in der Regel nur dann möglich, wenn die Wahrscheinlichkeit der erfolgreichen Umsetzung der Innovationsmaßnahme groß ist und früh erkannt wird (Velu et al. 2010).

Dazu muss die Kundenseite aktiv eingebunden werden, es müssen intern die richtigen Talente gefunden und gefördert werden und die Beziehung zu Technologieunternehmen muss intensiviert werden. Die Fähigkeit, gemeinsam mit Kunden und Partnern Innovationen zu entwickeln, in enger Zusammenarbeit anstatt im abgeschotteten Wettbewerb zu agieren, Feedback, Beobachtungen und Erfahrungen zu sammeln und im Sinne einer lernenden Organisation kontinuierlich zu verarbeiten, wird wesentlich sein für den Geschäftserfolg (Velu et al. 2010).

Diese Öffnung der Wertschöpfung führt jedoch auch zu einer höheren Vernetzungsdichte mit externen Akteuren und somit einer steigenden Komplexität. Wichtig wird es für Unternehmen sein, zunehmende Kommunikations- und Interaktionsströme zu bewältigen und zielgerichtet zu bedienen (Dapp 2011). Erfolgsfaktoren in diesem Zusammenhang sind vor allem Interaktionskompetenz durch entsprechende Organisations-, Kommunikations- und Anreizstrukturen mit flexiblen und zielorientierten Prozessen (Bughin et al. 2008).

Eine weitere wesentliche Kompetenz wird es sein, Menschen aus Bereichen, die vielleicht unzusammenhängend erscheinen, richtig bzw. zielführend miteinander zu vernetzen. Der Moderator muss dabei das eigene Kontrollbedürfnis ebenfalls auf ein angemessenes Maß reduzieren sowie hohe Transparenz, auch über die eigenen Aktivitäten, innerhalb des Netzwerks sicherstellen, um eine erfolgsorientierte Netzwerk-Kultur zu etablieren (Dapp 2011).

Eine IT-Serviceorganisation, der in der Regel die koordinierende Rolle innerhalb eines solchen Ökosystems zukommen wird, muss entsprechende Kompetenzen (weiter-)entwickeln. Ein im Wettbewerb anerkanntes Alleinstellungsmerkmal für das Unternehmen ergibt sich dann aus der Fähigkeit, von einem inneren auf einen äußeren Innovationsfokus zu wechseln (das heißt, Open Innovation vollumfänglich zu fördern) sowie zielgerichtet und vorausschauend innovative Elemente zu integrieren bzw. vorab die involvierten Ökosystempartner bei der Entwicklung sinnhaft und auf ein gemeinsames Ziel ausgerichtet zu orchestrieren.

Literatur

Andersson, H., J. Kaplan, et al. 2012. Capturing value from IT infrastructure innovation. In *McKinsey on business technology*, Hrsg. H. Andersson, J. Kaplan, und B. Smolinski, November 27, Fall 2012, S. 14–23.

Arnold, H., M. Erner, et al. 2012. In *Applied technology and innovation management*, Hrsg. H. Arnold, M. Erner, P. Möckel, und C. Schläffer. Berlin: Springer.

Bughin, J., M. Chui, et al. 2008. In *The next step in open innovation*, Hrsg. J. Bughin, M. Chui, und B. Johnson (McKinsey). Brusssels: McKinsey Technology Initiative Perspective.

Dapp, T. F. 2011. In *Die digitale Gesellschaft – Neue Wege zu mehr Transparenz, Beteiligung und Innovation (DB Research – Trendforschung – Aktuelle Themen 517)*, Hrsg. T. F. Dapp. Frankfurt: Deutsche Bank Research.

Goldman, S. L., R. N. Nagel, et al. 1995. In *Agile competitors and virtual organisations*, Hrsg. S. L. Goldman, R. N. Nagel, und K. Preiss. New York: Van Nostrand Reinhold.

Hauschild, J. 1997. In *Innovationsmanagement*, Hrsg. J. Hauschild. München: Vahlen.

Hischke, S., J. Mühlner, et al. 2009. Zukunft der Dienste und Netze: Mit Marktwissen zum Erfolg digitaler Innovationen (Einleitung). In *Nationaler IT Gipfel – Arbeitsgruppe 2 – Konvergenz der Medien – Zukunft der Dienste und Netze: Mit Marktwissen zum Erfolg digitaler Innovationen*, Hrsg. S. Hischke, J. Mühlner, C. Salwinczek, M. Wolf, und B. Engel, 7–12.

Janis, I. L. 1972. In *Victims of groupthink*, Hrsg. I. L. Janis. New York: Houghton Mifflin.

Kidd, P. T. 2012. In *Agile manufacturing: A strategy for the 21st century (Agility Forum – online publication)*, Hrsg. P. T. Kidd. www.cheshirehenbury.com/agility/index.html. Zugegriffen: 21. Dez. 2012.

Liehr, T., und M. Wolf. 2009. Innovationsmanagement: Balance zwischen Kreativität und Disziplin – Der Prozess der Neuprodukt-Entwicklung auf Basis voridentifizierter Bedürfnislücken im Markt. In *Nationaler IT Gipfel – Arbeitsgruppe 2 – Konvergenz der Medien – Zukunft der Dienste und Netze: Mit Marktwissen zum Erfolg digitaler Innovationen*, Hrsg. S. Hischke, J. Mühlner, C. Salwinczek, M. Wolf, und B. Engel, 103–127.

Reichwald, R., und F. Piller. 2009. In *Interaktive Wertschöpfung – Open Innovation, Individualisierung und neue Formen der Arbeitsteilung*, Hrsg. R. Reichwald und F. Piller. Wiesbaden: Springer Gabler.

Rickmann, H., S. Diefenbach, et al. 2012. In *IT-Outsourcing – Neue Herausforderungen im Zeitalter von Cloud Computing*, Hrsg. H. Rickmann, S. Diefenbach, und K. T. Brüning. Berlin: Springer Gabler.

Specht, G., C. Beckmann, et al. 2002. In *F&E Management – Kompetenzen im Innovationsmanagement*, Hrsg. G. Specht, C. Beckmann, und J. Amelingmeyer. Stuttgart: Schäffer-Poeschel.

Velu, C., M. Barrett, et al. 2010. In *Thriving in open innovation ecosystems: Toward a collaborative market orientation (Working Paper Series 4/2010)*, Hrsg. C. Velu, M. Barrett, R. Kohli, und T. Salge. Cambridge: Cambridge Judge Business School.

Innovationsmotor Kunde

23

Holger Dörnemann

Inhaltsverzeichnis

Die Zeit Online veröffentlicht im Juli 2010 unter dem Titel „Wie Unternehmen von innovativen Kunden profitieren" (vgl. Jung 2010) einen Artikel, der die wachsende Bedeutung der Rolle des Anwenders eines Produktes für Innovation und Weiterentwicklung hervorhebt. Die Beispiele in diesem Artikel stammen zwar durchweg aus der Konsumgüterindustrie, dennoch gibt es vielfältige Belege und Studien, dass auch Hochtechnologie-Bereiche und hier gerade die Softwareindustrie gemeinsam mit dem Anwender als Innovationsmotor Erfolge erzielen können (vgl. Bughin et al. 2008).

Abgeleitet vom lateinischen innovare (erneuern) ist Innovation ein vielschichtiger Begriff, der sowohl Ideen/Erfindungen als auch Produkte und Dienstleistungen umfasst. Für Unternehmen ist vor allem der kontinuierliche Weg von den Ideen zu späteren Produkten (oder Produktteilen) und damit die Sicherung eines anhaltenden, langfristigen Erfolgs relevant.

Dieser Beitrag beschreibt am Beispiel eines Softwareherstellers, welche Bedeutung die Mitwirkung des Kunden auf Innovationen hat und wie diese in einer Win-Win-Situation vorangetrieben werden kann. Das Management von Innovation hat beispielsweise bei Un-

H. Dörnemann (✉)
VMware Global, Inc., Zweigniederlassung Deutschland,
Freisinger Straße 3, 85716 Unterschleißheim, Deutschland
E-Mail: HDoernemann@vmware.com

F. Abolhassan (Hrsg.), *Der Weg zur modernen IT-Fabrik*,
DOI 10.1007/978-3-658-01483-4_23, © Springer Fachmedien Wiesbaden 2013

ternehmen wie VMware seit den ersten Tagen einen sehr hohen Stellenwert. Viele sogenannte „Disruptive Technologies“ wie vMotion (unterbrechungsfreier Umzug virtueller Server, um beispielsweise physikalische Server für Wartungsarbeiten frei zu ziehen) oder Fault Tolerance (unterbrechungsfreier Failover ohne Datenverlust bei Hardwareausfall) wären ohne massive Einbeziehung von Kunden gar nicht denkbar (vgl. Austin 2012). Gleichzeitig sorgen Kunden durch ihr kontinuierliches Feedback zur Weiterentwicklung (z. B. vMotion ohne Storage Area Network).

Auch wenn die folgenden Betrachtungen das Zusammenspiel Kunde und Hersteller fokussieren, ist im Kontext eines funktionierenden Innovations-Ökosystems, wie es in Kap. 22 beschrieben ist, klar, dass jeder Hersteller den übrigen Mitspielern im Ökosystem ebenfalls entsprechende Aufmerksamkeit zukommen lassen muss.

23.1 Management von Innovationsprozessen

Die Schwierigkeit für Unternehmen besteht zweifelsohne darin, sich in Zeiten rasant verkürzender Produktlebenszyklen bei gleichzeitig steigenden Anforderungen des Marktes an Wachstum und Umsatz die richtige Innovationsstrategie zu geben. Ideen müssen effizient und effektiv in immer kürzerer Zeit zu Produkten reifen, die nachhaltigen Einfluss auf die Wertschöpfung des Kunden haben und nicht einfach nur technologisch schick sind. Damit hat der Kunde eigentlich seit jeher einen großen Anteil am Erfolg oder Misserfolg eines neuen bzw. veränderten Ansatzes. Hohe Raten von gefloppten Entwicklungen kann sich kein Unternehmen leisten, was bedeutet, dass die immer weiter voranschreitende Integration des Kunden in das Entwicklungsgeschehen eine naheliegende Lösung ist. Letztlich muss jedes Unternehmen Sorge dafür tragen, bereits in frühen Stadien das Risiko durch offensichtlich existierende Markt- und Technologieherausforderungen zu minimieren. Die Frage ist also vielmehr: Welche Möglichkeiten einer Kooperation mit der Anwenderseite sind überhaupt denkbar und in welcher Art und Weise steuer- bzw. kontrollierbar?

Als Basis dient eine Betrachtung, welche Informationen ein Unternehmen überhaupt benötigt, um sich Marktchancen durch Innovation zu eröffnen. Thomke beschreibt in einer seiner Arbeit von 2003 zwei grundlegende Arten von Informationen, die zum Management eines Innovationsprozesses benötigt werden (vgl. Thomke 2003):

- Die *Bedürfnisinformation* ist jene Quelle, die über Kaufmotive Auskunft gibt, während
- die *Lösungsinformation* technologische Möglichkeiten und Potenziale mit dem möglichen Leistungsspektrum für den Anwender beschreibt.

Stellt sich also die Frage, wie man am effizientesten Bedürfnisinformation, die offenbar der Kunde „besitzt“, und Lösungsinformation, die der primäre Treiber einer Entwicklungsorganisation ist, miteinander abgleicht, um die richtigen Produkte marktgerecht zu entwerfen. In der Vergangenheit haben viele Unternehmen diese Aufgabe recht klassisch umgesetzt und aus Kundenbefragungen/Marktforschung die vermeintlichen Bedürfnisinformationen aggregiert, wobei den Befragten eine weitgehend passive Rolle zuteil wurde. Nicht selten hat es Softwareprodukte am Markt gegeben, von der etliche Anwender der Überzeugung waren, dass diese an ihren Bedürfnissen vorbei entwickelt wurden. Diese Diskrepanz kommt vor allem dann zustande, wenn abgeschottete Entwicklergruppen „glauben“, die Bedürfnisse ihrer Klienten zu kennen, dies aber erst (zu) spät zu verifizieren versuchen. In der Realität fühlt sich der Kunde in einer Situation, in der ihm ein Hersteller versucht, ein Problem anzudichten. Offenbar muss er ein vermeintliches Problem haben, denn sonst hätte der Hersteller ja offensichtlich kein Produkt auf den Markt gebracht.

Im Gegensatz dazu hat die jüngere Geschichte teils sehr erfolgreiche Open-Source-Projekte hervorgebracht, die häufig unabhängig von Unternehmen vorangetrieben wurden, und dennoch neue Potenziale, Marktideen, Geschäftsmodelle und sogar neue Unternehmen geschaffen haben. Hier stehen insbesondere die Kunden oder besser: die Anwender im Fokus des Geschehens. Bedürfnis- und Lösungsinformation bilden hier die größtmögliche Schnittmenge. Das vielleicht bekannteste Softwareprodukt, das in einer Kunden-/Konsumentenkultur erfolgreich wachsen konnte, ist sicherlich Linux. In der Literatur findet man für diesen Ansatz häufig auch die Bezeichnung „Co-Creation“ (vgl. Bughin et al. 2008). Sourceforge ist eine der populären Plattformen für quelloffene Softwareprojekte – und auch hier zeigt sich schnell, welche Ideen vom „Markt“ akzeptiert und welche zügig verworfen werden: Geschätzte zwei Drittel aller Sourceforge-Projekte sind inaktiv oder werden mit wenig Aufwand verfolgt. Liegt trotzdem die Zukunft der gesamten Softwarebranche in quelloffenen Projekten, die ggf. „nur“ noch zu Endprodukten veredelt werden?

Die Realität der Softwarehersteller bewegt sich mindestens kurz- und mittelfristig exakt zwischen den Extremen: Schutz des eigenen geistigen Eigentums und gleichzeitig Nutzen eines breiten Community-Wissens. Die enge Zusammenarbeit mit möglichst vielen Kunden wird immer wichtiger für die Ermittlung der relevanten Bedürfnisinformationen, um neue Produkte und Fähigkeiten zeitnah am Markt zu platzieren. Andererseits kann kein Intellectual Property offengelegt werden und gleichzeitig müssen die möglicherweise geschäftsrelevanten Informationen und Interessen der Kunden entsprechend mandantensicher abgeschottet werden. Nicht jeder Kunde wird und will offen über seine Strategien mit seinen Wettbewerbern sprechen wollen. All das kann den Prozess einer „Co-Creation“ nachhaltig (auch negativ) beeinflussen.

23.2 Closed Innovation vs. Open Innovation

Chesbrough führt in seinem Buch „Open Innovation“ (vgl. Chesbrough 2003) die Begriffe Closed und Open Innovation ein. Closed Innovation geht davon aus, dass Innovation auf der Arbeit von (wenigen) unternehmenseigenen, kreativen Köpfen basiert, also Lösungsinformation im Vordergrund steht. Der Vorteil: Die volle Kontrolle über Intellectual Property. Im Gegensatz dazu beschreibt er Open Innovation als Paradigma, in dem Firmen

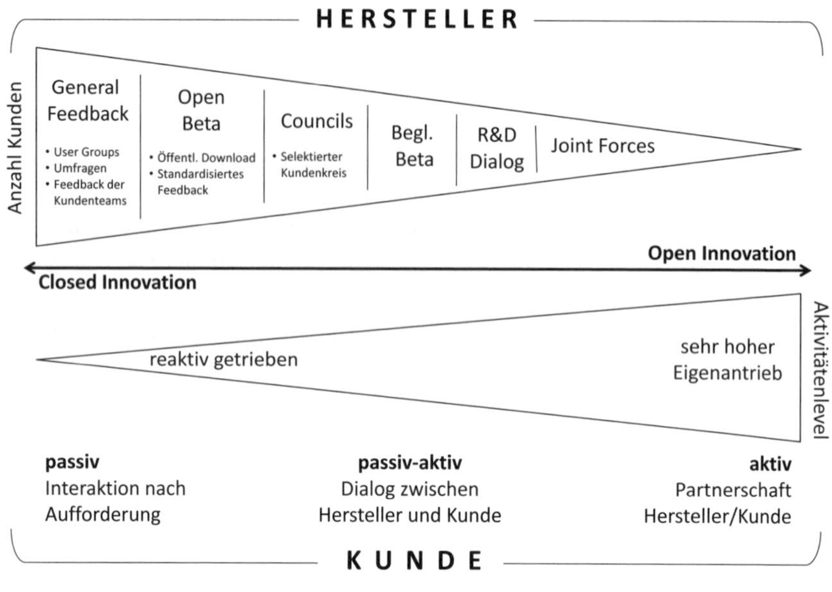

Abb. 23.1 Closed vs. Open Innovation

verstärkt auf externes Wissen und Ideen zugreifen. Also als einen Ansatz des Geben und Nehmen; des Teilen von Chancen und Risiken durch internes und externes Know-how. Reichwald und Piller fassen beide Ansätze sehr anschaulich in einer Grafik zusammen (vgl. Abb. 1 in Reichwald und Piller 2005), die als Ideengeber für die Darstellung des VMware-Ansatzes in der Abb. 23.1 dient.

Die Hersteller-Herausforderung ist vor allem, eine geeignete Strategie zu finden, die einerseits den Fluss der Bedürfnisinformationen kanalisiert und bündelt und auf der anderen Seite relevante Lösungsinformationen zu teilen. In der Closed-Innovation-Welt kommt dem Hersteller mehr die Rolle eines Moderators zu, der Informationen von Kunden sammelt und verdichtet. Der Vorteil ist eine hohe Anzahl von Rückmeldungen über User Groups, Umfragen oder das Feedback von Kundenbetreuern. Die Schwierigkeit liegt umgekehrt in der Nutzung der Informationen und dem Feedback an den „Markt". Für den Außenstehenden mag es erstaunlich wirken, dass beispielsweise in den einzelnen Geografien, in denen VMware tätig ist, Woche für Woche sogenannte „Weekly Reports" für die Produktentwicklung verfasst werden. Hierbei handelt es sich um stichpunktartige Aufzählungen des Feedbacks von Kunden zu Produkteigenschaften bzw. Erweiterungswünschen. Alleine für Deutschland kommt pro Woche so eine gute DIN-A4-Seite mit Stichworten zusammen. Weltweit entsprechend ein Vielfaches. Trotz dieser Menge an Themen gibt es regelmäßiges Feedback aus der Entwicklung zurück an die Teams vor Ort und von dort an den Kunden. Der Nutzen für den Softwarehersteller wie für den Kunden: Frühzeitige Verifizierung neuer Kundenbedürfnisse und Anpassung existierender Lösungen an die Realität. Kritischer Erfolgsfaktor ist hier eine tatsächlich funktionierende Feedback-Schleife.

Ohne qualitativ wertvolle Rückmeldung aus der Entwicklung würde der wöchentliche Bericht ansonsten schnell als bedeutungslos einschlafen.

23.3 Forschungs- und Entwicklungsprogramme

Der Nutzen von Kundenfeedback steigt sicherlich in dem Maße, in dem sich ein Kunde intensiv in den Innovationsprozess einbringt. Andererseits bedeutet dies einen deutlich höheren Betreuungsaufwand seitens VMware, was automatisch bedeutet, dass nur ein Teil der Kunden berücksichtigt werden kann. Da aber auch ein hoher Aktivitätenlevel auf Kundenseite benötigt wird, ergibt sich ein relativ stabiles Gleichgewicht aus maximal betreubaren Kunden und denen, die wirklich proaktiv mitwirken möchten. Die Motivation der teilnehmenden Unternehmen sind die klassischen Themen: Agilität und Qualität steigern, Kosten senken und durchaus Marktreputation erzielen. Allerdings lebt „Co-Creation" vor allem von der Mitwirkung des einzelnen Individuums, die vor allem durch Selbsterfüllung, Spaß und Anerkennung geprägt sind.

Die wesentlichen vier Programme im Bereich Research & Development bei VMware sind:

1. **Beta Program**
   Es dient im Wesentlichen dazu, die Produktqualität zu steigern und inhaltliches Feedback zu neuen Funktionalitäten zu bekommen. Kommt in unterschiedlichen Ausprägungen zum Einsatz, sowohl als Public Download für die breite interessierte Masse als auch gezielt in intensiver Betreuung mit einzelnen Kunden.
2. **Customer Council**
   Dieses Programm dient dazu, Benutzerinformation in die kurz- und mittelfristigen Produktroadmaps einzubinden, um die VMware-Produkte mit den Kundenbedürfnissen abzugleichen. Die unterschiedlichen Elemente forcieren zusätzlich eine Festigung der Beziehung zwischen VMware und Kunde. Councils sind zeitlich den Beta-Programmen vorgeschaltet und haben damit inhaltlichen Einfluss auf die Ausgestaltung von Produkten und -fähigkeiten.
3. **R&D Customer Connect**
   In diesem Programm steht die direkte Interaktion von Mitarbeitern aus Forschung und Entwicklung mit dem Kunden im Vordergrund. Das Entwicklungsteam bekommt hier einen Einblick und Feedback, wie Lösungen im realen Leben betrieben werden, um ein besseres Verständnis für das Geschäft des Kunden und dessen technische Notwendigkeiten aufzubauen. In der engen Beziehung entstehen Ideen für neue Einsatzbereiche und Technologien, fernab vom Elfenbeinturm der Forschung in der „harten" Realität und Praxis.
4. **Activate**
   Im Rahmen des Activate-Programms werden gesponsorte Referenzprojekte gemeinsam mit Kunden durchgeführt, wodurch der Kunde schnell eine (neue) Technologie in

seiner IT-Welt implementiert und VMware gleichzeitig neben einer Referenz die Erfahrung bekommt, ob und wie sich ein Produkteinsatz in der realen Welt anfühlt.

23.4 Neue, innovative Modelle zur Einbeziehung von Kunden

Neben den klassischen Formen der Zusammenarbeit mit Kunden, investiert VMware zusätzlich in neue Möglichkeiten, innovative Ideen der breiten Community für eine optimierte Produkt- und Lösungsentwicklung zu nutzen, um möglichst viel Know-how aus dem Feld effizient zu nutzen. Zum Abschluss seien drei Ansätze kurz beschrieben:

Flings Unter labs.vmware.com stellt VMware eine Plattform zur Verfügung, die die Kommunikation über neue Ideen mit den potenziellen Anwendern forciert. Unter anderem können hier sogenannte Flings (übersetzt: kurzes Liebesabenteuer) von Entwicklern heruntergeladen und diskutiert werden. Sinn und Zweck ist es, das Potenzial des Ideenreichtums einzelner Entwickler(-gruppen) frühzeitig zu ergründen. Flings mit hoher Aufmerksamkeit und viel Feedback schaffen es mitunter Bestandteil von Produkten zu werden. Mitunter kommen Ideen für Flings nicht nur von den Entwicklern, sondern werden auch von technischen Mitarbeitern von VMware vorgeschlagen. In Deutschland hat 2012 beispielsweise eine Entwicklung für einen gewissen weltweiten Bekanntheitsgrad gesorgt, die in einem Kundenkontext durch einen Presales-Mitarbeiter entstanden ist. Im Wesentlichen ging es um die Einsparung von Investitionskosten durch Nutzung alter (abgeschriebener) Hardware mit schlanken Linux-Images, um Konnektivität zu virtuellen Desktops herzustellen.

Innovation Contest Aus der rein internen Fling-Idee ist schließlich zur VMworld 2012 der Ansatz entstanden, die besten innovativen Ansätze aus der Community zu sammeln (vgl. Austin 2012b), von einer Jury bewerten zu lassen und durch das VMware-Entwicklerteam realisieren zu lassen. Von den rund 120 eingereichten Beiträgen, waren gut die Hälfte vom Charakter her eher Produkteigenschaften, von denen bereits ein Großteil auf der Roadmap stand (und so nochmals verifiziert werden konnte). Gewonnen hat 2012 die Idee des Kanadiers M. W. Preston die Dynamisierung im Rechenzentrum weitervoranzutreiben, in dem die existierenden (reaktiven) Mechanismen zur dynamischen Workload-Verteilung mit prädiktiven Mitteln (Historie und Vorhersage) ergänzt und optimiert werden.

Open-Source-Projekte Wie weiter oben beschrieben liegt gerade im „Co-Creation“-Umfeld ein großes Potenzial, das es zu heben gilt. Serengeti ist eines der neueren VMware Projekte, das als ein Open-Source-Projekt auf github-Plattform (github.com) initiiert worden ist, das durch VMware-Ressourcen maßgeblich mit vorangetrieben wird. Serengeti beschäftigt sich mit einfachen Aufbau virtueller Cluster zur Analyse großer Datenbestände (Stichwort: Big Data) statt der Verwendung physikalischer Ressourcen. Kaum ein halbes Jahr später kommt diese Technologie u. a. bereits bei einem deutschen Kunden zum Pilot-

Einsatz, bei einem anderen ist die Lösung bereits in der Diskussion. Für den Kunden eine echte Alternative zum vergleichsweise teuren physikalischen Aufbau und für VMware die Verifikation, dass die erdachte Lösung wirklich tragfähig ist. Der Einsatz beim Kunden erfolgt in enger Abstimmung und Zusammenarbeit, sodass neben lokalen deutschen Ressourcen ebenso amerikanische Kollegen eingebunden sind, so dass neben „Co-Creation" die tatsächliche Realisierung als „Joint Forces" vollzogen wird.

23.5 Zusammenfassung

Unsere Wirtschaft verändert sich immer schneller und die Softwarebranche gehört sicherlich zu den Branchen mit dem stärksten Innovations- aber auch Veränderungspotenzial. Softwareunternehmen, die früher sehr stark und nahezu ausschließlich auf ihre eigene Innovationsfähigkeit gesetzt haben, auch um ihr geistiges Eigentum zu sichern, gehen heutzutage mehr und mehr neue Wege, die deutlich in Richtung Open Innovation zeigen und den Kunden stärker in den Mittelpunkt des Interesses rücken als in der Vergangenheit. Viele VMware Lösungen sind schon bisher durch Anwender und Kundenprojekte in nahezu allen Größenordnungen inspiriert. Die Geschwindigkeit, mit der neue Innovationen marktreif gemacht werden (müssen), wird auch in den kommenden Jahren weiterhin zunehmen. Möglich ist und wird dies nur, wenn vor allem das Bedürfnis des Kunden durch dessen proaktive Mitwirkung frühzeitig validiert und verifiziert wird. VMware investiert in die Nutzung „kollektiven Wissens" und die Erkenntnis, dass gerade Diversität und die Einbringung vieler unterschiedlicher Meinungen einen Schritt nach vorne bedeutet, wie es gruppendynamische Experimente immer wieder belegen (vgl. Hill 1995). Der Open Innovation Contest zur VMworld 2012 hat zweierlei unter Beweise gestellt: Erstens, dass es eine gute Teilnehmerresonanz gab und zweitens, dass viele interessante Innovationen vorgeschlagen wurden. Serengeti als initiiertes Open-Source-Projekt genießt ebenfalls regen Zulauf und ist in kurzer Zeit von den Marktteilnehmern als interessante Option für zukünftige Big-Data-Projekte erkannt worden. Dem Kunden als Innovationsmotor gehört mehr und mehr die Zukunft.

Literatur

100% Open. 2011. Open innovation defined. http://www.100open.com/2011/03/open-innovation-defined/. Zugegriffen: 3. Jan. 2013.

Austin, J. 2012a. Innovation at VMware – Staying on the edge. http://communities.vmware.com/community/vmtn/cto/innovation/blog/2012/04/02/staying-on-the-edge. April 2012. Zugegriffen: 3. Jan. 2013.

Austin, J. 2012b. VMworld 2012 open innovation contest. http://www.youtube.com/watch?v=DuLf3vm5XG0. Zugegriffen: 4. Jan. 2013.

Bughin, J., M. Chui, et al. 2008. *The next step in open innovation*. New Jersey: McKinsey.

Chaney, P. K., und T. M. Devinney. 1992. New product innovations and stock price performance. *Journal of Business Finance & Accounting* 19 (1992).
Chesbrough, H. W. 2003. *Open innovation: The new imperative for creating and profiting from technology*. Boston: Harvard Business School Press.
Hill, L. A. 1995. *Orientation to the subarctic survival situation*. Harvard Business School Background Note 494-073. April 1995.
Jung, D. R. 2010. *Wie Unternehmen von innovativen Kunden profitieren*. http://www.zeit.de/wirtschaft/2010-06/nutzer-innovationen. Juni 2010.
McDougall, R. 2012. *Project serengeti: There's a virtual elephant in my datacenter*. http://cto.vmware.com/project-serengeti-theres-a-virtual-elephant-in-my-datacenter/. Zugegriffen: 4. Jan. 2013.
Reichwald, R., und F. Piller. 2005. *Kunden als Partner im Innovationsprozess*. München: TU München.
Thomke, S. 2003. *Experimentation matters: Unlocking the potential of new technologies for innovation*. Boston: Harvard Business School Press.

Innovations-Entwicklungspartnerschaften

24

Thomas Ehrlich

Inhaltsverzeichnis

24.1 Grundmotive und Innovationsstrategien

Eine probat angelegte Innovationskraft ist entscheidend für die Wertschöpfung und den Marktwert eines Unternehmens. Jedoch reüssieren nur reproduzierbare und langfristig angelegte Innovationsstrategien in Alleinstellungsmerkmalen, Skaleneffekten und Kostenreduktion durch Skill Sharing. In diesem Kapitel werden die zentralen Aspekte von Innovations-Entwicklungspartnerschaften aus Sicht und Erfahrung des Technologieherstellers betrachtet: Motive, Identifizierung, Management, Spiegelorganisation, Kollaboration und Kommunikation.

Mit wachsendem Innovationsgrad und einer expliziten Positionierung als Innovator stellt sich die zentrale Frage nach der maximalen Monetarisierung von Innovation. In so-

T. Ehrlich (✉)
NetApp Deutschland GmbH, Sonnenallee 1, 85551 Kirchheim bei München, Deutschland
E-Mail: Thomas.Ehrlich@netapp.com

F. Abolhassan (Hrsg.), *Der Weg zur modernen IT-Fabrik*,
DOI 10.1007/978-3-658-01483-4_24, © Springer Fachmedien Wiesbaden 2013

lide funktionierenden Innovations-Entwicklungspartnerschaften begreifen beide Partner Innovation als Kernprozess, schaffen Interaktionskompetenz, das heißt durch gemeinsame Roadmaps, Prognosen und Kommunikationsplattformen, und sichern die Kompatibilität ihrer Zielsetzungen.

Geht diese Art Innovationsallianz aus einer Lieferantenbeziehung hervor, kann die Transformation zu einer „Entwicklungspartnerschaft auf Augenhöhe" tief greifendes Change Management in beiden Organisationen erfordern. Infrastrukturanbieter sind in ihrer Innovationskraft eng an die Innovationsfähigkeit jener Technologiehersteller gekoppelt, deren Kerntechnologien sie als Business Enabler nutzen: Es ist in der Regel die Technologie, die Geschäftsmodelle schafft. Die Bandbreite von Entwicklungskooperationen kann sich von der Produktentwicklung im Sinne der Portfolioerweiterung bis zum Prototyping spannen, wie das in der Autoindustrie Usus ist.

Innovation ist als valides Korrektiv zu steigenden Kosten, schwindenden Margen und Branchenkonsolidierung durch Fusionen und Übernahmen zu sehen. Ein von McKinsey 2012 befragter Infrastruktur-CIO stellt die Unerlässlichkeit von Innovation bzw. Innovationspflicht plastisch dar: „Meine Technologiestrategie hängt an Produkten, die noch nicht einmal erfunden sind. Folglich muss ich verstehen, was meine strategischsten Lieferanten entwickeln und Wege finden, wie ich ihre Produkt-Roadmap beeinflussen kann." Einige in derselben Umfrage zitierten Senior Infrastructure Executives gehen soweit, dass sie „beständige Innovation als einzige Option sehen, um Kundenerwartungen zu entsprechen, bei gleichzeitiger Bedienung der konstant steigenden Anforderungen an Commodity-IT, Datenspeicherung und Netzwerk", vgl. hierzu Andersson et al. (2012).

Schlüssige, langfristig angelegte Innovations-Entwicklungspartnerschaften greifen in nahezu alle Unternehmensbereiche ein und werden zumeist von Ideenlaboren, Pilotprojekten, Beta-Testkunden u. v. m. flankiert. Sie sind in der Regel bilateral ausgelegte Kooperationsformen, die als inhärente Ökosysteme die Auffindung, Entwicklung, Verzahnung und Verwertung von geistigem Eigentum innerhalb rechtlich formalisierter Strukturen vorantreiben. Starke Netzwerkeffekte sind Resultat, jedoch auch Grundvoraussetzung für solche Ökosysteme, die sich durch Transparenz und Diffusionsfähigkeit an allen Schnittstellen charakterisieren.

Transformationswille und -fähigkeit sind wesentliche Merkmale vitaler Innovationspartnerschaften, die radikale Strategiewandel, getragen von Share- und Stake-Holdern, CXOs, Board, Kunden, Mitarbeitern und Öffentlichkeit nach sich ziehen können. Selbst Technologiehersteller wie NetApp stehen hinsichtlich ihrer Innovationsstrategie zu Beginn vor drei elementaren Fragen: „Selbst entwickeln oder kaufen?", „Lose Entwicklungskooperation?" oder „Dezidierte Innovationspartnerstrategie?". Einige Innovations-Entwicklungspartnerschaften verzichten völlig auf den Schutz geistigen Eigentums zugunsten von Strategien, die externe Innovationskräfte anziehen und zu Beiträgen, im Sinn von Open Innovation und Co-Creation, motivieren. Je offensiver die Innovationsstrategie einer Organisation, desto progressivere Innovationspartner wird sie identifizieren, selektieren und binden. In diesem Modell ist die planmäßige Offenlegung, Abtretung und Verzahnung von geistigem Eigentum erklärtes Ziel; implizite Risiken werden in Kauf genommen: potenzieller Kontrollverlust oder Faktoren, die den kooperativen Innovationszielen entgegenwirken könnten.

24.2 Identifizierung des Innovationspartners

Vor der aktiven Suche nach Innovationspartnern steht die interne Zieledefinition als Nulllinie. Zwei primäre Vorgehensweisen haben sich bewährt: Evaluierung unter existierenden Partnern wie etwa Technologie- und Applikationspartner oder Serviceprovider. Andererseits bieten sich originär neue Zusammenschlüsse an, die den gesetzten Zielkriterien entsprechen. In Unternehmen, in denen eine technologiebasierte Innovationsstrategie zugleich Geschäftsmodellgeber ist, fällt die Rolle des Innovationsmanagements traditionell dem CTO bzw. CIO zu – mithin auch die Identifizierung, die Bewertung, die Qualifizierung und die Realisierung potenzieller Innovationspartner. Folgerichtig ist das Innovationsmanagement als Stabsstelle aufgesetzt.

Innovations-Entwicklungspartnerschaften können für vormals traditionell angelegte Lieferantenbeziehungen einen Paradigmenwandel bedeuten, da es weniger um messbare Key-Performance-Indikatoren, Balanced Scorecards und Benchmarking geht, sondern verstärkt um die Tragfähigkeit und Kompatibilität „weicher" Faktoren der Unternehmenskultur wie Vision, Markenidentität, Reputation, interkulturelles Management, Corporate Social Responsibility, Teamausprägung, vgl. hierzu Gabler Wirtschaftslexikon, Corporate Culture (2013). Der Aufbau von Indizes auf Basis solcher weicher Faktoren sowie die stringente Bewertung potenzieller Innovationspartner gemäß diesen Indexkriterien stützt erfolgreiches Alignment und hält die Partnerschaft skalier- und reproduzierbar.

24.3 Innovationsmanager und Kooperationsbandbreite

Als federführende Kraft im Innovationsprozess verändert sich die Rolle des CIO oder CTO hin zum Manager einer Transformation im Spannungsfeld von Technologie als Commodity und Innovation als Motor für Neugeschäft. Nicht zuletzt müssen Innovationsmanager eine tragbare Innovationskultur initiieren und einführen, vgl. hierzu Kap. 24.4. All das kann Umwälzungen in der „Geisteshaltung" eines CxOs erfordern: von einer bislang unter Umständen reaktiven Haltung hin zur proaktiven, gestalterischen. Er agiert als Mediator, Schnittstelle und Gesamtverantwortlicher, seine Tätigkeit umfasst nicht nur die Förderung von Innovationspotenzialen, sondern auch deren Verwertung von Beta-Tests über Portfolio-Management bis hin zur Fertigung von Produkten und Lösungen. Sofern die Innovations-Entwicklungspartnerschaft auf langjährige gemeinsame Erfahrungswerte zurückgreifen kann, etwa aus OEM- oder Integrationsvereinbarungen, kann sich die Betrachtung des gemeinsamen Geschäftsmodells auf Chancen und Stärkenentwicklung fokussieren. Originär neu gestaltete Partnerschaften hingegen gehen stärker in eine Risikoabwägung, bevor sie konkrete Innovationsideen generieren und realisieren. Das gewichtigste Risikokriterium betrifft den potenziellen Kontrollverlust durch Teilen oder Outsourcen von intellektuellem Kapital.

Für beide Partner liegt die adäquate Antwort in der Monetarisierung: Inwiefern ist die Innovation für wen, in welchem Grad monetarisierbar? Monetarisierung kann etwa durch disparate Schutzrechte und Drittvermarktung stattfinden. Go-to-Market getriebene Innovationspartnerschaften steigern Marktdurchdringung, Umsätze, Margen sowie technische und kommerzielle Wettbewerbsfähigkeit durch Verschmelzung der Kernkompetenzen zu neuen oder optimierten Portfolios. Als potenzielle Evaluierungskriterien bieten sich folgende Fragestellungen an:

- Bereitschaft für Aktivitäten außerhalb des Marktsegmentes, Drittmarkt?
- Bereitschaft für zeitnahe Entscheidungen?
- Mandantenfähiges Systemumfeld?
- Anerkennung der Kernkompetenzen des Partners?
- Partnerschaft über mindestens 10 Jahre aufgrund Vertragslaufzeiten mit gemeinsam akquirierten Kunden?
- Glaubwürdigkeit der Partnerschaft im Drittmarkt?

24.4 Unternehmenskompatibilität und Spiegelorganisation

Innovation als Business Enabler oder Wertesteigerer unterliegt einer komplexen Matrix an Faktoren: Branche, Marktsegmente, Kundenstrukturen, Produktportfolio und viele mehr. Netzwerke, ergo Innovations-Entwicklungspartnerschaften, agieren produktiver, wenn sie exakte Regeln, Rollenverteilungen und transparente Prozesse für die Zielerreichung und Konfliktlösungen festschreiben. Potenzielle Problemstellungen sollten auf jeder Ebene bis in das jeweilige Innovationsmodul hinuntergebrochen werden können, auf der die Partner parallel an Fragmenten des Produktes oder der Lösung arbeiten. Dieses stark verteilte, netzbasierte Vorgehen gewährleistet kritische Masse und Skalierbarkeit im Go-to-Market.

Vertrauen und wechselseitige Anerkennung als gleichwertige Partner sind Schlüsselfaktoren für kooperative Innovationserfolge. Elementar sind zudem der Aufbau und die Orchestrierung von partnerschaftlich arbeitenden Innovationsteams. Die Fragestellungen hier lauten: Besteht der Wille zur inhärenten Transformation? Wie stark ausgeprägt ist dieser Wille in der jeweiligen Organisation? Welche Effekte hat das Alignment auf Technik, Fertigung, Vertrieb, Support? Können bestehende Service-Level-Agreements und IT-Infrastructure-Library-Prozesse eingehalten und parallel ausgebaut werden?

Explizit formulierte Innovationsziele und die feste Verankerung des Partners in der eigenen Wertschöpfung verringern das Konfliktpotenzial. Spiegelorganisationen bringen Entwicklungspartner dafür in allen Querschnittsfunktionen auf Augenhöhe. Voraussetzung für ihre Etablierung sind durchlässige Strukturen und Mitarbeiter mit analogen Positionen, Kompetenzen und Fähigkeiten. Wo adäquate Ansprechpartner fehlen, laufen Konflikte und Unstimmigkeiten ins Leere oder eskalieren. Spiegelorganisationen, die auf allen Vertrags- und operationalen Ebenen penibel ausformuliert sind, ermöglichen eine reibungslosere Wertschöpfung, schnellere Reaktionen sowie Skalierbarkeit.

24.5 Skaleneffekte und Kollaboration

Dienstleistungen, sprich Services, sind zunächst als reines Potenzial zu sehen, als Möglichkeit oder Bereitschaft, worin sich die Entwicklung innovativer Services grundsätzlich von der von Produkten unterscheidet. In der frühen Ideenphase noch vergleichbar, müssen Services potenziell ausgelegt sein – und somit höchst skalierbar. Die Potenzialdimensionierung in allen Aspekten, strukturell, technisch und personell, im möglichst frühen Stadium, orientiert sich in der Regel am maximal adressierbaren Kunden- und Marktpotenzial.

Skaleneffekte sind deshalb bei Services ein fester kalkulatorischer Faktor in der Modellierung der Kern-, Management- und Support-Prozesse. Skalierung muss über alle Prozessebenen hinweg realisierbar sein, da hier gemäß „Uno-actu-Prinzip, in einziger Unternehmung" die Herstellung und die Konsumption der Dienstleistung in der Regel zeitlich zusammenfallen oder an materielle Güter gebunden sind, vgl. hierzu Haller (2012). Hingegen können Produktinnovationen durchaus on-demand dimensioniert werden, da Herstellung und Konsumption zeitlich divergieren. Die optimale Übereinstimmung von Expertise und Prozessen ist ein kritischer Aspekt in beiden Modellansätzen.

Operativ sind Innovations-Entwicklungspartner auf Technologien angewiesen, die kollaborative Prozesse ermöglichen, Teameffizienzen steigern und Kommunikation fördern. Dazu zählen Werkzeuge wie zum Beispiel Videokonferenzen, Shared Workspace, Whiteboards. Mit Web-2.0-Kommunikationskanälen bzw. Sozialen Medien wie Blogs, Foren oder Wikis mündet der Austausch von Wissen in intelligenten „Entwicklergemeinden". Bereits 2010 berichtet McKinsey von Unternehmen, deren progressiv-innovatives Alignment mit Geschäftspartnern über Web 2.0 mit messbarem Zuwachs an Marktanteilen korreliert, vgl. hierzu Bughin et al. (2010).

Als immanente Herausforderung gestaltet sich die Anwerbung und Bindung von Fachkräften und Talenten. High-Potentials kombinieren Technologietiefe, betriebswirtschaftliches Know-how und kreative Problemlösungsfähigkeiten; sie gelten als Wunschkandidaten für jede Innovationsinitiative. Mit welchen Recruitings und Incentives können sie adressiert werden? Mögliche Ansätze: Erhöhung der Entscheidungsbefugnis von Ingenieuren und Entwicklern, Herabsetzung der Risikoaversion durch Stützung von Erfolgen und Misserfolgen sowie Einsatz von Quereinsteigern als Impulsgeber, zu finden beispielsweise über Business-Netzwerke wie das der Xing AG, wo Personal-Organisations-Tools diese Art effektive Personalsuche fördern.

24.6 Kommunikationsprozesse

Integraler Bestandteil jeder Innovationsstrategie ist eine umfassende Kommunikationsstrategie, die alle Prozesse des Sourcing in der internen und externen Kommunikation umfasst. Zur Sicherstellung des konsistenten und kontinuierlichen Informationsaustausches zwischen Innovationsprozessen mit ihren Verantwortlichen sollten Marketing-, Public-Relations- und Personalabteilungen der Entwicklungspartner frühestmöglich eingebunden, Botschaften abgestimmt werden und Konsens über Veröffentlichungszeitpunkte bestehen.

Ein Grundlagendokument sollte die Sprachregelung gewährleisten. Dieses konsolidiert die veröffentlichbaren Eckpunkte und wird von beiden Partnern freigegeben, u. a. enthält es Management Summary, Nutzwertaussagen, Zahlen und FAQs. Zentrale Kommunikationsbotschaften werden darin für verschiedene Zielgruppen, darunter Management, Mitarbeiter, Medien, Social-Media-Multiplikatoren, Share/Stake Holder, Kunden und Analysten, aufbereitet und die zeitlich verzahnte Veröffentlichung fixiert. Innovations-Entwicklungspartnerschaften mit gemeinsamer Go-to-Market-Strategie erarbeiten üblicherweise auch einen gemeinsamen Unternehmensauftritt (Marke, Logo, Kommunikation) im definierten Marktsegment.

24.7 Resümee

Aufgestellt im Spannungsfeld von Innovationspflicht und Kostendruck sind strategisch angelegte, durch Spiegelorganisationen gestützte Innovations-Entwicklungspartnerschaften auf Augenhöhe ein probates Instrument zur Steigerung der Wettbewerbsfähigkeit, Qualitätssicherung und Erzielung von Skaleneffekten.

Literatur

Andersson, H., et al. 2012. Capturing value from IT infrastructure innovation. *McKinsey on Business Technology* 27:22.

Bughin, J., et al. 2010. Clouds, big data, and smart assets: Ten tech-enabled business trends to watch. *McKinsey Quarterly* (7): 2.

Gabler Wirtschaftslexikon. www.wirtschaftslexikon.gabler.de/Definition/unternehmenskultur.html. Zugegriffen: 7. Jan. 2013.

Haller, S. Prof. Dr. 2012. *Dienstleistungsmanagement: Grundlagen, Konzepte, Instrumente*, 5. Aufl. Wiesbaden: Gabler Verlag.

Innovationstransfer aus der Wissenschaft 25

Björn Froese

Inhaltsverzeichnis

High-Tech-Unternehmen öffnen bei der Suche nach innovativen Lösungen zunehmend den internen Prozess, um auch Experten aus anderen Institutionen und Forschungseinrichtungen bei der Suche mit einzubeziehen und ihre Innovativität weiter steigern zu können. Der folgende Beitrag stellt diese Entwicklung hin zu neuartigen Innovationsnetzwerken in Form von Cluster-Initiativen einerseits aber auch zu einer vollständigen Öffnung mithilfe des Crowd Sourcings dar. Dabei liegt der spezielle Fokus auf der Frage, wie Unternehmen aus forschungsintensiven Industrien die eigene Lösungskapazität auf der Grundlage stark spezialisierten Expertenwissens um entsprechende externe Quellen aus Forschung und Wissenschaft erweitern kann. Abschließend wird im Sinne des Crowd Sourcings eine ICT-Plattform vorgestellt, die bereits seit vielen Jahren externe Akteure an der Suche nach innovativen Lösungen auf höchstem Niveau erfolgreich beteiligen konnte.

B. Froese (✉)
Detecon International GmbH,
Dingolfinger Straße 1–15, 81673 München, Deutschland
E-Mail: Bjoern.Froese@detecon.com

F. Abolhassan (Hrsg.), *Der Weg zur modernen IT-Fabrik*,
DOI 10.1007/978-3-658-01483-4_25,

25.1 Unternehmensnetzwerke in forschungsintensiven Industrien

Seit dem die Differenzierbarkeit der am Markt angebotenen Leistungen einerseits und eine kontinuierliche Verbesserung des Wertschöpfungsprozesses andererseits als strategische Determinanten der Ertragssteigerung von Industrieunternehmen erkannt worden sind, bemühen sich diese um eine ständige Erneuerung eben dieser Produkte und Prozesse. Der Erfolg einer Innovation lässt sich insofern betriebswirtschaftlich am Kriterium der durch sie erzielbaren Gewinne bemessen (Hauschildt und Salomo 2011).

Traditionell wurde die Quelle solcher Innovationen innerhalb der Unternehmung verortet, sodass diese intern geschaffen und dann über die betroffenen Standorte repliziert worden sind (Gerybadze und Reger 1998), um gewissermaßen das neue Produktprogramm bzw. die neue Verfahrensweise als zentrale Vorgabe im gesamten Unternehmen als Status quo durchzusetzen. Bei dieser frühen Form des Innovationsmanagements wurde das Unternehmen als geschlossenes System verstanden und versucht, der Gefahr von Fehlinvestitionen über Verfahren zur Risikominimierung, wie etwa dem Stage-Gate-Prozess und das Halten eines ausbalancierten Innovationsportfolios, zu begegnen (von Stamm 2003). Die frühe Innovationsforschung beschäftigte sich dann auch primär mit den Erfolgsfaktoren einer unternehmensinternen Arbeitsteilung (vgl. z. B. House of Quality (Hauser und Clausing 1988) oder Untersuchungen zu Kommunikationsstrukturen innerhalb von Entwicklungslaboren eines Unternehmens (Allen 1988).

Dieser traditionelle, von Zentralismus und Linearität geprägte Strukturierungsansatz war bis Ende der 1980er Jahre vorherrschend (Gerybadze und Reger 1998). In den beiden darauf folgenden Dekaden wurde diese Isolation zunehmend durch arbeitsteilige Kooperationsmodelle abgelöst. Zuerst innerhalb des Unternehmens und dann in Zusammenarbeit mit anderen Institutionen. Hierbei lag der Fokus zuerst einmal auf der Komplexitätsreduktion bei der Erschaffung eines großen Gesamtsystems mithilfe von Subsystembildungen (Modularisierung) innerhalb eines Unternehmens (Baldwin und Clark 2004), später dann wurden die Stärken dieses Konzeptes in Hinblick auf Spezialisierung von Unternehmen und die Risikoteilung zwischen Unternehmen erkannt.

Ein weiteres Merkmal unternehmerischen Innovationsmanagements ist die Tiefe der vorgenommenen Suche. Hauser und Zettelmeyer unterscheiden hier zwischen langfristigen Forschungen, mittelfristig orientiertem Aufbau von Leistungspotenzialen und kurzfristigen Projekten zur Entwicklung spezifischer Ergebnisse (Hauser und Zettelmeyer 2004). Fraglich ist dabei immer wieder, wie lange eine Idee weiter verfolgt werden soll, um Kreativität über rein inkrementelle Verbesserungen hinaus zulassen zu können (Timmons 1997); wobei situative Faktoren eine wesentliche Rolle bei der Bewertung spielen und sich der Wert einer Idee innerhalb des eigenen Unternehmens von dessen Wert für ein anderes signifikant unterscheiden kann. Hochtechnologieunternehmen, die den Anschluss auch an disruptiven Entwicklungen nicht verpassen wollen, sind insofern zweifach gefordert, nämlich durch das frühzeitige Erkennen dieser Opportunitäten als auch durch die Fähigkeit, zuordnen zu können, inwiefern diese im Unternehmen effektiv umzusetzen sind.

Mit zunehmender Öffnung des betrieblichen Innovationsprozesses, zuerst intra-Company im Sinne der Arbeitsteilung zwischen Organisationseinheiten und Globalisierung, später inter-Company im Sinne von Spezialisierung und Risikoteilung, stellt sich nun für Unternehmen die Frage nach der optimalen Konfiguration ihres Innovationsnetzwerkes (Gemünden et al. 1996). Soweit es um die Umsetzung eines spezifischen Ergebnisses geht, dessen Machbarkeit offensichtlich gegeben ist, liegt es nahe, sich an auf das Produkt bzw. den Prozess spezialisierte Unternehmen zu wenden. Gehört das Unternehmen jedoch zu einer forschungsintensiven Industrie, so werden zur Komplettierung der eigenen F&E-Basis Partner benötigt, die auch Ideen verfolgen können, deren betriebswirtschaftlicher Wert als Opportunität lange im Verborgenen liegt. Insofern sind Universitäten und wissenschaftliche Einrichtungen, wie z. B. die Fraunhofer Institute, notwendige Partner von High-Tech-Unternehmen (vgl. Gemünden et al. 1996; Hauser und Zettelmeyer 2004 in Bezug auf die dem betriebswirtschaftlichen Kalkül widersprechenden Anreizgestaltung bei der langfristigen Suche nach Forschungsergebnissen).

Nestle hat eine Wirkungsanalyse zu Cluster-Initiativen in forschungsintensiven Industrien vorgenommen (Nestle 2011) und beschreibt damit den bestehenden Trend, die Institutionen, die gemeinsam in ein Kooperationsnetzwerk innovieren wollen, räumlich zu Clustern zusammenzulegen (Agglomeration). Unter anderem, um komplementäre Fähigkeiten im Schaffungsprozess aber auch bei der Verwertung einzubringen. Das begünstigt die Schaffung einer themenspezifischen Atmosphäre, ermöglicht den informellen Austausch und Lernen und senkt Transaktionskosten zwischen den Cluster-Mitgliedern. Dabei setzten bereits Kleinst-Konstellationen, in denen sich z. B. eine öffentlich finanzierte Forschungseinrichtung und ein gewinnbestrebtes Unternehmen zu einem Forschungscluster zusammenschließen, Vertrauen darin voraus, dass der jeweilige Partner sich nicht opportunistisch entgegen den Interessen des anderen verhält. Andererseits ist festzustellen, dass auch die Zusammenlegung intensiv konkurrierender Akteure stimulierend auf den Innovationserfolg wirken kann, da sich diese dann nur noch über hochwertige Lösungen differenzieren können, nachdem die Standortfaktoren durch die Cluster-Bildung egalisiert worden sind. Somit lassen sich auch strukturpolitisch Anreize zur Schaffung von lokalen Clustern in Zeiten des globalen Hyperwettbewerbs erklären, nämlich um die lokale Wettbewerbsfähigkeit gemeinsam auf ein höheres Niveau zu stellen.

25.2 Open Innovation und Crowd Sourcing

Entgegen der zuvor beschriebenen Tendenz, die mit den Globalisierungswellen um die Jahrtausendwende einhergehende Dezentralisierung von Innovationseinheiten wieder rückgängig zu machen und sich regional zu Forschungsclustern zusammen zu schließen, gibt es noch eine zweite – wiederum gegenläufige – Bewegung: Die der Auslagerung von einzelnen Arbeitspaketen des Innovationsprozesses mithilfe von ICT-Infrastrukturen auf (beliebige) Externe, um so möglichst viele Akteure außerhalb der festen Institutionsgrenzen und regional ungebunden mit einzubeziehen. Dieser Ansatz wird allgemein als *Open*

Innovation bezeichnet und möchte den Ideenreichtum aber auch das Spezialwissen beliebig vieler Organisationsexterner interaktiv in die Lösungssuche mit einbeziehen. Dabei können diese Externe aus dem Kundensegment kommen (insbesondere Lead-User), Wissenschaftler sein, die sich selbst global verteilt finden, oder jede beliebige andere Person sein (hier und im Folgendem nach Ili 2012). Potenziell eignen sich sämtliche Phasen des Innovationsprozesses zur Auslagerung, von der Ideengenerierung bis zur Markteinführung. Es werden primär zwei Arten von Informationen unterschieden, die sich mittels ICT abfragen lassen, nämlich Bedürfnisinformationen und Lösungsinformationen.

Bedürfnisinformationen erlauben es dem suchenden Unternehmen, die zukünftigen Präferenzen der bestehenden, aber auch der potenziellen Kundschaft einzuschätzen. Häufig sind es die Kunden selbst, die ein bestehendes Produkt zur Erfüllung weiterer Bedürfnisse, als sie vom verkaufenden Unternehmen vorgesehen waren, abändert oder aber zumindest eine Idee geben können, welche Anforderung sie an eine Weiterentwicklung stellen würden.

Lösungsinformationen hingegen sind sachlogisch auf die Erfüllung eines Bedürfnisses ausgerichtet und beschreiben im gewöhnlichen Produktentwicklungsprozess das entscheidende Verfahren, um den Kundenanforderungen gerecht zu werden. Diese Lösungen lassen sich regelmäßig über Analogiebildung mit strukturell gleichgelagerten Problemen aus anderen Wissensdomänen finden und eignen sich für die Konfrontation mit Unternehmensexternen Experten.

Dieses Vorgehen beschreibt Gassmann als „das wirklich Neue" an Open Innovation und bezeichnet es mit *Crowd Sourcing* als ein mögliches Instrument des Paradigmas zur Öffnung des Innovationsprozesses über Institutionsgrenzen hinweg (Gassmann 2013). Crowd Sourcing ist somit die Beschaffung von Wissen bzw. Problemlösungen mithilfe eines ICT-gestützten Austausches mit beliebigen dezentralen Akteuren. Dabei werden intermediäre Kommunikations-Plattformen (Webportale) genutzt, um die Verbindung zwischen Fragendem (Seeker) und Lösendem (Solver) herzustellen.

Wesentliche Gestaltungsparameter an einen für Unternehmen interessanten Austausches sind dabei die Incentivierung der Teilnehmer, das Eigentum von Verwertungsrechten an einer neuartigen Lösung (IPR, Intellectual Property Rights) und die Kontrolle über den Verwertungsprozess.

Da meist nur derjenige, der eine unterscheidbare und neuartige Lösung anbieten kann, vom Unternehmen prämiert wird, muss ein generelles Interesse an der Lösungssuche vorausgesetzt werden, um möglichst viele zu motivieren, an dem Crowd-Sourcing-Prozess teilzunehmen. Bereits hier wird deutlich, dass sich das Crowd Sourcing kaum als Einmalaktivität erfolgreich platzieren lässt, sondern am besten auf eine bestehende Community rund um Produkte oder Expertenthemen initiiert wird und somit auf einer umfassenderen Kommunikationsstrategie aufsetzen sollte (so auch Gassmann 2013).

Die (ausschließliche) Nutzung der Lösung lässt sich verhältnismäßig einfach über das bestehende Repertoire an Vertragsgestaltungen und Anmeldung von Schutzrechten sicherstellen; eben gerade, weil der Solver entgeltlich prämiert wird.

25.3 Fallbeispiel: InnoCentive

Als populäres Beispiel für eine Crowd-Sourcing-Plattform, mit der Fragen aus wissensintensiven Industrien an Experten aus dem Bereich Forschung und Entwicklung adressiert werden können, kann InnoCentive genannt werden (www.innocentive.com).

InnoCentive wurde 2001 von einem Venture-Capital-Unternehmen der Eli Lilly-Gruppe (US-pharmazeutisches Unternehmen) gegründet und wird privat als elektronischer Marktplatz betrieben. Einnahmen generiert das Unternehmen über Gebühren, die die Seeker bei der Prämierung der gewählten Lösung eines Solvers entrichten. Die Plattform ist auf Fragestellungen aus forschungsintensiven Industrien spezialisiert und entsprechend rangieren die Prämien für eine Problemlösung zwischen US $ 10.000 und 1.000.000. Dabei sind bisher nach eigener Darstellung über die Hälfte der ca. 2.000 eingestellten Problemstellungen (Challenges) gelöst worden (Spreadlin 2012).

Es gibt aktuell über 200.000 registrierte Solver, also Experten, die an der Lösung gestellter Challenges interessiert sind, diese kommen wiederum aus fast 200 Ländern. Sowohl Seeker als auch Solver bleiben während des gesamten Prozesses anonym, InnoCentive balanciert insofern als Mittler die Interessen beider Seiten und kümmert sich auch um die Übertragung der Verwertungsrechte eines ausgewählten Lösungsvorschlages.

Spreadlin hält den Ansatz, die Talente dieser Welt über eine Crowd-Sourcing-Initiative zu adressieren, für so erfolgreich, dass er sich nun dem vorgelagertem Problem zuwendet, nämlich der Suche nach der richtigen Problemstellung bzw. Forschungsfrage im Sinne einer Challenge (Spreadlin 2012).

Die vorgestellten Entwicklungen beschreiben, wie die traditionell im Closed-Innovation-Prozess isolierte Suche nach neuartigen Problemlösungen zunehmend hin zu ausgewählten Akteure eines Forschungsclusters oder aber gar hin zu beliebigen Experten geöffnet wird (Open Innovation).

Die Unternehmen können in ihrem Ursprungssystem beheimatet bleiben und auch Akteure aus anderen Institutionstypen, wie Verwaltung und Wissenschaft, mit einbeziehen. Diese von Ili als „soziale Systeme“ bezeichneten Einrichtungen unterliegen dabei mitunter vollkommen anderen Anreizmechanismen als gewinnwirtschaftlich orientierte Unternehmen (Ili 2012). So sind z. B. Wissenschaftler in der Regel nicht primär über monetäre Anreize zu motivieren. Die Kunst von Unternehmen, die die in diesen typ-fremden Systemen enthaltenen Lösungskompetenzen mit einbeziehen möchten, wird in Zukunft darin liegen, die unterschiedlichen sozialen Anreizsysteme zu verstehen und erfolgreich zu orchestrieren, zum Beispiel über eine gleichermaßen attraktive Leitvision einer Forschungsinitiative.

Literatur

Allen, T. J. 1988. Communication networks in R&D laboratories. In *Managing Professionals in Innovative Organizations*, Hrsg. R. Katz, 2. Aufl.

Baldwin, C. Y., und K. B. Clark. 2004. Managing in an age of modularity. In *Managing Strategic Innovation and Change*, Hrsg. M. L. Tushman and P. Anderson, 2. Aufl.

Gassmann, O. 2013. *Crowdsourcing – Innovationsmanagement mit Schwarmintelligenz*, 2. Aufl. Hanser.

Gemünden, H. G., et al. 1996. Network configuration and innovation success: An empirical analysis in German high-tech industries. *International Journal of Research in Marketing* 13.

Gerybadze, A., und G. Reger. 1998. Managing globally distributed competence centers within multinational corporations. In *Leadership and Innovation in Emerging Markets*, Hrsg. Scandura & Serapio, 7 Aufl.

Hauschildt, J., und S. Salomo. 2011. *Innovationsmanagement*. München.

Hauser, J. R., und D. Clausing. 1988. The house of quality. *Harvard Business Review* May-June.

Hauser, J., und F. Zettelmeyer. 2004. Metrics to evaluate RD&E. In *The Human Side of Managing Technological Innovation*. Oxford: Oxford University Press.

Ili, S. 2012. *Innovation Excellence, symposion*.

Nestle, V. 2011. *Open Innovation im Cluster*. Wiesbaden: Gabler Research.

Spreadlin, D. 2012. Are you solving the right problem? *Harvard Business Review* September.

Stamm, B. von 2003. Structured processes for developing new products. In *Wiley: Managing Innovation, Design and Creativity*.

Timmons, J. A. 1997. Opportunity recognition. In *Bygrave: The portable MBA in Entrepreneurship*.

Internes Innovationsmanagement

26

Henryk Biesiada und Christine So-Young Ebner-Um

Inhaltsverzeichnis

26.1 Die Elemente und Herausforderungen eines internen Innovationsmanagements

Im vorhergegangenen Kapitel wurden die sogenannten Ökosysteme als Ordnungsrahmen gemeinsamer Innovationsaktivitäten und auch ihre Herausforderungen beschrieben, das breit gefächerte Know-how vieler Beteiligter zu nutzen und deren Austausch zugunsten von neuen Innovationen einzusetzen. Dabei existiert auch eine besondere interne Herausforderung für globale IT-Serviceorganisationen, ein zeitgemäßes, effektives Innovationsmanagement zu etablieren, welches nicht nur das Bindeglied zwischen eigenen Mitarbeitern, externen (Technologie-)Partnern und Zulieferern sowie Lehrforschungsinstituten nach dem Prinzip der „Open Innovation" bildet, sondern auch nach innen gerichtet alle integrativen Weichenstellungen für eine erfolgreiche Innovationskultur stellt.

H. Biesiada (✉)
T-Systems International GmbH, Mecklenburgring 25, 66121 Saarbrücken, Deutschland
E-Mail: Henryk.Biesiada@t-systems.com

C. S.-Y. Ebner-Um
T-Systems International GmbH, Dingolfinger Str. 1-15, 81673 München, Deutschland
E-Mail: Christine.Ebner-Um@t-systems.com

F. Abolhassan (Hrsg.), *Der Weg zur modernen IT-Fabrik*,
DOI 10.1007/978-3-658-01483-4_26, © Springer Fachmedien Wiesbaden 2013

In diesem Kapitel wird ergänzend zu den bereits vorhergegangenen Konzepten anhand eines Praxisbeispiels vorgestellt, wie ein effektives internes Innovationsmanagement aufgestellt und gemanagt werden muss, um in der Marktrealität einer IT-Serviceorganisation zu bestehen.

Mit einem simplen Ideenmanagement ist es heute nicht mehr getan, um Innovationspotenzial zu entfalten. Das Innovationsmanagement einer IT-Serviceorganisation umfasst im Idealfall nicht nur Innovationsstrategie und Ziele, sondern auch entsprechende Prozesse und Strukturen. Dazu gehören die Etablierung und das Aufrechterhalten von innerbetrieblichen Systemen in Form einer soliden Infrastruktur und effizienten Prozessen. Mit den richtigen Informations- und Softwaresystemen, hinreichenden Prozessen für Planung, Steuerung und Kontrolle der Innovationsaktivitäten sowie zur Verarbeitung von Daten für die Sammlung, Bewertung und Auswahl von innovativen Ideen, können Ideen auf dem Weg in die Umsetzung begleitet werden.

Wie schafft es eine IT-Serviceorganisation nun, sich auf dem dynamischen ICT- Markt mit Innovationen einen Wettbewerbsvorteil zu verschaffen? Grundlegend ist eine innovationsfreundliche Firmenkultur notwendig. Vorhandene und ggf. neu einzurichtende Unternehmensfunktionen müssen auf Innovationsvorhaben angepasst werden. Das Innovationsmanagement als übergreifende Klammer muss es schaffen, Innovation als eine Aufgabe aller Kernprozessbereiche im Unternehmen zu sehen und nicht nur als eine Aufgabe eines einzelnen Bereichs. Die Schaffung einer innovationsförderlichen Unternehmenskultur gehört zu den komplexesten und auch sensibelsten Aufgaben im Rahmen des Innovationsmanagements einer IT-Serviceorganisation.

Zusätzlich liegt die interne Herausforderung darin, bei steigenden Ansprüchen an die IT-Leistung parallel Kosten zu senken und den operativen Bereichen die technischen Lösungen bereitzustellen, um neue Innovationen zu entwickeln und auf den Markt zu bringen. Um einen global agierenden Konzern beweglich zu halten, muss es ebenfalls klare Vorgaben, nachvollziehbare Regeln, transparente Ziele und definierte Ansprechpartner geben, um auch für die Belegschaft Innovation greifbar zu machen.

Modellhaft lassen sich vier essentielle Cluster aus Unternehmensfunktionen für ein erfolgreiches internes Innovationsmanagement bestimmen:

- **Struktur und Governance:** Wie wird eine bereichsübergreifende Interaktion sichergestellt, unterstützt und gesteuert?
- **Kommunikation:** Was für Kommunikationsmaßnahmen sind intern notwendig, um den Innovationsprozess bestmöglich zu unterstützen?
- **Personal:** Welche personaltechnischen Rahmenbedingungen müssen gegeben sein? Welche Rollen muss es im Innovationsprozess geben und welche Aufgaben muss ein Personalmanagement erfüllen? Wie bindet man Mitarbeiter frühzeitig und effektiv in den Innovationsprozess ein?
- **Prozesse:** Welche Schritte sind notwendig, um von einer Vielzahl an innovativen Ideen zu einer Umsetzung zu gelangen?

Erfolgreiche Innovationsumsetzungen erfordern verschiedene Faktoren innerhalb der zuvor genannten Cluster. Neben der neuen „Technologielösung", der Etablierung eines dazugehörigen Service-Offerings, Entwicklung und Produktion, ist auch die richtige Vermarktungsstrategie essentiell. Interne, bereichsübergreifende Zusammenarbeit muss hier richtig funktionieren, d. h. die Kommunikation und Kooperation zwischen bspw. Entwicklungsabteilung oder Innovationsteam und Fertigung, sowie Marketing und Vertrieb.

Eine technologische Innovation kann noch so sehr up to date sein, doch die falschen Features oder eine schlecht vorbereitete Markteinführung kosten wertvolle Zeit und Ressourcen, die sich keine global agierende IT-Serviceorganisation mehr leisten kann. Daher sollten sowohl Forschung und Entwicklung, als auch eine IT-Produktion und der distributive Bereich von Beginn an im Innovationsprozess involviert sein.

Eine enge Integration aller Kernfunktionen im Innovationsprozess ist hier die Lösung. Dabei geht es nicht nur um Prozessdesign und Abläufe. Alle Innovationsaktivitäten müssen bereichsübergreifend einen klar definierten Fokus auf das gemeinsame Ziel haben. Handelt es sich z. B. bei dem gemeinsamen Ziel um die Marktführerschaft mit einem neuen innovativen Portfolio-Element, so gilt ein spezielles Augenmerk auf allen Kriterien, die zum Markterfolg notwendig sind, wie z. B. Attraktivität für viele unterschiedliche Kundensegmente. Extern betrachtet gilt hier eine enge Verzahnung mit Pilotkunden und die Erprobung; intern gerichtet bedeutet dies, dass das Produktmanagement mit Vertrieb und Marketing einer klaren Abstimmung und Zusammenarbeit bedürfen.

Unternehmensstrategie, Unternehmenskultur und Betriebsklima gehören ebenso zu den internen Einflussgrößen wie auch der jeweilige Rechtsrahmen (Patente, Lizenzen, länderspezifische Begebenheiten). Die Schnittstellen organisatorischer Bereiche in großen etablierten Unternehmen stellen hinsichtlich ihres internen Konfliktpotenzials eine größere Herausforderung an das Innovationsmanagement dar. Die Lösung sind Ausgestaltung der Prozesse und Koordination der Schnittstellen zwischen der reinen Innovationsgenerierung und der Produkt- bzw. anwendungsbezogenen Entwicklung sowie zwischen Produktion und Marketing. Prozess- und bereichsübergreifende Koordinationsmaßnahmen wie der Einsatz von Multiplikatoren, Steuerungsgremien oder speziell übergreifende, ggf. auch interdisziplinäre Transfer-Teams können hier hilfreich sein.

Begleitend entlang der gesamten Prozesskette ist eine bereichsübergreifende Kommunikation notwendig, die die Entwicklung von innovativen Ideen unterstützt und sowohl intern wie extern vermittelt. Die professionalisierte Kommunikation von Innovationen gewinnt stetig an steigender Relevanz und ist als spezifische Ausprägung der Unternehmenskommunikation zu betrachten. Innovationskommunikation bedeutet die Einbindung der Kommunikation in alle Phasen des Innovationsmanagements. Dazu gehören zum Anfang des Innovationsprozesses die Etablierung von entsprechenden Medien und Plattformen, in die alle Beteiligte eingebunden werden. Dies können Online- oder Printmedien (Intranet, Flyer, Aushänge, Mitarbeiterzeitung, Blogs und Communities) sowie spezielle Events und Wettbewerbe sein. Im weiteren Verlauf des Innovationszyklus kommen Vermittlung und Vermarktung innovativer Neuerungen hinzu.

Innovationen sind erst dann erfolgreich, wenn sie von den betroffenen Menschen verstanden und akzeptiert sind – nicht nur kundenseitig und in der Positionierung des Unternehmens als besonders innovativ und zukunftsfähig gesehen werden. Die Aufgabe der Kommunikation ist es, die Mitarbeiter frühzeitig in die unternehmensinterne Innovationskultur zu integrieren und Innovationen für die Belegschaft erlebbar und interessant zu machen.

Hohe technische und fachliche Kompetenz geht nicht zwingend mit einer erfolgreichen Vermarktungsstrategie und Marktpositionierung eines neuen Produktes oder eines neuen Services einher. In der ICT-Branche mit hohem Innovationsdruck kommt der Sicherung des neuen Wissens eine außerordentliche Bedeutung bei, denn die Sicherung des Wissens- und Entwicklungskapitals ist wettbewerbsentscheidend. Dazu gehört auch, dass das Personalmanagement nicht rein administrativer-verwaltender Natur ist. Die Gefahr speziell bei großen IT-Serviceorganisationen besteht mitunter darin, dass Innovationsstrategie und Ziele zu sehr an technischen Leitbildern orientiert ist. Die Generierung von innovativen Ideen, Konzeption und Vermarktung neuer Produkte und Services sind personenengebundene Prozesse, die mit entsprechenden Strukturen und Tools unterstützt werden, durch diese aber nicht austauschbar sind. Das Personalmanagement einer global agierenden IT-Serviceorganisation benötigt eine enge Abstimmung mit dem Innovationsmanagement, um Fragen wie folgende zu beantworten: Ist bei der Etablierung von Innovationsstrategie und -zielen die Mitarbeiterstruktur berücksichtigt worden? Werden in der Personalplanung dedizierte Ressourcen für Entwicklung und Umsetzung neuer Innovationen bereitgestellt? Gibt es im Rahmen von Innovationen langfristige Perspektiven und Weiterbildungsmöglichkeiten? Werden genug Qualifizierungsprogramme angeboten?

Bei diesen Themen wirkt sich ein vorher beschriebenes, rundum nach innen und außen verlinktes Innovationsmanagement als wettbewerbsentscheidend aus: All diese internen Herausforderungen müssen Teil des Innovationsbewusstseins sein und bedient werden. IT-Serviceorganisationen, die zusätzlich dazu Kollaborationen mit Kunden pflegen, die besten (Technologie-)Partner und ggf. auch Forschungsinstitute im Rahmen einer Innovationskooperation zur Verfügung haben, werden hier schnell umsetzbare Ergebnisse erzeugen.

26.2 Der Innovationsprozess von der Idee bis zur Umsetzung

Bei IT-Serviceorganisationen bildet Innovation die Summe der Erfindung neuer Services und der erfolgreichen Kommerzialisierung. Zwingend erforderlich ist eine klare Trennung von Innovationen, die zügig auf den Markt gebracht werden können und Innovationen, deren Realisierung einen Zeithorizont von zwei Jahren überschreiten. Schnell umsetzbare Innovationen voranzutreiben, macht nicht nur vor dem Hintergrund der internen Effizienzsteigerung und externen Wettbewerbsfähigkeit Sinn: In einem hochdynamischen Umfeld können Innovationen von gestern innerhalb kürzester Zeit bereits völlig überholt sein.

Auch Investitionen bei Innovationen mit längerer Umsetzungsdauer müssen sich amortisieren, bevor die Innovation bereits veraltet ist.

Ein idealer Innovationsprozess mit einer schlanken Governance aus der Praxis sieht drei Stufen vor: Sammeln, qualifizieren und umsetzen.

Die Teilnahme aller Mitarbeiter am Innovationsprozess ist erwünscht – jeder soll ein Ideen- und Inputgeber sein. **Das Sammeln** von Innovationsideen erfolgt auf Basis einer strukturierten Vorgehensweise und der entsprechenden Plattformen und Tools. Einheitliche Kriterien wie ein standardisiertes Template zur Beschreibung von Innovationsideen sind essenziell, um eine schnelle Weiterverarbeitung zu gewährleisten. Dabei ist wichtig, nur ein Minimum an Formalismus für die Beschreibung von Ideen vorzugeben.

Das Qualifizieren von Innovationsideen ist der zweite Schritt im Innovationsprozess, der in der Entscheidung mündet, ob eine Idee verworfen, "on hold" gesetzt oder umgesetzt wird. Idealerweise erfolgt dieses Qualifizieren von Innovationsideen mittels eines mehrstufigen Balanced-Scorecard-Ansatzes, dessen Kriterien aus den Unternehmenszielen abgeleitet sind. Dieses Vorgehen hat den Vorteil eines einheitlichen Innovationsprozesses mit einfach adaptierbaren Kriterien. Innerhalb des Qualifizierungsprozesses können folgende Entscheidungen getroffen werden.

- **Überarbeiten:** Falls die Idee auf Basis der vorliegenden Informationen nicht evaluiert werden kann
- **Verwerfen:** Falls die Idee nicht den Qualifizierungskriterien entspricht
- **Aufsplitten bzw. bündeln:** Falls die Idee komplementär zu einer anderen Idee ist (bündeln) oder zu komplex für die Umsetzung in einem Projekt ist (aufsplitten)
- **On hold:** Falls die Idee zwar den Kriterien entspricht, aber aufgrund anderer Prioritäten vorerst nicht weiterverfolgt werden kann
- **Evaluieren und Transfer:** Falls die Idee allen Kriterien entspricht

Das Umsetzen von Innovationen stellt den letzten Prozessschritt dar. Die Umsetzungsverantwortlichkeit hängt vom Ergebnis des vorhergegangenen Qualifizierungsprozesses ab.

Dieser Prozess gilt nicht nur intern, sondern auch extern gerichtet dafür, gemeinsam mit Kunden und Kooperationspartnern neue Ideen und Lösungsansätze zu entwickeln, Prototypen zu testen und neue Produkte oder Services auf den Markt zu bringen. Nur eine IT-Serviceorganisation mit einem schnellen Innovationszyklus in einem integrierten Innovationsnetzwerk kann ein Enabler für das innovationsgesteuerte Wachstum eines Konzerns sein.

26.3 Kritische Erfolgsfaktoren eines innovativen Ökosystems

Der Zugang zu Experten und entsprechenden Ressourcen mag nicht die größte Schwierigkeit darstellen. Die Herausforderung liegt im Managen der Interaktion und Kollaboration innerhalb und mit den Schnittstellen eines Ökosystems. Die Integration und Steuerung aller Ressourcen ist zwingend erforderlich, um Synergieeffekte aus individueller Kreativität und der Ökosystemgemeinschaft heben zu können. Ein effektiv funktionierendes Ökosystem trägt dazu bei, dass Ideen durch Innovatoren verschiedener Fachrichtungen und Erfahrungen entwickelt und kommerzialisiert werden können. Die Kette von der innovativen Idee bis zur Kommerzialisierung verlangt also wie eingangs beschrieben unterschiedliche Prozesse und Funktionen in einem Konzern (Mitarbeiterpartizipation, Teammanagement, Business Development, Mechanismen zur Sicherung von geistigem Eigentum, Finanzmanagement, Steuerung, Marketing usw.).

All diese Prozesse und Funktionen lassen sich mit einer Administration vergleichen. Ein wirksames Management eines solchen Ökosystems geht jedoch über das Spannen eines Netzwerkes über alle beteiligten Partner hinaus. Eine Innovationsstrategie kann erst dann aufgehen, wenn sie auch in der Realität der „Open Innovation" funktioniert. Innovationen, die sich zu einem wirklichen Benefit für eine Unternehmung entwickeln, setzen voraus, dass eine Idee in Bewegung gesetzt wird, die durch alle Beteiligten entlang der Prozesskette zu einem (kommerziellen) Erfolg weiterentwickelt wird.

Eine IT-Serviceorganisation als Manager eines innovativen Ökosystems muss sich also insbesondere auf die Abhängigkeiten und Schnittstellen zwischen den Ökosystempartnern konzentrieren und genau wissen, welcher Partner die größte Hebelwirkung für eine neue Technologie aufbringt. Das Management eines Ökosystems bedeutet, zwischen allen Beteiligten des Systems zu navigieren und einen Wert aus dem übergreifenden Kontext zu schöpfen. Ein „Ökosystem-Relationship-Management" zu etablieren analog zu Organisationsfunktionen wie z. B. Customer-Relationship-Management, ist eine geeignete Maßnahme, um alle Stränge zu den Ökosystempartnern zentral zu integrieren, zu bedienen und zu steuern.

Zusätzlich ist für eine IT-Serviceorganisation, wie bereits an mehreren Stellen erörtert, die Geschwindigkeit der Innovationsumsetzung wettbewerbsentscheidend. Dies gilt auch für die Integration neuer Partner in ein Ökosystem. Schnelle Anpassungsfähigkeit ergibt sich aus dem Wissen über das Ökosystem und aller Beteiligten. Zeitliche Verzögerungen können durch externe Effekte wie gegenseitige Abhängigkeiten oder auch durch fehlende Investitionsbereitschaft von Investoren verursacht werden.

Der im vorhergehenden Kapitel erwähnte „War for Talent" neuer Generationen skizziert nicht nur das Szenario, wenn oben beschriebene Rahmenbedingungen seitens eines Unternehmens weder geschaffen noch erhalten werden und die eigenen kreativen Köpfe mit ihren innovativen Ideen sich nicht mehr dem Unternehmen zugehörig fühlen und es sogar verlassen. In solchen Fällen stellt eine enge Verzahnung mit dem Personalmanagement integrative Weichen: Eine innovative Kultur setzt viele personalrelevante Themen wie z. B. flexible Arbeitszeitmodelle oder auch spezifische Fortbildungen und Reisetätigkeiten voraus. Auch Führungskräfte bedürfen neuer Entwicklungsmaßnahmen, die seitens einer Unternehmens-Personalentwicklung berücksichtigt werden müssen: Führungskräfte müssen in der Lage sein, innovative Ideen ihrer Mitarbeiter zu erkennen, zu fördern und ggf. weiterentwickelt in das innovative Ökosystem zu spielen. Breite, integrative Fähigkeiten sind im Zusammenspiel mit Innovation gefragt, nicht (Fach-)Spezialisation in einem bestimmten Gebiet. Unternehmen müssen zukünftig auch in die Entwicklung ihrer Führungsriege investieren, um diese Skills nachhaltig zu verankern.

Maßgeblich für den „War for Talent" neuer Generationen ist dabei der Gesichtspunkt, dass Talente mitunter nicht immer zwangsläufig aus den eigenen Reihen stammen müssen. Schließlich spielt verstärkt eine Rolle, dass sie als Teil des eigenen Ökosystems agieren und nicht, dass Unternehmen kontinuierlich lohnenswerte Anreizsysteme schaffen müssen, um Talente an sich als Firma zu binden. Talente mit kreativen Ideen können also durchaus einem anderen Unternehmen oder einer externen Forschungseinrichtung zugehörig sein – wichtig ist nur, dass sie im Rahmen des „eigenen" Ökosystems ihr Innovationspotenzial einbringen. Eine IT-Serviceorganisation betrachtet idealerweise das gesamte Ökosystem als Talent-Pool und muss daher wie bereits skizziert vornehmlich Sorge dafür tragen, dass alle Stränge im Ökosystem integriert und entsprechend gepflegt werden. Ein Umdenken muss stattfinden: weg von der herkömmlichen Ansicht, dass sich hinsichtlich Innovationen alles nur auf das eigene Unternehmen konzentriert und man alle Ressourcen bei sich halten muss. Erst dann ist eine Öffnung zu einer wirklichen „Open Innovation" möglich, die zusammen mit einem nachhaltigen Management des Ökosystems Innovationen ermöglicht, die von Wettbewerbsvorteil sein können.

26.4 Innovation als Chance für die Mitarbeiter

Innovationen sind heute weitaus mehr als neue Produkte und Dienstleistungen. Sie sind aus interner Betrachtung ein wichtiger Hebel zur Effizienzsteigerung – und gleichzeitig auch eine Chance für die Mitarbeiter. Innovationen in einer IT-Serviceorganisation sind heute integraler Bestandteil der Arbeit und sichern die Zukunftsfähigkeit der Mitarbeiter. Dennoch schreiten innovative Ideen häufig schneller voran als das Bewusstsein für die jeweiligen Veränderungen. Unternehmen erleichtern ihren Mitarbeitern die veränderungsbewusste Denkweise, indem sie ihren Mitarbeitern die Möglichkeit geben, an neuesten Entwicklungen zu partizipieren.

Innovationen können überall und jederzeit entstehen, und jeder einzelne Mitarbeiter mit Idee und Kreativität ist ein potenzieller Innovationsträger. Welchen Kriterien sollte eine innovationsfördernde Firmenkultur genügen, um genau dieses Potenzial zu entfalten? Problemsensitivität und Originalität stehen für eine IT-Serviceorganisation an erster Stelle. Um wirklich zu wissen, was Bedürfnis, Anforderung und Nutzen des Kunden ist, gilt nach wie vor der direkte Kundenkontakt als unerlässlich. Dies ist nicht durch reine Marktforschungsergebnisse zu ersetzen, sondern lebt von der Kreativität, Erfahrung und Interaktion der eigenen Mitarbeiter mit Kunden und Kooperationspartnern.

Ein weiterer nicht zu vernachlässigender Stellhebel für ein Unternehmen ist es, mit einem inspirierenden und freundlichen Arbeitsklima Mitarbeiter zu Innovation anzuregen. Dazu gehören genügend Möglichkeiten der Partizipation und auch das Zulassen von konstruktiver Kritik und Offenheit. Eine IT-Serviceorganisation sollte also bemüht darum sein, in einen aktiven Modus hinsichtlich der Generierung von Innovationen zu kommen.

Kundenbedürfnisse zu verstehen gehört ebenso dazu wie viele Vorschläge für den Einsatz innovativer Lösungen zu erhalten. Mittlerweile handelt es sich gerade im ICT-Umfeld bei vielen umgesetzten Ideen um innovative Einfälle der eigenen Mitarbeiter.

Doch wie finden innovative Ideen einen schnellen Weg in den Innovationsprozess? Ein unkompliziertes, anwenderfreundliches Tool in Form einer Datenbank setzt die notwendige Software und den Betrieb voraus. Eine andere Art der Ideengenerierung und erfolgreiches Medium zugleich für große Unternehmen kann ein sogenannter „Idea-Storm" sein. Hier handelt es sich um ein kollektives Brainstormen unterstützt durch ein allen zugängliches Medium. Das Prinzip des Idea-Storms ist es, eine Plattform bereitzustellen, um die Kommunikation und Zusammenarbeit in der Organisation zu fördern. Um die enorme Kreativität und das Potenzial aller Mitarbeiterinnen und Mitarbeiter zu wecken und den großen Wissenspool zu nutzen, ist eine solche Plattform ein perfektes Medium. Bereits zahlreiche namhafte ICT-Unternehmen haben die Vorteile des Idea-Storms erkannt und veranstalten diese in unterschiedlichen Ausprägungen, aber stets mit enormer Resonanz aus der Mitarbeiterbasis.

Die Plattform für einen Idea-Storm kann beispielsweise eine Website sein, auf welcher die Mitarbeiter Ideen und innovative Fragestellungen posten, kommentieren, diskutieren und bewerten. Das Prinzip hierbei ist, dass durch die Auseinandersetzung vieler mit einer neuen Idee noch viel mehr neue Ideen generiert werden. Anderseits können auch dezidierten Fragestellungen durch bestimmte Unternehmensbereiche oder die Führungsetage als Anregung für innovative Vorschläge diskutiert werden. Ziel ist, dass hier entstehende Vorschläge ausgewertet und die besten in die Umsetzung gelangen. Spezielle Events wie Live-Diskussionen, bei denen auch Vertreter aus dem Topmanagement teilnehmen, erfreuen sich großer Beliebtheit.

Das Ideenpotenzial von Mitarbeiterinnen und Mitarbeitern ist das tragende Element des laufenden Modernisierungsprozesses von Unternehmen in einem Wettbewerbsmarkt. Eine gute Innovationskultur kann Mitarbeiter dazu animieren, eigene Ideen als Chancen für das Unternehmen wahrzunehmen. Für Mitarbeiterinnen und Mitarbeiter wird durch kontinuierliche Innovation Wandel nicht als Bedrohung, sondern als Chance sichtbar. Durch Umgang mit neuen Technologien entstehen Weiterbildungsmöglichkeiten und kontinuierliche fachliche wie persönliche Weiterentwicklung. Kommunikation und Wissenstransfer zwischen Mitarbeiterschaft und Management wird durch Innovationsprozesse gefördert. Letzteres verstärkt die Mitarbeiteridentifikation zum Unternehmen – Basis für Partizipation und Engagement in großen Konzernen.

Teil VI
Die Transformation zur IT-Fabrik

27 Fazit und Ausblick

Ferri Abolhassan

Inhaltsverzeichnis

„Der Weg zur modernen IT-Fabrik" hat die zentralen Aspekte der IT-Industrialisierung diskutiert sowie Modelle vorgestellt, die IT-Abteilungen und IT-Serviceorganisationen praktisch nutzen können. Dazu gehören Maßnahmen zur kurz-, mittel- und langfristigen Kosten-, Effizienz- und Qualitätsoptimierung, um nur einige der Konzepte zu nennen. Ebenso wird aber auch deutlich, dass die Umsetzung von Standardisierung und Automatisierung bei Weitem nicht einheitlich fortgeschritten ist. Vielmehr treten deutliche Unterschiede bei Prozessen, Infrastruktur oder Service zutage. Die nächste Aufgabe für die IT-Verantwortlichen ist es daher, diese Differenzen möglichst schnell zu nivellieren und das Fortschreiten der Technologie- und Prozessentwicklung anzugleichen. Denn dies ist ein weiteres zentrales Fazit des vorliegenden Standardwerks: Die Industrialisierung der Technologieentwicklung muss mit der Prozessentwicklung Schritt halten und umgekehrt. Leichter gesagt als getan, denn die Innovation bleibt nicht stehen, ebenso wenig wie das dynamische Wettbewerbsumfeld. Es ist sicherlich eine der spannendsten Fragen, wie Unternehmen diese Herausforderung künftig lösen werden.

Technologie- und Prozess-Industrialisierung einheitlich vorantreiben Der aktuellen Untersuchung „IT-Trends 2013" von Capgemini (vgl. www.de.capgemini.com) zufolge legen CIOs künftig mehr Gewicht auf die Optimierung von Geschäftsprozessen als auf die technische Innovation – mit einem Verhältnis von 60 zu 40 %. Gefragt nach einer Charak-

F. Abolhassan (✉)
T-Systems International GmbH,
Mecklenburgring 25, 66121 Saarbrücken, Deutschland
E-Mail: Ferri.Abolhassan@t-systems.com

F. Abolhassan (Hrsg.), *Der Weg zur modernen IT-Fabrik*,
DOI 10.1007/978-3-658-01483-4_27,

terisierung der IT-Abteilung im Jahr 2023, glaubt ein Drittel der CIOs gar an eine Spaltung, wodurch die Zuständigkeiten für Technologie und Geschäftsprozesse getrennt werden würden. Ob diese Entwicklung tatsächlich zu einer Effizienzsteigerung und vor allem zu einer Qualitäts- und Kostenoptimierung beiträgt, ist fraglich. Würden doch wertvolle Synergien wegfallen und Hürden wie zusätzliche Abstimmungsläufe entstehen. Immerhin ist die Mehrheit der von Capgemini befragten CIOs der Meinung, dass es in Zukunft keine geteilten Aufgabenbereiche gibt. Vielmehr vertritt fast die Hälfte der Studienteilnehmer sogar die Ansicht, dass die meisten IT-Services von externen Dienstleistern bezogen und von der IT-Abteilung integriert werden.

Auf Kernkompetenzen konzentrieren Um Irritationen bei der Aufgabenbearbeitung und in der effizienten Gestaltung von Geschäftsprozessen zu vermeiden, sollten sich die IT-Verantwortlichen ihrer Kernkompetenzen klar werden und sich auf diese Schwerpunkte fokussieren. Dies ist auch der Tenor der Expertendiskussion in „Der Weg zur modernen IT-Fabrik". Leistungen, die nicht Teil der Kernkompetenzfelder sind, sollten konsequent an Dienstleister ausgelagert werden. IT-Serviceprovider wiederum sind im „Zeitalter des Kunden" gefordert, gemeinsam mit Unternehmen an einem Strang zu ziehen und sie auf Augenhöhe bestmöglich bei der Erreichung ihrer Ziele zu unterstützen. Nur auf diese Weise kann gemeinsam in der nächsten Dekade die Transformation von der IT-Manufaktur zur IT-Fabrik vollendet werden. Denn im Zuge der IT-Industrialisierung soll nichts Geringeres erreicht werden, als die IT langfristig als Business-Enabler zu etablieren und den Kunden die Lösung „IT aus der Steckdose" zur Verfügung zu stellen.

IT-Industrialisierung fest in der Unternehmenskultur verankern Die Transformation zur IT-Fabrik befindet sich erst am Anfang. Soviel steht fest. Doch wie geht es weiter? Die Berücksichtigung von Schlüsselfaktoren wie Kostenoptimierung und Effizienzsteigerung bei allen Entscheidungen, Handlungsschritten und Projekten muss das Hauptziel für Unternehmen und IT-Dienstleister sein – nachverfolgt bis zur Perfektion. Durch die konsequente Verfestigung von Standardisierung, Automatisierung und Qualitätssteigerung in der Unternehmenskultur werden zwangsläufig „Human Errors" minimiert, die Prozesseffizienz optimiert, Kosten gesenkt und die Leistungsfähigkeit gesteigert. Doch ebenso wie der langfristige Erfolg nicht über Nacht kommt, lassen sich auch die Grundsätze für die IT-Industrialisierung nicht nebenbei verwirklichen. Vielmehr muss in der IT-Organisation ein innovationsfreundliches Umfeld etabliert werden, in dem die Weiterentwicklung der IT-Fabrik fest verankert sowie kulturell verinnerlicht ist und stetig vorangetrieben wird. Als Tool bieten sich Entscheidungsbäume mit wiederholbaren Entscheidungspfaden an. Mit solchen Werkzeugen können IT-Organisationen überprüfen, welche standardisierten und automatisierten Lösungen sich auf andere Geschäftsbereiche übertragen lassen und welche Services an welche Lokationen und Partner ausgelagert werden sollten. An die Stelle von Pilotprojekten und Insellösungen treten somit reproduzierbare Prozesse, anhand derer sich die IT-Industrialisierung bis hin zur Einbeziehung von Kunden und Lieferanten vorantreiben lässt.

Auseinandersetzung mit Trendthemen ist Pflicht Eigentlich ein logisch nachvollziehbarer Aspekt, aber leider noch lange keine Selbstverständlichkeit in der IT-Industrie: die Beachtung von Trends aus verschiedensten Bereichen sowie der stetige Austausch zwischen Wissenschaft und Praxis, um die eigene Arbeit zu optimieren. Viele IT-Verantwortliche gehen ihre Aufgaben oft mit einem Tunnelblick an. Denn warum auf bewährte Lösungen verzichten, wenn sich das Ziel damit auch erreichen lässt? Die Antwort ist denkbar einfach: Weil es effizienter, ressourcenschonender und wirtschaftlicher geht. In Zeiten von Internet, Fachforen und Partnernetzwerken gibt es keine Ausrede mehr, die solch ein Vorgehen rechtfertigen würde. Außerdem wichtig: die Zusammenarbeit mit normgebenden Institutionen, die national und international verbindliche Standards schaffen, sowie mit den Endanwendern, um deren Bedürfnisse entsprechend abzudecken. IT-Serviceprovidern kommt bei der Kommunikation sowie dem Erfahrungs- und Innovationsaustausch zwischen den Beteiligten eine Schlüsselposition zu.

Die Auseinandersetzung mit Normen und rechtlichen Vorgaben ist klar nachvollziehbar, die Beschäftigung mit Trends hingegen schon schwieriger. Neben Analysteneinschätzungen kommt die Bewertung künftiger Technologieentwicklungen oft einem Blick in die berühmte Glaskugel gleich. Allerdings: Wer sich nicht schon im Vorfeld umfassend mit Trends auseinandersetzt und seine Strategie darauf aufbaut, wird langfristig im Rennen um Marktanteile zurückfallen. Das vorliegende Buch hat daher einige der wichtigsten und wahrscheinlichsten Entwicklungen herausgegriffen, die das Kerngeschäft von Unternehmen in den kommenden Jahren beeinflussen und in diesem Zusammenhang auch Geschäftsprozesse, Produktion und Infrastruktur verändern werden. Nachhaltigkeit und Kosteneffizienz erklären sich vor diesem Hintergrund von selbst. Branchenübergreifend steht der effiziente Umgang mit Ressourcen im Vordergrund – nicht nur in Bezug auf Green IT, sondern auch im Hinblick auf gut ausgebildete, talentierte und erfahrene Fachkräfte. Ein weiterer Trend ist auch künftig der stetig zunehmende Austausch über soziale Netzwerke (Social Media), über die Ideen und Professionalisierungsbestrebungen vorangetrieben werden. Als vergleichsweise neue Entwicklungstendenz wird sich in den kommenden Jahren das sogenannte „Brokerage of Services" etablieren. Die Vorteile lassen sich am Beispiel des „Cloud Services Brokerage" veranschaulichen: Indem ein spezialisierter Dienstleister die in Standardpaketen zusammengefassten Cloud-Services an die jeweiligen Anforderungen eines Unternehmens anpasst, können sich die IT-Serviceprovider und Kunden optimal auf ihr Kerngeschäft konzentrieren. Ergebnis ist eine standardbasierte und gleichzeitig individuelle Lösung.

IT muss der Rolle als Business-Enabler gerecht werden Der Erfolg der IT-Industrialisierung wird sich in den kommenden Monaten und Jahren daran messen lassen müssen, inwieweit IT-Serviceorganisationen ihre Produkte und Prozesse effizienter und wirtschaftlicher gestalten und auf den Markt bringen. Außerdem wird sich zeigen, ob die nächsten Wellen der Innovation erfolgreich genutzt und darauf aufsetzende Lösungen mit Mehrwert für die Anwender angeboten werden können. Hierbei kommt einmal mehr das Innovationsmanagement ins Spiel – intern und extern. Nur wenn Unternehmen mit ihren IT-Abteilungen und die IT-Serviceprovider als Innovationstreiber im Speziellen auf Basis von Standardisierung und Automatisierung strapazierfähige und flexible Strukturen und Prozesse entwickelt haben, werden sie sich künftige Innovationen wirklich zunutze machen und erfolgreich aus den kommenden Entwicklungs- und Innovationszyklen hervorgehen. Mit fortschreitender IT-Industrialisierung müssen sich die Verantwortlichen mitunter auch von Vorbildern wie der industriellen Fertigung lösen und eigene Best-Practice-Modelle entwickeln. Denn die Anforderungen werden immer spezifischer und lassen sich erwartungsgemäß eher seltener mit allgemeinen Konzepten lösen.

Dieses Standardwerk versteht sich als erste Etappe auf dem vor uns liegenden Weg. Wir werden die Transformation zur IT-Fabrik kontinuierlich begleiten und ankurbeln. Idealerweise schreitet die Betrachtung der Thematik weiter voran, sodass sich auch andere Unternehmen zu Wort melden und ihre Erfahrungen schildern. Konzerne verschiedenster Branchen und Institutionen aus Forschung und Entwicklung sind demnach herzlich eingeladen, ihre Erkenntnisse und ihr Know-how zu teilen. In diesem Sinne: Machen wir uns an die Arbeit!

Literatur

Capgemini. 2013. *IT-Trends 2013*. www.de.capgemini.com. Zugegriffen: 31. Jan. 2013.

Glossar

Automatisierung Einführung, Vereinheitlichung und Standardisierung wiederkehrender Prozesse und Funktionsabläufe. (siehe auch Standardisierung)

Apache Hadoop Auf der Programmiersprache Java basierende Technologie zur verteilten Speicherung und Berechnung extrem großer Datenmengen auf Basis von hoch standardisierten Rechner- und Netzinfrastrukturen.

Big Data Die zunehmend wachsende Menge und Komplexität an Unternehmensdaten, die es gilt, effizient zu speichern, zu strukturieren und innerhalb kürzester Zeit für Analysezwecke zur Verfügung zu stellen – bspw. zur Risikoabschätzung in Echtzeit im Bereich Finance oder im Energiesektor. (Stichwort: Smart Metering)

Broad Network Access Begriff aus dem Bereich Cloud Computing, der beschreibt, dass alle Dienste über das Netz erreichbar und demnach nicht an einen bestimmten Client gebunden sind.

Bring Your Own Device (BYOD) Der Trend, dass Mitarbeiter ihre privaten mobilen Endgeräte wie Smartphones und Tablets auch im Unternehmensumfeld einsetzen. Unausweichliche Basis hierfür ist ein umfassendes Konzept zur Integration der Hardware in die Unternehmens-IT.

Build-to-Order (BTO) Produktion oder Herstellung nach einem Auftragseingang (nicht im Vorfeld); also eine projektbezogene Herangehensweise. Gerade in IT-Organisationen ein Grund für die hohe Komplexität von Prozessen.

Business Process Outsourcing (BPO) Das Outsourcing ganzer Geschäftsprozesse wie bspw. die Buchhaltung oder der Betrieb eines Callcenters.

Carry-over-Effekt Wenn eine Aktivität den Absatz eines Produktes mit zeitlichem Verzug (also ggf. auch Jahre später) beeinflusst. (siehe ebenso Spill-over-Effekt)

Central Change Advisory Board (CCAB) Prüft als genehmigende Instanz und als Teil des globalen Deeskalationsmanagements alle wichtigen und kritischen Changes in der IT-Landschaft und überwacht deren Durchführung.

Configuration Management Data Base (CMDB) Datenbank für die Verwaltung von Informationen zur IT-Infrastruktur und -Konfiguration innerhalb des Configuration Managements. Hilft Unternehmen dabei, Risiken und Auswirkungen zu bewerten und damit letztlich Störungen zu reduzieren.

F. Abolhassan (Hrsg.), *Der Weg zur modernen IT-Fabrik*,
DOI 10.1007/978-3-658-01483-4, © Springer Fachmedien Wiesbaden 2013

Cloud Computing IT-Infrastrukturen und -Anwendungen (wie Software oder Speicherkapazität) aus einem Netzwerk, meist betrieben von einem Serviceprovider. Die Daten werden nicht mehr auf den eigenen Speichermedien des Unternehmens vorgehalten, sondern im Rechenzentrum des Providers. Anwender erhalten damit dynamische und skalierbare IT-Ressourcen, die dem jeweiligen Bedarf flexibel angepasst werden können. Die Abrechnung erfolgt in der Regel nach genutzten Dienstleistungen. (siehe auch Private Cloud sowie Public Cloud)

Commodity Business Zunehmend austauschbares Leistungsangebot von Anbietern am Markt.

Consumerization of IT Verschmelzung der privaten und beruflichen Nutzung von IT. So werden aus dem Konsumgütermarkt bekannte Geräte wie Smartphones zunehmend für die Bearbeitung beruflicher Aufgaben genutzt (siehe auch BYOD) – gleichzeitig greifen Mitarbeiter von zu Hause aus über die Cloud auf Firmendaten zu.

Critical Landscape Übersicht der geschäftskritischen IT-Systeme des Kunden. Unter anderem relevant für das Incident Management. (siehe auch Major Incidents)

Crowd Sourcing Traditionell interne Teilaufgaben werden an externe User (im Internet bzw. innerhalb eines Ökosystems) ausgelagert, die diese freiwillig bearbeiten, bspw. das Testen von Apps. Unternehmen erhalten so praxisnahe Informationen für die Produktentwicklung.

Customer Business Impact (CBI) Systematische Evaluierung der Auswirkungen einer IT-Störung auf die Geschäftsprozesse des Kunden. Dient u. a. der Einteilung von Changes oder Incidents nach ihrer potenziellen oder tatsächlichen Auswirkung auf den Kunden.

Defragmentierung Im Sinne des Buchs ein periodischer Prozess, der dazu führen soll, dass entweder Volumen pro Service in Lokationen optimiert oder die Anzahl von beteiligten Liefereinheiten für einen Kunden reduziert werden.

Embedded Systems Sogenannte eingebettete Systeme – Computer bzw. IT-Technologien, die in Maschinen oder Anlagen integriert sind (bspw. in der Automobilindustrie).

Firedrill In der IT die Simulation von Systemausfällen zwecks Training der Störungsbehebung.

Fix-Phase Zweite Phase einer Qualitätsoffensive zur Umsetzung langfristiger Verbesserungsmaßnahmen im Sinne einer strukturellen Optimierung. (siehe auch Quick-Fix-Phase sowie Stabilisierungsphase)

Follow-the-Sun-Konzept Ermöglicht einen Support rund um die Uhr. Serviceleistungen wie die Unterstützung durch ein Callcenter können durch Lokalisierung in Partnerländern in verschiedenen Zeitzonen 24 Stunden ohne Unterbrechung erbracht werden.

Global Delivery Model (GDM) Liefermodell auf Basis von weltweit verteilten internen und externen Partnern eines IT-Unternehmens unter Berücksichtigung von On-, Off- und Nearshore-Aktivitäten. (siehe auch Nearshore, Offshore und Onshore)

Infrastructure as a Service (IaaS) Bereitstellung bzw. Auslagerung von Infrastruktur-Ressourcen (wie Serverleistungen) nach dem jeweiligen Bedarf. (siehe auch Platform as a Service sowie Software as a Service)

IT-Industrialisierung Im Sinne des Buchs die Transformation von IT-Serviceorganisationen hin zu fabrikartigen Strukturen – durch Standardisierung und Automatisierung. Übertragung von industriellen Methoden und Prozessen auf die IT zur Steigerung von Effizienz und Effektivität.

Kaizen Die „Veränderung zum Besseren"; ein Verfahren aus der japanischen Industrie, perfektioniert von Toyota, mit dem Ziel der permanenten Steigerung von Prozess- und Produktqualität.

Key Performance Indicator (KPI) Messgröße bzw. Leistungskennzahl, die dazu dient, die Erreichung definierter Zielwerte zu messen.

Lean Management Maßnahmen zur Optimierung bzw. „Verschlankung" von Prozessen.

Machine-to-Machine (M2M) Bezeichnet ein Konzept der zunehmenden Vernetzung von Maschinen untereinander, um Steuerungsinformationen auszutauschen.

Major Incidents (MI) Schwerwiegende Störung – bspw. ein Ausfall eines IT-Systems, die eine gravierende Unterbrechung der Geschäftstätigkeiten verursacht und mit höherer Dringlichkeit gelöst werden muss, um einen erheblichen Schaden (z. B. Reputationsverlust oder finanzieller Schaden) abzuwenden.

Make-or-Buy Prüfung der Wirtschaftlichkeit, ob eine Leistung (bspw. eine IT-Leistung) im Unternehmen selbst produziert oder über externe Dienstleister zugekauft werden sollte.

Mandantenfähigkeit (Multi-Tenancy) Architektur, die auf derselben Infrastruktur mehrere Mandanten, also Kunden, bedienen kann, ohne dass diese gegenseitigen Einblick in ihre Daten, Benutzerverwaltung und Ähnliches haben.

Mean Time to Repair (MTTR) Durchschnittliche Zeit, die nach einem Systemausfall zur Wiederherstellung der IT-Systeme benötigt wird.

Nearshore Verlagerung von Leistungen in Nachbarländer. (siehe auch Offshore bzw. Onshore)

Null-Fehler-Programm (Zero Outage) In diesem Buch: Programm zur umfassenden und nachhaltigen Verbesserung der Qualität. Gemeint sind alle wesentlichen KPIs im Betriebsumfeld (u. a. 99,99 % Hochverfügbarkeit), bei Service-Requests oder Projekten sowie in der Kundenschnittstelle.

Offshore Weltweite Verlagerung von Dienstleistungen ins Ausland. (siehe auch Nearshore bzw. Onshore)

Outsourcing Auslagerung von Leistungen oder Bereichen an Dritte.

Onshore Auslagerung von Leistungen innerhalb des eigenen Landes. (siehe auch Nearshore bzw. Offshore)

Onsite Wie bei Onshore Vor-Ort-Leistungen, jedoch kommen lokale Mitarbeiter zum Einsatz. Bei Onshore werden die Leistungen von Near-/Offshore-Mitarbeitern vor Ort erbracht. (siehe auch Onshore)

Platform as a Service (PaaS) Nutzung einer Entwicklungs- und Betriebsumgebung wie bspw. Datenbanken aus der Cloud. (siehe auch Infrastructure as a Service sowie Software as a Service)

Private Cloud Eine nicht öffentliche Variante der Cloud. Die Cloud-Infrastruktur wird dediziert für ein Unternehmen bzw. einen bestimmten Nutzerkreis betrieben – entweder von dem Unternehmen selbst oder von einem Provider. (siehe auch Cloud Computing sowie Public Cloud)

Public Cloud Eine öffentliche Variante der Cloud. Die Cloud wird einem breiten Nutzerkreis zugänglich gemacht und ist über das Internet frei verfügbar (bspw. das Mediencenter der Telekom). (siehe auch Cloud Computing sowie Private Cloud)

Provider-Lock-in Verpflichtung für bzw. Abhängigkeit von einem bestimmten Provider.

Quick-Fix-Phase Erste Phase einer Qualitätsoffensive mit schnell wirkenden Sofortmaßnahmen zur Qualitäts- und Effizienzsteigerung. (siehe auch Fix-Phase sowie Stabilisierungsphase)

Rapid Elasticity Ressourcen werden schnell und dynamisch bereitgestellt (Cloud), bspw. auch bei Spitzenlasten.

Resource Pooling Im Cloud-Bereich zusammengefasste Ressourcen, die von mehreren Anwendern genutzt werden können. (siehe auch Mandantenfähigkeit)

Root Cause Rate/Root Cause Rate in Time Kennzahl darüber, ob die Ursache für einen Incident schnell bzw. innerhalb der vorgegebenen Zeit ausfindig gemacht wurde.

Service-Level-Agreement (SLA) Vereinbarung zwischen Kunde und Provider, in der die Qualität einer Leistung messbar festgehalten wird (bspw. Bandbreite, Reaktionszeiten, Verfügbarkeiten etc.).

Software as a Service (SaaS) Nutzung von Softwarelösungen nach dem jeweiligen Bedarf, ohne die Lizenz zu kaufen. (siehe auch Infrastructure as a Service sowie Platform as a Service)

Spill-over-Effekt Wenn eine Aktivität Auswirkungen auf andere Aktivitäten hat – bspw. sich Maßnahmen für ein bestimmtes Produkt auch auf andere Produkte auswirken. (siehe auch Carry-over-Effekt)

Stabilisierungsphase Verankerung angestoßener Maßnahmen innerhalb einer Qualitätsoffensive. Fortsetzung und punktueller Ausbau bewährter Maßnahmen mit dem Ziel einer nachhaltigen Qualitätsverbesserung. (siehe auch Quick-Fix-Phase sowie Fix-Phase)

Standardisierung Die Standardisierung hat das Ziel, gemeinsame Parameter zu schaffen. In der IT eine Vereinheitlichung von Prozessen, Produkten und Services, basierend auf Erfahrungswerten, um Abläufe effizienter (im Sinne von Kosten und Produktivität) zu gestalten und Kunden eine höchstmögliche Qualität und Wirtschaftlichkeit von Leistungen zu bieten.

Total Workforce Management (TWM) Zielgerichteter und bedarfsorientierter Einsatz der Mitarbeiterressourcen für mehr Transparenz u. a. bezüglich Kosten oder Skills.

Trading-up Im Gegensatz zu Trading-down eine Unternehmensstrategie zur Optimierung des eigenen Leistungsangebots am Markt, bspw. zur Ansprache neuer Zielgruppen.

Unified Communication & Collaboration (UCC) Konzept, das Kommunikation auf einer Oberfläche zusammenführt und die Möglichkeit bietet, über geografische Grenzen hinweg gleichzeitig miteinander zu arbeiten und zu kommunizieren.

Utilization Bezeichnet den Auslastungsgrad von IT-Ressourcen (z. B. Serversystemen).